组织诊断

企业健康的衡量方法、模型与实践

ORGANIZATIONAL DIAGNOSIS

白睿◎著

中国法制出版社
CHINA LEGAL PUBLISHING HOUSE

前言

PREFACE

管理学是一门交叉学科，组织诊断是管理学的重要内容之一。就像工资来源于经济学，战略来源于军事学一样，诊断来源于医学。

每个人都会经历生老病死。只有认识到生命的价值，我们才能在这个世界上发挥更大的价值。对组织认知与组织生命规律的研究、探索也是一样，因为企业也逃脱不了生老病死的规律。只有对组织进行全面的健康管理，我们才能探索组织生命运行的真谛。

但是实际识别的时候，很多人看到的是一个组织的单一元素。例如，一家企业采购流程较长，买 1 个常规的零部件需要 10 多个流程，并且员工在流程上花费 1 个多月的时间。于是很多管理者开始用绩效手段要求大家，如 3 天内必须完成采购。结果，该企业出现了很多搞特殊的事情。我们会发现，流程漫长只是表象，就像发烧咳嗽一样，只是表象，内在究竟是什么病，还需要进一步诊断才能知道，一味地吃退烧药也只是治标不治本。是不是要考虑一下采购决策、采购计划、采购权限等问题。组织诊断的关键是看是否符合公司发展阶段的需要，是否与其他要素相匹配。从这个意义上说，组织拒绝横向比较，或只考虑单一因素或局部因素。干预方案往往毫无意义，甚至是误导。

因此，识别一个组织的问题，需要研究组织的核心维度特征，分析这些维度之间的匹配关系，并对要素之间的矛盾和问题保持敏感，从而快速完成对企业要素的系统认识，帮助我们去追根究底，找出问题的根源，从根本上解决问题。

市面上有很多有效的诊断理论、技巧、方法和工具，组织诊断已成为一门实用的课程。为了避免对技巧、理论的追求变得盲目，笔者 3 年前就开始为本书做准备，在准备期一直思考 2 个问题。具体问题如下：一是为什么要做组织诊断？二是在组织诊断众多要素中，应该从哪些维度着手？

当然，第一个问题需要企业自行寻找答案。本书力求对第二个问题作出回答。

有幸的是，笔者在国外游学多年，归国后又一直从事企业管理咨询工作，能够从国外、国内两个视角审视、接触多家企业，外资企业、民营企业、国有企业，还有其他社会组织，主要围绕组织与人力资源管理体系建设项目而进行优化与变革。之后，笔者逐渐减少在咨询项目上的时间，更多地聚焦于组织与人力资源管理培训和研究工作上。后来，又在一家上市集团公司做组织发展工作，负责这个大型集团组织管理、战略规划、运营效率、投后管理等决策。同时，行业内各大机构也希望笔者把这些实践经验进行分享，因此有了几门核心组织发展课程，其中就包括“‘5+7’组织诊断实践技能提升”的认证课程，这个课程的火热程度让笔者非常惊讶，有需求的企业和机构纷至沓来。

值得一提的是，在 2020 年新冠肺炎疫情期间，笔者通过线上训练营帮助更多的企业渡过难关。笔者在每期有 100 多个大企业精英管理者的班级里发现，在这个特殊时期，很多企业之前察觉不到的问题被不断地放大。这些问题影响了企业的命运。这样的一个经历，让笔者深刻地感受到组织诊断工作对企业的重要性。

本书就是做了这样一项研究——让管理回到实践中，不是用一种逻辑去验证什么，而是在实践中交付成果。第一章介绍衡量组织健康发展的基本逻辑；第二章是全面剖析组织诊断；第三章介绍组织诊断的四大流行工具；第四章阐述组织健康问卷的细节；第五章是实践组织汇报线诊断的内容；第六章是从组织生命周期理论去实践组织诊断；第七章是对组织行为进行诊断的简述；第八章是常见的组织职能诊断的步骤。

从组织的维度看企业，切入点往往比较多，问题也显得零散。我们既可以从不同的组织职能出发，分别去识别战略、营销、人力资源、财务、流程等方面的问题；也可以从组织行为的角度解读组织的计划、领导、沟通、控制和激励等方面的特征；或按照不同的结构板块去分析问题，如营销管理、生产管理、研发管理等；还可以分不同的层级去看问题，如企业家和高层团队的现状、中基层管理团队的现状、基层员工反映的问题和现状。因此，本书在组织诊断众多要素中力求展示全方面的思路。事实上，从不同角度出发看到的问题都是局部的，要想解决组织的全面问题，更需要我们在大量表象问题的背后科学地、严谨地分析更为本质的原因，从更为系统的角度去解决组织问题。

在写本书的过程中，参考了诸多专家、学者以及网络中无法查证的作者的研究成果和案例资料，在此笔者一并致以诚挚的谢意。

白睿

目录
CONTENTS

第一章 如何衡量组织健康?

如何衡量组织健康？这不仅是要做“102年企业”的阿里巴巴所面对的问题，也是初创企业、中小企业所直面的问题，而且还是那些已经存续千年以上的各类组织所面临的问题。本章从组织的诊断视角开始，让各类组织去触碰组织健康，同时也让各类组织了解应该用什么维度来衡量组织健康。

第二章 全面剖析组织诊断

组织诊断是通过企业经营的表象问题找出组织面临的核心问题的过程，它是组织发展工作的关键一环。一般来说，组织诊断的方法、流程和模型越系统，后续的组织变革和组织干预工作就会越精准。

第三章 组织诊断的四大流行工具

对于组织内部或者外部问题，发现了问题却不知道更深层次的原因是什么，好比一个人知道哪里疼痛，却不知道是由什么引起的。以为通过一次培训或者团建就能解决问题，不会深究问题的根源，这种方式治标不治本。因此就要有一定的组织诊断模型，运用诊断工具综合而全面地解决企业问题。

第四章 设计组织诊断问卷调研

问卷调研是挖掘组织症结所在的基本方式，从研究方式来说可分为描述性研究及分析性研究两大类。很多管理学家在孕育新理论、新模型的时候，都采用问卷调研的方式。问卷调研在组织诊断过程中还肩负着对组织从定性认知过渡到定量认知的责任。

第五章 组织汇报线诊断

组织架构图中有这样一条线：从组织高层延伸到基层的持续的职权汇报线。它规范了谁向谁报告工作，帮助大家回答“我接受谁的任务”，或者“我对谁负责”这类问题。但是很多时候，企业忽视了对汇报线的诊断。汇报不清影响了组织中上下级之间的沟通。汇报工作不顺畅给管理带来混乱，破坏组织氛围，减少员工之间的信任。

第六章 组织生命周期诊断

“朝菌不知晦朔，蟪蛄不知春秋，此小年也。……上古有大椿者，以八千岁为春，八千岁为秋，此大年也。”组织与《逍遥游》中描述的一样，也有着生命演变规律。很多小企业想做大，很多大企业又想做小，如果不能有效识别组织发展的规律，不理解组织发展周期，不诊断各组织周期的特征，就很难让大象起舞、让小船变大舰。

第七章　组织行为诊断

1924 年到 1932 年，在美国芝加哥城外的霍桑工厂进行了一个长达 8 年的著名实验。霍桑实验的进行与结论是组织行为学在研究方法上的一次重大突破。这个实验让管理者清晰地认识到，管理方法能改变员工态度和提高产量。这种实验式诊断方法在组织行为学中得以固化并传承下来。

第八章　组织职能诊断

如果把组织比喻成一座建筑物的话，关键职能就好比是高大建筑中承受最大压力的构件。因此，任何一家成效卓著的组织，都把职能配置和设计放在组织架构中的重要位置。进而说明，即使是已经建了好多年的高楼大厦，依然要进行组织职能诊断和分析，重新摸清各项基本职能和关键职能，明确各项职能定位，让建筑更加坚固。

Organizational Diagnosis

第一章

如何衡量组织健康?

如何衡量组织健康？这不仅是要做“102 年企业”的阿里巴巴所面对的问题，也是初创企业、中小企业所直面的问题，而且还是那些已经存续千年以上的各类组织所面临的问题。本章从组织的诊断视角开始，让各类组织去触碰组织健康，同时也让各类组织了解应该用什么维度来衡量组织健康。

第一节　百年看企业，千年看组织

组织起源于人类的共同劳动，有两个及以上的人员活动就有组织。动物和植物也有组织，比起人类，它们更有组织的本质性和规律性。比如，人类很早就观察到了动物和植物界的分布行为，发现大雁飞行时候的排列，喜阳的开花乔木灌木不会在高大常绿的乔木下，群居的火烈鸟习惯晚上迁徙、白天高高地飞行……人类便因此归纳出动植物的集团分布、均匀分布和随机分布等规律。为什么自然界会有这样的组成结构呢？因为种群集合要有如下 4 个目的：首先，要获得最大的生长空间；其次，有利于捕获更多的猎物；再次，有助于防御它们的天敌；最后，能更好地繁衍生殖。基于此，进化理论学家就提出来，种群是自然进化最基础的单位，而非个体。当人类去驾驭它们的时候，也采用同样的规律和方法，很快就把动植物的野生生长变成了养殖生长。

蚂蚁、蜜蜂已经存续几亿年，自然界比企业界更懂团队和组织。但是人类的聪明在于学习规律后得以应用，组织诊断也是这样的一个过程，从自然发展到认清规律，这个过程从某种程度上来看就是组织发展的核心。简单来说，组织诊断的过程需要 3 步：

第一步，要熟悉和掌握所在组织的类型；

第二步，能够做出有效的诊断与分析；

第三步，要拿出相对应的干预策略和行动计划。

这三大步骤，也是作为组织发展实践者的最有力的三大“武器”。

一个企业要想健康盈利，组织发展才是硬道理。企业成功的因素之一就是组织优秀。优秀的组织能够固化企业发展目标、明晰企业未来发展点、挖掘企业的发展能力和潜力，进而实现企业的长远发展。组织发展，运筹于内，决胜于外。无论是国内还是国外，行业内部龙头企业的竞争，更多的是组织层面的对决。有的企业生命周期非常短，失败的主要原因就是对组织管理的价值认识不够和懂组织管理的人才缺乏，也就是说在认知层面，就种下了失败的种子。总结起来，有的企业组织管理水平整体低下，对组织管理的价值认识不够、战略决策的随意性大、盲目追求市场热点。

组织诊断就是系统呈现并指引解决企业的健康发展问题的重要手段。组织诊断是个系统工程，如果只是关注组织的一个要素或者一个已知的既定目标，组织管理就毫无意义了。所以，组织诊断可以让管理者看出组织规程是一个单位的基本规范，随着组织诊断的深入，可以发展出若干管理准则，其重要性不言而喻。

百年看企业，千年看组织。现在管理者们学习组织，要放在更大的时间维度去学习，万事万物皆可为师。人类社会包括企业管理，是由不同的种群构成的，都有共同的目的和共同的力量，在前进与进化的过程中，首先就是要识别这些种群以及组织的特点才能更好地应用于企业管理、服务于战略目标实现。世界上不存在完美的人，但可能存在完美的团队——这是被组织学界公认的一个观点。

第二节 如何从诊断视角分析组织

当认识到组织庞大、企业渺小的时候，问题就顺理成章地转为——如何能对组织有一个清晰的描绘和全面的把控? 将几个人组织起来比较简单，但是将成千上万个人组织起来就比较困难。因为每个人的背后都有家庭、学校和社会，以及自身的性格、学习、修养与见解等因素。当每个个体出现的时候，这些因素有可能是优势；而当一群人在一起的时候，就需要一种机制使其步调一致，同心协力，向着一个共同的目标迈进。先使目标鲜明而固定，作为这群人的领导，你需要指挥灵活，联络方便，工作分配与命令指派肯定而清晰，然后领导随时纠正偏差，这样，组织才会发挥最大的功能。那么，又该如何看待这些维度和关系呢?

看待组织的方式可以从 2 个维度展开：组织外部和组织内部。

◆ **组织外部**

当用诊断的眼光去看一个组织的某个单一要素时，并没有绝对意义上的好与坏，关键要看它是否符合公司发展阶段的需要、是否与其他要素相互匹配。从这个意义上讲，企业应尽量避免以单一或者局部要素与其他企业进行简单的横向比较，结论往往没有意义，甚至会产生误导。

因此，识别一个组织的问题，就需要研究组织核心维度的特征，分析这些维度之间的匹配关系，对要素之间存在的矛盾和问题保持敏感，从而迅速系统地认识一个企业的组织要素，找到零散问题和现象背后的问题，发现问题的源头，从根本上解决问题。

从诊断角度看一个企业，首先要看业务维度。第一，业务是对企业最基本的定义。企业是做什么的？提供了什么产品和服务？如何实现盈利？在同类企业中的竞争力如何？盈利是否可持续？诸如此类，代表着一个企业的首要特征。第二，企业的业务特征和发展需要决定了不同特征的要素组合，如人、机器、物料、资金等，从而决定了管理需要和管理维度的特征。

◆ **组织内部**

在组织运转的过程中，“人”是其中最具不确定性的因素。组织功能的实施离不开人的行为，而人又具有主观能动性和创造性，经常可能达不到或者超出组织的要求与期望。

从诊断维度看企业，切入点比较多，问题也显得零散。既可以从不同的管理功能出发，分别去识别战略、营销、人力资源、财务、流程等方面的问题；也可以按不同的结构板块去分析问题，如营销管理、生产管理、研发管理等；还可以分不同的层级去看问题，如企业家和高层团队的现状、中基层管理团队的现状、员工反映的问题和现状。事实上，从不同角度看到的问题都是局部的，问题之间一定是相互关联的。

从诊断角度看企业，还要像医院的各个科室一样，对组织要素进行分解。组织的基本要素涵盖 9 项内容：一是目标，这是组织的第一要素；二是人员，这是组织的主题；三是财物，这是组织的物质基础，是开展组织活动所必需的；四是信息，组织内外部所产生的相关性情况和资料，随着科技与网络的发展进步，现在信息已经成为组织的重要决定因素；五是结构，结构是组织的实体，我们所看到的组织大体就是以结构图的形式展示出来的，这也是组织目标的载体；六是职位，依据组织目标的需要，对任务的分工和协作所设立的具体工作岗位；七是权责；八是流程，组织活动开展与调整的动态过程；九是机制，组织运行的基本面，一般是规章和制度呈现出来的。当了解到这 9 项内容的时候，组织的基本诊断与评价方式就展示出来了，在古典主义里，为了说明组织的具体问题，通常离不开这 9 项内容。现在，这 9 项内容仍然被反复组合应用，它们也是组织诊断建模的基础。

组织健康和人的健康一样，需要整体性。当以逻辑完整、协调一致的标准去衡量组织的时候，也就是说，组织的业务、管理、运营、战略和文化都能够实现有效整合的时候，就可以认为组织健康。

从组织健康的视角来看待组织，组织诊断更有一定的时代性。之前的组织强调服从与等级，现在的组织变化非常大，要强调的东西又非常零散，不知道如何把握。在瞬息万变的时代，组织是否聪明灵活、是否健康发展，是组织诊断最主要的问题。

聪明灵活的组织更了解自身擅长的基础业务，如战略、营销、财务和技术等，并且把这一点放大给市场和客户，能够随着形势变化而变化。愚蠢的组织总是用不变的眼光看待问题，把自身擅长的方面隐藏在全面管理之下，中庸只能让组织更臃肿，特长才能让组织更有生机和活力。

健康发展是当下组织的另一个诊断点。健康发展有几个表现，如最少的办公室斗争、最少的业务混乱、高涨的员工士气、优秀的客户体验、高效的运营机制、优秀员工极低的流失率、源源不断的产品迭代等。

大多数管理者愿意以“聪明灵活”为标准做组织诊断，因为这些更加直观，拿一些可衡量、客观数据去驱动组织效能。一些组织实践者埋头于电子表格、甘特图和财务报表中，这也是大多数高管愿意看到的组织诊断结果。但是，“健康发展”更能抵御来自未来的风险。

很多高管也承认自身企业里的尔虞我诈、钩心斗角，但是仍然迷信调整架构能够解决一切问题。组织的“聪明灵活”代表组织发展的最低标准，但是“健康发展”才是企业持续的动力、获取长期竞争优势的源泉。很多拥有丰富知识和战略资产的“聪明灵活”企业，一次又一次地失败，这样的企业里有太多不健康的团队和文化，每一次商机到来，高层发起冲锋时，中层却在盘算得失，基层也在盘算偷工减料，一劳永逸。中国中小企业平均存活率从 7 年减到 3 年多，就能反映这一个问题。

并不是说一个组织“聪明灵活”不重要，只是“健康发展”始终被忽略。组织跟家庭一样，一个健康的家庭里面，充分体现了爱、平等、自由的时间和被尊重的个性，感到幸福和快乐，虽然可能没有太多的物质，也没有足够的金钱来买一些昂贵的奢侈品。一个不健康的家庭里面，家庭成员互相隐瞒，互相推诿家庭责任，也许拥有丰富的物质条件，却滋养了赌博、吸毒、犯罪等不良习惯。

当明确组织健康能够产生影响的时候，一个重要的问题浮出水面：如何判断一个组织是否健康？如何衡量一个组织的健康度？

组织诊断领域试图找到精准而完美的答案。虽然这个过程经历了漫长时代，且没有得出答案，却留下了很多系统的组织诊断方法，这是组织诊断领域中最宝贵的财富。

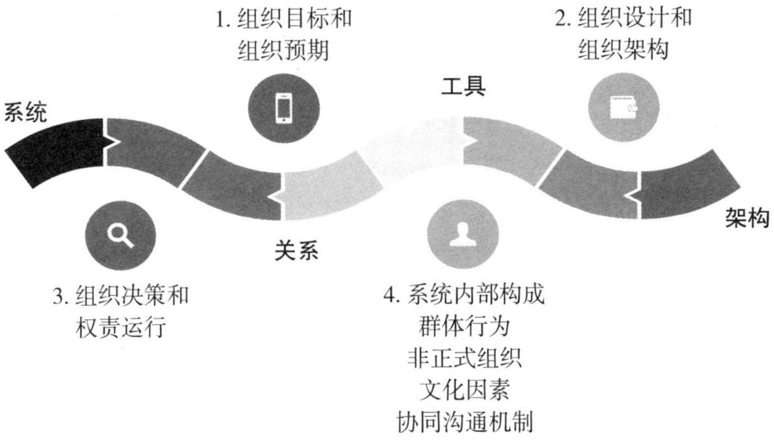

图 1-1 整体组织系统四大类别

整体组织系统分类方法很多，这里分为四大类别：第一，组织目标和组织预期；第二，组织设计和组织架构；第三，组织决策和权责运行；第四，系统内部构成、群体行为、非正式组织、文化因素以及协同沟通机制。这四大组织因素是靠工具、架构、关系、系统进行连接和控制的。组织的基本问题都在这 4 个方面有所体现。

◆ 企业战略方向不明，组织架构滞后，缺乏前瞻性，这就是组织目标和组织预期出现的问题

组织架构设计应以支持公司的发展战略、经营、管理的有效实施，改善资源配置效率，培养核心竞争力为目标。企业的发展战略既是企业阶段性、全面性的工作目标，也是凝聚企业力量、调整企业内外关系的基准和原则，还是企业组织设计的基本依据。很多中小企业没有战略和策略，从决策到执行没有明确的依据。有的企业有方向或年度经营计划，但是没有形成以市场为导向的体系，员工的感受就是当一天和尚撞一天钟。

◆ **管理层级多，管理角色错位使组织设置与组织架构出现问题**

企业的管理层级与企业的规模、管控模式和行业特点相关，通常管理层级越多，其管控难度就越大，响应反馈的时间就越长。管理幅度和管理层级是组织架构的基本考察维度。笔者服务过的一个 500 多人的企业，从普通员工到董事长共有 15 个级别，副总、副总监、助理非常多，员工汇报工作要逐层逐级汇报审批，但是很多高管却因为层级较多，时常出现越级指挥，严重影响了工作效率。

管理层级多，管理人员就相对增加，管理者又不能没有事做，只能是副总做总监的工作，总监做部门经理的工作，造成管理角色错位，对公司来说也是“大材小用”，浪费人才资源。

◆ **企业内控体系不完整，责权不统一是组织决策和权责运行的问题**

一般来说，企业的权力主要分为人权、财权和事权。人权包括人事任免权、人事指挥权、人事考核权、人员薪酬调整权和人事奖惩权等；财权包括资金预算权、资金支付权、资产使用权和资产处置权等；事权也就是履行职责、开展工作的业务活动权。

权责不对等。一个高级岗位行使不了自身的独立权限是组织诊断中最常见的问题：一方面，企业的中基层管理人员普遍反映权力小、责任大这一问题；另一方面，很多股东觉得下属各种琐屑的事情都要让自己审批，没有担当。

由于不能有效授权，企业领导都感觉很累，能力、精力完全受制，“情况”层层上报，“指示”层层下达，容易导致效率低下，相互推卸责任，同时影响主动性，增加协调成本。企业若要保证授权不失控，就需要规范内部流程和建立管控机制。

◆ 部门协同差，组织效率低的原因是组织系统内部构成、协同沟通机制以及文化因素失衡

提升组织效率的实质是协同全体员工的工作行为，但在组织诊断过程中“部门之间存在较深的壁垒，经常相互推诿和扯皮”这些问题还是较为常见的，有的员工甚至有“跟其他部门合作还不如跟外部机构合作”的心理。

部门协同差主要是由企业没有规范的管理流程、部门之间的沟通机会少和企业文化中的融和气氛不浓等造成的。这就是透过现象看到了本质。

所以，解决组织问题需要企业的管理流程系统、企业文化系统和领导力系统等因素的有效引导和支撑。

第三节　要做“102 年企业”的阿里巴巴如何确保组织健康发展

早在 1999 年，第一次阿里巴巴员工大会上，马云就提出要做持续发展 80 年的公司，后来改为 102 年、横跨 3 个世纪的公司。之后的阿里巴巴发展迅速，不到 10 年就成为一家成功的企业。在中国几乎每个人都离不开阿里巴巴，淘宝满足购物欲，优酷负责家庭娱乐，高德负责出行指引，飞猪负责旅游旅行，支付宝负责财富管理……阿里巴巴的一切组织管理都被行业所关注。

一、“六个盒子”在组织诊断中的应用与实践

作为阿里巴巴组织诊断的王牌工具，韦斯伯德的“六盒模型”是最简单且极具实操性的选择。韦斯伯德将他的模型比喻成雷达屏幕，可以实时告诉大家组织正在发生什么，什么又是组织当下最需要突破的，不仅要关注独立闪光点，还要关注整个屏幕。

“六个盒子”作为组织诊断和检视组织健康度的典型工具，于 2010 年被引入支付宝，2013 年推广到阿里云、天猫、淘宝等子公司和事业部被广泛应用。韦斯伯德的“六盒模型”是以组织内部视角不断检视业务实践过程的“利器”。它可以帮你“盘点现状”“打开未来的可能性”，以及“搭建起现实与未来的桥梁”。

“六个盒子”分属 6 个维度，分别是“使命目标、组织结构、关系流程、回报激励、支持帮助、管理领导”。“六个盒子”是从目标开始的，

它是目标管理的一个方向。组织有效性诊断自目标开始之后，会影响组织结构、关系流程、回报激励、支持帮助和管理领导。

“六个盒子”的设置说明阿里巴巴非常重视目标的实现和企业的有效性。回到自己的企业，目标是不是很重要？很重要的话，可以套用“六个盒子”诊断模型。如果更注重的是一种机能的良好，那可能把结构放在最上面，用结构去诊断整个事情。比如说一家国企，它要的就是一种极致，一种规范化的层级制。

大型企业都是要层级制。那层级的规范性就非常重要。所以，我们可以通过结构完整性，来牵引其他模块的构建，进而进行诊断。这就是一个典型的组织诊断模型。

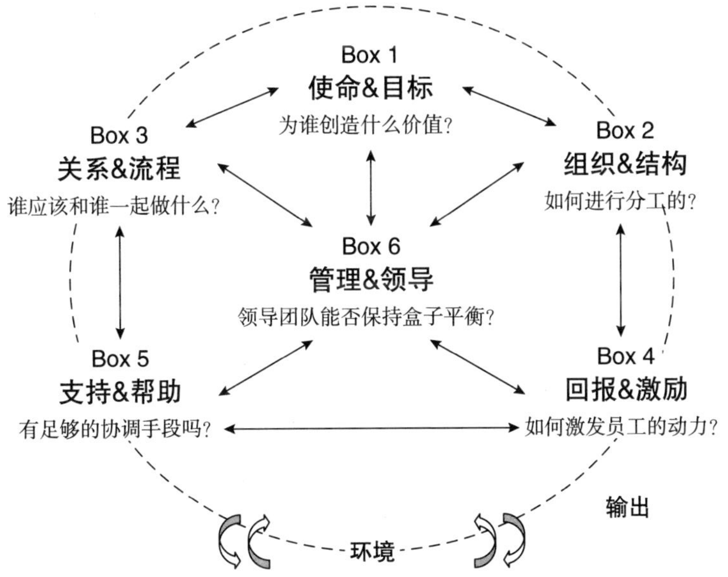

图 1-2 六个盒子

表 1-1 "六个盒子"诊断内容

维　度	主要方向	诊断内容
Box 1：使命 & 目标	组织是否有清晰的使命？员工是否理解并认同公司的使命？	为谁创造什么价值？ 使命、目标、基本理念 诊断依据： 是什么：是否清晰和明确？ 怎么样：内部一致性如何？ 使命感：是否为之兴奋？
Box 2：组织 & 结构	企业内部工作是如何被分配的？考虑到使命时，人力资源的分配是否合理？	怎么组织以达成目标？ 分工、权责、边界 诊断依据： 是什么：是否清晰和明确？ 怎么样：组织运转的效能如何？
Box 3：关系 & 流程	公司各单元协调的方式是怎么样的？缺乏协调是否会引起矛盾？	员工之间如何一起工作？ 关系、流程、氛围 诊断依据： 是什么：是否清晰和明确？ 怎么样：合作是否顺畅？
Box 4：回报 & 激励	考察所有需要完成的任务是否都有相对应的激励措施。奖励是支持还是阻碍了任务的达成？	如何激发员工努力的意愿？ 内容、形式、效果 诊断依据： 谁因为什么而被奖励？ 奖励是否公平有序？ 长期利益 VS 短期利益
Box 5：支持 & 帮助	支持组织工作的系统和流程是怎么样的？	有什么样的工具、支持帮助达成目标？ 是否有效帮助业务成功？ 软性支持、硬性支持 支持、政策、方法、工具是什么？ 诊断依据： 是什么：有哪些支持和帮助措施？ 怎么样：执行过程是否有效？

续表

维　度	主要方向	诊断内容
Box 6:管理 & 领导	被视作密切观察其他 5 个盒子中非正常事件或意外结果的最后一个盒子。其作用就是确保其他 5 个盒子能处于均衡的状态。若失衡时,要采取什么样的行动才能及时修正?	能否维持各个盒子的平衡,是“六个盒子”的终极生产点和组织改善的起点。 领导、管理、团队 诊断依据: 领导力、管理水平如何? 如何获得其他盒子的反馈? 调节手段如何? 需要什么样的辅导?

“六个盒子”的诊断不仅可以看清组织,还可以帮助业务团队梳理业务。阿里巴巴 P7 以上的政委以及 M3 以上的管理层,都要学会用这个工具。在运用“六个盒子”的过程中,阿里巴巴方法比较灵活,首先,可以做盘点工具,能够就组织现状进行 6 个维度的盘点;其次,还可以作为沟通工具,“六个盒子”承担了业务部门和职能部门的翻译工具,是一套简洁的语言,就组织状态开启有效的沟通;最后,还运用平台工具,职能部门和业务部门在一张大图上有效开展工作。

“六个盒子”应用的场景也比较丰富,其中有 3 个场景最为典型:

◆ 新团队的认知:当收购、并购,或者进入一个新团队,快速地全面了解这个团队的时候,“六个盒子”就会体现其强大的功能性。

◆ 组织沟通的共同价值观:以“六个盒子”为依据,进行关于组织盘点和现实状况的深度讨论。

◆ 组织架构调整前:可用于梳理现状,找到调整后的目标。

“六个盒子”最大的作用在于找到了 6 个核心维度,通过构建系统思维分析组织现状。在组织诊断实践中，阿里人把组织完全呈现出来，以便发现问题，并寻求解决方案。

二、“六脉神剑”是对阿里巴巴愿景和价值观的自检

2019 年 9 月 10 日，马云卸任阿里巴巴集团董事局主席，由张勇正式接任。当天，张勇发布阿里巴巴的“新六脉神剑”[①]。

阿里巴巴对价值观及其考核方式一直高度重视。最新发布的“新六脉神剑”虽然只有 60 个字，但却是经过 5 轮合伙人专题会议，阿里巴巴的海内外 9 场沟通会，组织部 467 名成员激烈讨论；覆盖全球各事业群，不同司龄、岗位、层级、年龄的员工调研；上上下下，反复仔细打磨，近 2000 条建议反馈，专题讨论 400 多个小时，增删 20 余稿，经过一年多的修订工作完成的。

这是阿里巴巴的传统：“虚事实做。”为何在这个问题上下了这么大的功夫？马云常说：“一个了不起的企业，一定是把虚的东西做实，把实的东西做虚。”

综观大型企业，企业价值观的梳理都被放在了重中之重的位置，因为价值观梳理的过程，就是对组织进行诊断和做组织预期的过程。尽量让更多的人参加进来，提炼出精准的、正向的组织认知，减少组织中不良问题滋生的现象。企业价值观梳理和诊断过程也是从以下几个方面进行的。

① 阿里巴巴的“新六脉神剑”具体包括：客户第一，员工第二，股东第三；因为信任，所以简单；唯一不变的是变化；今天最好的表现是明天最低的要求；此时此刻非我莫属；认真生活，快乐工作。

1. 行业性

行业不同，企业价值观也不同。劳动密集型企业与知识密集型企业的价值观显然不同，即使是同样的劳动密集型企业，或者知识密集型企业，也会表现出较大的价值观差异。有些生产型企业的创新往往是产品的升级创新，将企业的未来押在产品线上，如果成功了，被重点客户或者大众市场接受了，就会有一次重大的飞跃；如果失败了，很快就会面临倒闭的风险。因此，价值观中会出现“谨小慎微，三思而行”的观念。还有一些投资公司，会同时投资几类项目，有的投资失败，有的成功上市，这类公司着眼于未来，鼓励试错，强调预判能力和与时间赛跑，这往往能从价值观中反映出来。阿里巴巴属于竞争快速激烈的互联网行业，因此展现出来的价值观是客户、创新和变化。

2. 经营特点

经营特点影响价值观的某些具体元素。在组织诊断的评估过程中，要充分考虑企业的现状和经营特点。阿里巴巴从第一版价值观到“六脉神剑”，再到“新六脉神剑”，都是根据当时的情况和特点演变的。有些价值观是传承的，有些价值观是衍生的，有些价值观是在新特点、新模式下形成的。所以，对于企业价值观的塑造不能脱离企业所处的发展阶段和企业自身的经营特点。企业无论规模大小，性质是民营还是国企，规模布局如何，发展阶段特征都会造成价值观表现形式上的差异。

3. 企业历史因素

企业发展历史的演变过程伴随着企业价值观的发展和变化的全过程。尤其是企业发生重大事件时，对企业价值观产生冲击，这个时候是价值观的重新审视和诊断。一个正确的价值观能够让企业度过危机。因此，要注意挖掘企业发展的历史，深入了解企业在发展过程中重大历史事件发生的前因后果。

4. 企业家的领导力特质

阿里巴巴董事局前任主席马云被公认为是以个人魅力取胜的领导。另一种是“老虎型领导”，以发号施令树威。这是领导力的两大分类。以个人魅力取胜的领导无论在外界如何被误解、无论陷入多大的困境，追随的人始终没有放弃对他们的信心。而且马云非常重视价值观，每次在湖畔大学第一课都是讲使命、愿景、价值观。持有明确而崇高价值观的领导者向组织注入核心价值观，并以此为前提，沟通信仰、传递愿景和组织发展实践，激发企业价值观对员工形成持久的行为动机，使员工付出超越岗位职责的努力。这是领导力的魅力。从某种意义上来说，企业家是价值观的第一践行者。企业家的领导力特质，也较大地影响到企业价值观。

5. 客户、股东和员工全面性分析

企业价值观不仅是内部员工看待企业的价值，更是外部人员看待企业的价值，很多企业本身梳理出较清晰的价值观，但是自己的客户感知不到，那么这个价值观就不具有一般性。企业价值观的诊断应该更全面，应通过市场调研、消费者行为研究和对企业自身的综合“扫描”来确定，再用企业价值观作为原则去制定并实施自身产品服务策略。服务策略建立在企业核心价值观的基础之上，对客户来说企业的哪方面价值最重要？企业在自己的行业中到底处于什么位置？阿里巴巴就有一条价值观：客户第一，员工第二，股东第三。清晰的价值观排序，让员工有意识地为客户服务。2014 年 9 月 19 日，阿里巴巴在美国华尔街纽约证券交易所上市的时候，8 张陌生的面孔代表马云敲响了阿里巴

巴集团上市的铜钟，他们分别是 2 位来自网店的店主、快递员、用户代表、电商服务商、淘宝模特、云客服和 1 位来自美国的农场主。这也充分体现了阿里巴巴的“客户第一”的价值观。当下，随着企业管理文化趋势的增强，最终决定企业发展动力和前进方向的并不是最基本、最原始的价格和利润体系，而是企业价值观体系。

这些就解释了已经深入人心 15 年的阿里巴巴的价值观，为什么要重新修订升级，是行业发展呈现了更深的影响，是阿里巴巴经营特点的变化，是客户、员工和股东的理念发生了变化，是对现有组织的重新诊断升级，是对传统价值观的传承、完善。

价值观的落地过程就是诊断和考核的过程。阿里巴巴有一套与“使命、愿景、价值观”配套的培训与考核制度。价值观和业绩考核指标各占 50%，诊断考核结果就是大家熟知的 4 个象限，各用一个动物来比喻。有业绩但价值观不符的“野狗”，这些人会被重点教育，甚至开除；价值观符合但没有业绩的“小白兔”，会考虑将这些人放在更合适的位置上；有业绩同时价值观也符合的才是公司倡导的人才。

2013 年，阿里巴巴把价值观考核方式修改为 A、B、C 三级制。如业绩为 3.75、价值观为 A，合起来为“3.75A”，3.75 只代表业务结果，A、B、C 代表员工的价值观的理解和践行能力。而之后为了避免仅得到一个笼统的 B，“新六脉神剑”中有 5 个价值观需要考核，每个价值观有 4 个行为项，共 20 项，针对每一项都进行打分——做到是 1，没有做到就是 0。最后 20 项相加，得出员工的价值观分数。

简言之，企业的价值观就是企业决策者对企业性质、目标、经营方式的取向所做出的选择，是为员工所接受的共同观念。

◆ 价值观是企业所有员工共同持有的，而不是一两个人持有的；

◆ 企业价值观是员工精神的集中体现；

◆ 企业价值观的出现需要一个过程，不是集中力量盲目建设出来的；

◆ 企业价值观是要有意识去培育的，自发总结是很难的；

◆ 企业价值观是企业精神的灵魂，保证员工统一目标。

企业价值观的诊断、发展与完善是一个永无止境的工作，企业的各级管理人员都应该有意识地去探讨究竟什么才是企业最实际、最有效的价值观，不断地进行组织诊断式的检讨和讨论，使这些价值观可以时时引领企业的发展。

三、从 POD 到政委的多重组织诊断体系实时把脉

阿里巴巴的组织发展部门叫 P&OD（People and Organization Development），一般简化为 POD。主要职能包括人才发展、组织发展、员工关系、管理与销售培训等。其中 OD 具体做什么，从一个工作说明书中可以看到一些端倪。

模板　　阿里巴巴 OD 工作说明书

理解业务战略，把握业务节奏，通过组织诊断、团队学习、绩效创新等激发组织能量、推动战略落地。 能应用现行管理实践的专业理论、方法、工具，为内部客户提供专业的解决方案，实现组织能力的全面提升。 根据组织发展需求设计人员成长路径及人员培养方案，有效制订和实施人才发展计划并跟进实施。 设计和开发多元的学习形式（包括但不限于课程研发、沙龙设计、引导技术等），实现人才成长，促进业务和组织目标的达成。 整合公司培训资源，搭建专业的讲师团队体系。

阿里巴巴的 OD 除了有望、闻、问、切的组织诊断工具“六个盒子”以外，还有以下 7 项内容。

1.“共创”和“通混晒”的战略协同整合技能

杰克·韦尔奇说过，战略是有所为，有所不为。对于阿里巴巴来说，战略就是业务的取舍。互联网是一个新行业，很多业务没有可参考性，都是自己创新，同一个领域里，有很多项目在同时运行。行业的竞争对手在做什么，不做什么；我们到底在改变哪个行业；我们的客户是谁；竞争对手是谁；我们的产品优势是什么；我和我的团队怎么去布局等，都是互联网行业的战略层面要考虑的。阿里巴巴的 OD 们通过“共创”和“通混晒”的方式去促进战略的生成和落地，就是战略取舍的过程。

2. 复盘和群体回顾团队反思技能

战略在被实施时会遇到很多问题，如战术问题。战术需要反复演练并形成战斗模式，这就需要反思和复盘。阿里巴巴的复盘比较全面，局部和整体、人事和团队都会复盘总结，业务复盘和群体回顾主要是对过去进行总结，明确标准与原则，建立共识。

3. 推动人才健身增肌策略发展技能

阿里巴巴在每年的四五月都会进行人才盘点。很多企业在做人才盘点的时候，会把主要责任放在 HR 或者 OD、TD 身上，盘点好之后，呈现给业务负责人或者运营负责人。阿里巴巴的人才盘点先分流程，再对不同阶段进行分工。

阿里巴巴的人才盘点分为 4 个流程：

盘点：盘点人员的时候是各级主管和 HRBP 一起完成的，这个过程很快，盘完以后逐级汇报。

分析：分析环节没有业务人员的工作，主要是由 OD 和 HR 负责人完成，输出的主要结果是人才盘点报告。

策略：人才盘点报告主要是为这一步策略性工作服务的。对于不同层面会出具各自的人才策略。

发展：策略又决定了发展，从而制定出人才发展方针，再进行实践，确保人才的动态管理和人尽其才。

阿里巴巴的HR和OD们提供方法和工具，让业务负责人去做盘点、定策略、促发展。因此，在人才盘点的发展过程中，业务负责人是主角，HR 和 OD 只是配角。

4. 促成良将如云干部培养技能

马云宣布退休的时候有一封很著名的公开信，其提到阿里巴巴良将如云，弓马殷实。这虽是非常骄傲和自豪的说法，但阿里巴巴确实如此。阿里巴巴的“80 后”“90 后”都成长了起来，当初的老人都相继退了，阿里巴巴很好地完成了第二代接班工作。不仅是阿里巴巴自身，从阿里巴巴离职的人更是有不少已经成为中国知名互联网公司的创始人或董事长。

促成良将如云的干部培养技能在内部显得格外重要。阿里巴巴从组织诊断入手，把阿里巴巴分为 4 大核心人群：新人、管理者、全球化人才和专业人士，通过梳理形成了 13 类、600 多门课程，并建立起一套人才培训体系与制度。比如，面向一线员工的“百年阿里文化必修课”、面向管理者的“百年湖畔，新管理者的文化必修课”，还有与领导力相关的“风清扬班”“逍遥子班”和青训营。淘宝大学、湖畔大学、云谷学校等企业内部大学的设置更是深入企业每一个细节，将课程延展到每一个人。

5. 以价值为核心的激励体系建设技能

阿里巴巴一直强化价值观输出，因此考核的时候占有很大的权重。阿里巴巴的高绩效机制也是基于此进行设计的。将绩效管理和价值观深度结合——这就是阿里巴巴的以价值为核心的激励体系设计。

6. 使命驱动的文化布道技能

除阿里巴巴的价值观“六脉神剑”和“新六脉神剑”外，各个子公司还有“子橙文化”。阿里巴巴的“虚事实做”文化主要分为精神层、制度层、行为层和展现层。

7. 赋能成长的政委多维度管理技能

政委体系的灵感源自两部电视剧，一手搭建起政委体系的正是彭蕾。彭蕾有一句话是对政委经典的定位：政委的任务是负责观察业务之外的情况。阿里巴巴当年由于发展过快，很多业务经理的能力并不能及时有效地跟上，尤其是在区域管理上遇到很多掣肘的问题，这个时候，让业务经理多维度思考的政委就出现了，拥有用人、组织文化的一票否决权的政委，出将入相。也正是凭借着强大的政委体系，阿里巴巴这个体量大型的独角兽企业才能始终保持高速的发展速度。而 OD 在政委体系的作用更多的是赋能，给予专业的组织诊断，帮助政委去解决复杂度较高和个性化较强的问题。

第四节　中小企业组织健康发展逻辑

随着互联网的发展，中国涌现出很多民营企业家，这些人勤奋、创新、精明，以敏锐的商业嗅觉带领着团队，从平凡中发现商机，从同质化产品中标新立异，从人潮人涌中异军突起，最后走向国际，走向资本。

很多初创团队是这样的：先识别出某个市场需求，然后招兵买马，闷头苦做；做着做着，各种各样的问题就开始冒出来；这时候一般CEO 们往往将之归咎于执行力，于是带领团队继续“996”“007”地埋头苦干，但问题并没有得到有效解决。

很多企业家从基层起步，高管也大多从亲戚、朋友、同学、家人中选拔上来，企业家认识每一个员工，甚至他们的家人，就像一个大家庭。很多人认为，中小企业的发展不需要组织建设和组织诊断，或者在这样一个关系密切的组织里，无法进行组织诊断和组织健康管理。其实这是一个片面的论断，中小企业的发展正是组织的发展，也正是组织健康发展的结果。一个不良的组织很难走到最后。

比如，小米在发展的 8 年时间从无到上市，组织体系一直没有脱离战略，从最开始的扁平化结构就彰显了初创期的特点。在发展过程中，主动分权，快速打造成多事业部制。当外部供应系统过多时，积极转向生态链结构，增加组织的容纳性和柔性。频繁的局部调整要保证柔性发展，不僵化、不固化。

大部分创业公司缺少的并不是执行力，而是缺乏有效的组织发展管理。

一、不同阶段的组织有不同的组织问题

企业生命周期理论认为，企业创立后有一个创业起步期，类似于产品的导入期、成长期、成熟稳定期、衰退期的生命周期循环过程，尽管各企业因行业属性等方面情况不同，发展阶段不同，但大体上这个生命周期都是存在的。企业开创，大多是因为其有一定的市场需求基础。企业创立之后，大多会经历这样一个周期，能基本维持收支平衡的平稳期—高速发展的高成长期—稳定增长期—萎缩低迷期。没有一家企业不曾经过开创后的一个甜蜜的高成长期，而随着市场的成长，也会引来其他竞争者，很少有人能独占这个市场。竞争导致蛋糕被分享，利润减少，有些企业因先发优势与在位优势或技术改进而持续保持领先。

企业生命周期类似于人的一生发展情况，在孩子的婴幼儿期就开始培养学习、培养独立，对一些哭闹进行“干预”，那为什么在企业初创期，就不需要组织发展、战略规划以及商业模型澄清，任其野蛮生长呢?

这个时候，不是没有 OD[①]，只是没有 OD 岗位，但是不能忽略 OD 职能的存在。这个时候，创业者们经常遇到四大组织发展难题：产品业务聚焦、效率和市场反应、盈利和价值以及业务驱动管理。

这些企业大多是传统制造业或服务业，还有一些新兴互联网企业，一年辛辛苦苦下来，盈利未必多。然而，中小企业发展到一定阶段，会遇到发展与管理“瓶颈”，此时需要咨询经验丰富的企业管理咨询顾问，他们采用专业的组织管理诊断工具对企业进行全面、系统的诊断分析，为企业提供诊断报告与改善措施。

---

① OD：组织发展（Organizational Development，OD）。

以互联网企业为例，不同阶段的企业面临不同的组织问题。

表 1–2　互联网企业：不同阶段的组织有不同的组织问题

阶　段	组织问题
A 轮或“A+”轮	1. 如何从 0 到 1 快速组建团队？ 2. 在市场对品牌认知较少的情况下，如何提升雇主品牌？ 3. 如何引进核心高管？ 4. 如何快速提升管理团队领导力？ 5. 如何建立有效的企业沟通机制？
B 轮或“B+”轮	1. 组织升级，团队如何迭代更新？ 2. 组织融合，2.0 的员工的加入对 1.0 员工造成冲击，新老员工如何融合发展？ 3. 如何建立科学化管理体系，使整个公司运作流程化、体系化？ 4. 企业如何促使其使命、愿景、价值观落地？
C 轮或“C+”轮	1. 一级部门领导如何在能力“瓶颈”与公司发展间进行权衡抉择？ 2. 如何引入大型企业的优秀人才？ 3. 如何提升组织效率？ 4. 如何贯彻企业文化？ 5. 如何使部门目标与公司目标保持一致，提升部门协作效率？ 6. 如何提升中层领导的领导力？
D 轮及以上	1. 如何对组织进行管控？ 2. 多业态多项目管理如何进行？ 3. 企业文化与子文化如何建立？

在很多高速发展的企业里，一般规律也并不完全适合，所以，很多互联网企业不停地调整组织架构。组织架构设计的最终目的是根据运营

策略和组织策略，通过与市场上各种最佳操作模式的比较规划出组织架构。从而实现如下几点。

- 反映运营策略、客户价值及主要竞争能力；
- 注重经济效益；
- 体现业务流程的组合；
- 促进绩效；
- 提高运作效率；
- 着眼目前的可操作性。

组织架构是组织发展的载体，是组织发展过程中主要的表现形式。当出现不同的组织问题时，组织架构展现出来的 5 项内容能够解决很大一部分问题，有的时候比人力资源部还要直接和有效。

企业组织架构展现出来的 5 项内容：

◆ 组织部署集中还是分散；

◆ 组织层级是垂直还是扁平；

◆ 组织职级是严格还是灵活；

◆ 组织决策是集中还是民主；

◆ 组织信息是独占还是共享。

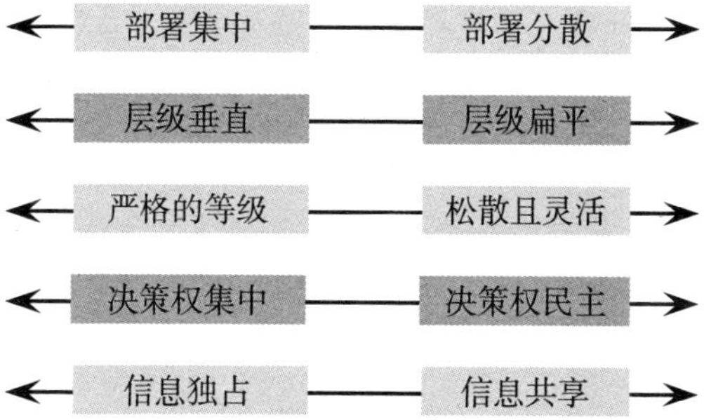

图 1-3 组织架构展现出来的 5 项内容

我们通过 5 种组织特征就能够定位出一个组织架构，就如给客户介绍公司组织架构，需阐明公司组织架构的性质，是直线制还是职能制。

5 种组织特征不仅能定位出一个组织架构，在组织诊断上的应用也是如鱼得水，能很快判断一个组织的基本特征，如图 1-4 所示。

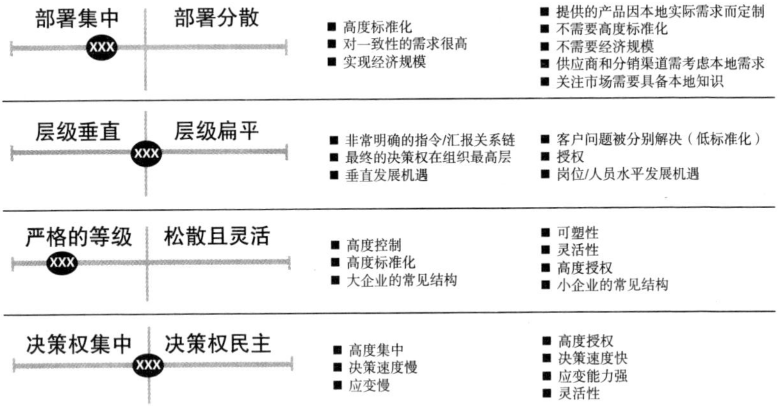

图 1-4　应用 5 种组织特征进行组织诊断

中小企业的健康诊断方法相对简单一些，不需要建立模型或建立复杂的模型。一般通过抽样访谈、问卷式调查、工作现场走访观察、查阅相关资料 4 种方式对组织管理现状进行详细的了解，并在此基础上对企业的管理现状作出初步判断与诊断。调研方式与诊断重点见表 1-3。

表 1-3 调研方式和诊断侧重点

调研方式	诊断侧重点
访　　谈	企业发展战略与定位、使命愿景、管理思想、变革思路、组织氛围、企业现状、经营目标、人力资源规划与管理现状、员工心态、员工培养、员工激励、员工忠程度与满意度、人才留用、薪资福利、绩效管理、员工对企业的认同度、企业日常管理、员工需求、企业制度建设、业务流程、生产管理、产品质量控制、技术研发、财务预算管理等。
分　　析	发展战略、基础管理、产品研发 / 开发、计划管理、采购管理、生产管理、市场营销、成本管理、财务管理、管理流程、业务流程、企业文化、组织结构、组织成熟度、薪酬福利体系、绩效管理体系、招聘体系、培训体系等。
现场观察	员工心态与精神面貌、工作及生产环境、文化氛围、生产及现场管理、文化标识系统、员工劳动保护等。
资料查阅	企业发展历程、公司基本情况、年度工作计划及经营重点、公司核心业务流程、标准化文件（工作流程及标准）、组织架构图、部门职能、职位设置及说明、生产、营销、公司文化及核心价值观等。

二、中小企业组织健康的三大核心内容

中小企业存在的诸多问题，严重制约和阻碍了企业自身的发展。中小企业的发展终究是经营的问题，用组织的方式能够解决效率问题，但是解决不了经营中的利润问题。下面笔者总结了制约企业发展的 3 个核心内容。

1. 视野和商业嗅觉

企业领导者的视野和商业嗅觉在中小企业里影响非常大，很多人认为这是胆量的问题，其实不是这样的。视野和商业嗅觉来自知识积累，综合素质和人生阅历。现在的商业环境，竞争异常激烈，盈利非常困难。

而细分市场的“蓝海”，虽然竞争较少，但成为新的明星企业的概率非常小。在这样一个复杂的商业环境里，中小企业要想生存和发展，领导者的视野和商业嗅觉就显得尤为重要。能够用诊断手段梳理行业和分析标杆企业优劣，是服务商业决策的一个较好的管理行为。诊断分析不是一次性工作，而是成为习惯的定期积累总结；诊断分析不是大而全的资料收集，而是带有针对性地挖掘机会。

2. 团队的力量

团队协作能激发出不可思议的潜力，在企业里，是一加一大于二的力量。很多中小企业，在缺乏精英人才的时候，团队的合力就是持续发展的动力，团队工作成果往往能超过成员个人业绩的总和。如果对“加强团队建设”的理解只是做一些激励士气的活动，进行一些游戏参与，那就难以形成商业的战斗力。应该从团队诊断思维开始，从实战中获取力量，并且固化到文化中。

3. 专业化和职业化

专业化是指员工在行业内的特色技能，而职业化是指把专业技能转化为利润的素质。专业化和职业化的员工训练、班底改造，才能让中小企业走得更稳、更远。很多创业者和领导者运作中小企业时并不专业，在这方面的重视程度也非常低。

综观国内成功的中小企业及其领导者，如华为、小米都具备这三大核心内容。同时，在这三大核心内容下，有相对应的中小企业三方面的诊断逻辑。

1. 领导力特质诊断模式

既然核心是老板的视野和商业嗅觉，面临的主要问题就是企业高层的“思想僵化、思路狭窄、视野有限”。高层转型慢、企业升级难，所以，第一诊断逻辑就是从思维意识上进行诊断。

在中小企业，高层的决策能力关乎企业的生死存亡，很多企业家有值得称赞的冒险精神和创新精神，但光有这些是远远不够的，高层的运营能力、团队建设能力、战略制定与带头执行能力等，都要考验企业家们综合水准的能力。其实这些就是领导力特质的问题。领导力特质是一个让人着迷的话题，在企业里，用领导力特质可以确立方向、建立联系、激励人心、使人进步、改进绩效……这个时候，诊断的第一步也是最难的一个环节就是深刻的自我认知，这是领导力特质诊断的起点。

2. 一流团队诊断模式

团队高效运作已然成为所有企业前行的动能。知识爆发，能够深入了解一个专业已经很难，通才和全才更是凤毛麟角。人才要搭配，人才结构要复合，人才团队对企业来说显得至关重要。公司的管理团队在呼唤新的管理方法或管理模式，在新模式开发之前，不如先认识和诊断自己的团队。如果一个团队业绩欠佳、文化需要改变、组织运作状态很差、内部存在冲突、遇到合并和收购项目，这个时候就需要团队诊断。

团队诊断有两个重要内容，首先，团队得有一个整体目标。对目标进行诊断，是尤为重要的。这个过程不能只通过调研问卷，而是需要依靠科学的方法进行严格检验并分析原因，准确发现症结所在，从而有效地加以解决。其次，团队除了有功能分工，还有角色分工。功能分工服务于工作本职，角色分工服务于团队。任何一个完整的团队都应该具有不同的团队角色。基于贝尔宾的团队角色分析，一个团队共有9种角色：中坚人物、先锋人士、专业人士、推进者、分析者、创新者、实施者、支持者和外联者，在功能分工和角色分工诊断的时候，决策措施和团队成员激励就发挥着重要的影响。

3. 高绩效组织诊断模式

相比一般组织而言，高绩效组织特征比较明显，比如创新与冒险、学习与实践、主动设计工作、跨部门团队较多、管理阶层较少、员工离客户很近、应变能力较强等。高绩效组织能让企业快速走上升级之路。因此，诊断模式的选择可以贴近高绩效组织的这些元素，这样就可以诊断出与高绩效组织之间的差距。诊断应从高绩效发展模式、组织控制模式以及组织升级管理模式三大思维模式深度考虑，设置或提高行业潜在竞争对手的进入壁垒及风险。

三、中小企业 5 个维度的组织诊断思路

中小企业团队管理需求的 3 个特点具体如下。

一是简单。中小企业团队结构要简单，不要有大企业那种大而全的架构。中小企业在处理问题时，要抓住主要矛盾，解决核心问题。

二是业务优先。中小企业的管理者和员工不必有过多的管理培训，以获取业务为主。业务管理要简单化，少一些表单，多一些实际技能。

三是执行与标准。强化执行的同时，也要对执行标准进行梳理和输出，以形成良好的标准机制。

做好中小企业团队诊断管理，可以从以下 5 个维度入手。

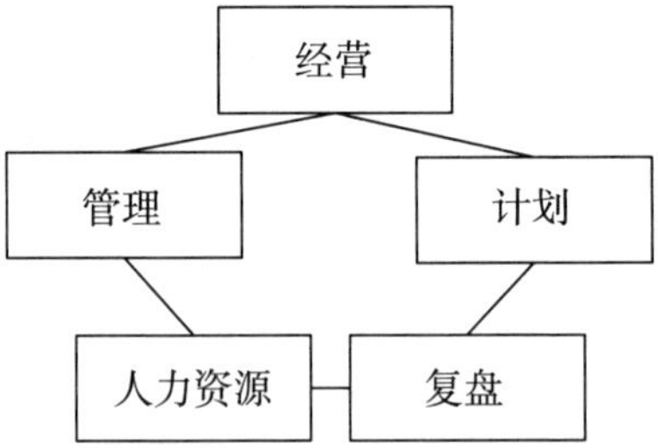

图 1-5　中小企业团队诊断的 5 个维度

1. 经营

经营是解决中小企业如何赚钱的问题。首先要诊断的问题是客户是谁，客户有细分标准吗，客户的特征是什么。其次要诊断产品或服务是什么，产品和服务做到什么程度，客户才愿意买单。

员工层面不仅要诊断客户和产品，还要诊断目标，在一定时间内订立的目标是什么，目标做到什么程度才会影响收入。

诊断经营的时候需要注意，无论是客户的需求还是企业目标都基于现有场景和认知模式，场景时刻在变化，认知也在逐步升级，所以需求和目标也是动态变化的。管理者设定目标，但不要被目标所束缚。这就是中小企业的诊断意义所在，因为资源有限，更要小步快跑，快速更新。

2. 管理

管理是解决如何快速赚钱的问题。知道怎么赚钱之后，也需要管理。管理就是把赚钱这个目标分解，至少分解为两部分：决策和执行。

决策诊断，需要诊断影响决策的因素和逻辑关系，决策不是决定，决策之后还要决定先做哪些，后做哪些，花多少时间、精力做。

执行诊断的是时间和质量。然后通过执行再去调整下一个时期的决策。

中小企业资源非常有限，管理要精简，管理诊断越简单越好，搭建一整套科学高效管理结构的想法，是不懂管理的表现。为了管理而管理，实属刻舟求剑。

管理只是手段，经营才是目的。中小企业管理诊断的逻辑是管理服从于经营，管理再好，不能解决经营问题，甚至影响经营效果，那么其就是不可取的。中小企业的大企业病就是从为了管理而管理开始的，其典型症状就是重计划轻总结，重形式轻实效，重态度轻执行。会议太多，文案太多，制度太多，这些都属于笔者提出的组织“胆固醇”过高的问题。既然管理是中小企业组织诊断的第二项重要维度，那么就要为第一项重要维度服务，管理为经营服务，如果经营中客户需求有变化，经营目标也经常调整，那么管理必须随之而动。

3. 人力资源

雷军在创立小米之初，大部分时间都用来招募人才。小米公司入职的前 100 名员工，他都亲自见面并沟通过。

中国是人力资源大国，人非常多，优秀人才也多。对中小企业来说，优秀人才意味着效率与业绩。但正是因为人多，中小企业的管理者很难分辨出真正的人才。所以，这个时候在组织诊断的人力资源维度应该更注重匹配，匹配比优秀更重要，胜任比卓越更现实。

对中小企业管理者来说，人力资源诊断维度可以再细分为 5 个小问题：

- 胜任：这些活会做吗？以前做过吗？
- 潜力：愿意学吗？能主动发现工作和机遇吗？
- 品格：能做到礼貌待人、热情主动、举止得体和严格自律吗？
- 忠诚：认同企业价值观吗？任何时候都能维护企业利益吗？
- 成本：对薪酬有正确的认识吗？

这 5 个问题足以涵盖中小企业的诊断维度。在对人力资源进行诊断的过程中，我们可以预判出 4 个主要问题。这 4 个主要问题具体如下。

- **岗位**

岗位问题一般比较大，它也是大家在诊断过程中关注的重点。但是，岗位工作是重职能不重形式。中小企业人数少的时候，职责完全写不过来，即使写清楚，那计划外的事谁负责？中小企业计划内的事情比较少，意外的事情比较多。所以，职能比职责更重要，形式上的岗位说明书时间花费较大，实际意义并不大。中小企业的岗位标准比岗位说明书意义更大一些。

◆ **编制**

员工与管理者对编制的争论源于工作量的大小，进一步说，源于人们好逸恶劳的欲望。人员宁少勿多，依据经营的达成情况，逐步增加。加上去简单，减下来就复杂了。

◆ **沟通**

企业内最多的沟通就是逐级汇报。没效率的表现就是逐级沟通时冠冕堂皇地说一些粉饰的语言。对中小企业来说，效率低下就是最大的风险。中小企业团队中的问题绝大多数源自沟通，也可以通过沟通解决。其次就是开会，组织诊断也应该向会议诊断一方倾斜，可以从会前、会中、会后 3 个方面诊断。

◆ **薪酬**

合理的薪酬既是对候选人的公平，也是对现有人员的公平。中小企业的薪酬诊断是人力资源诊断中最难的模块。因为中小企业大多没有薪酬体系，这也注定薪酬诊断的结果并不理想。中小企业薪酬支付能力有限，所以薪酬支付应该伴随人才梯队建设，有一定的阶梯性。只有一定的差距，才能彰显公平。

4. 计划

先谋事，再谋人，人事合一就是计划性工作。很多中小企业会花一定的时间去设计战略，制订战略分解计划，但是最后都没有执行落地。对于计划工作，全员上下疲于此，又不得不去做。做了执行不下去，不做又不知道明天自己该干什么。

事实上，计划不能落地不是因为计划做得不够详尽，而是因为没有区分任务和计划。大型集团公司会有严格的周例会，定期的月度会议，相对应的也有周工作计划、月工作计划、年度工作计划。配套的还有监督考核追踪机制。但是中小企业还是以任务为主，变化比计划更快一些。

衡量任务，要比计划简单得多，概括来说，就是能量化的量化，不能量化的细化，不能细化的标准化。管理者最重要的职责是布置任务，合理地进行分工与指导。

计划不是必须一丝不苟地被执行。很多中小企业认为，计划定了，就一定要执行到底。一项重大计划都是由数据、经验等因素综合判定的。对中小企业来说，相比计划，行动更重要，行动起来才有试错的基础，才能发现潜在的商机。

5. 复盘

如果说制订计划比做任务难，那么，比制订计划更难的是复盘。复盘本身就是一种诊断方法。中小企业复盘时容易追究责任，甚至成为批判大会。复盘最重要的是发现新机遇、新捷径、新渠道和新模式。中小企业做错一些战术层面的事情并不可怕，可怕的是不及时调整。复盘诊断不看逻辑，要看实际反馈。在有更高效率、更低成本的方法之前，现有的方法就是最好的方法。

第五节 大型组织四大管理规律和七大诊断方向

何为大企业?很多人对大企业的印象就是规模大、员工多。其实大企业是指实力强的企业。很多人羡慕在苹果、微软等大型集团工作的人,也非常好奇这样大的企业是如何进行调整而且持续盈利的。大型组织面对的问题远比想象的要复杂。经过长期研究,笔者总结出大型组织的四大管理规律和七大诊断方向。

一、大型组织四大管理规律

大型企业大多处于成熟稳定期,但是组织挑战依然存在。在当今大型企业组织管理过程中,大都面临以下 7 个问题。

◆ **大企业病**

一般,大企业病指的是组织臃肿、人员庞大、小事流程复杂、机制僵化、信息不通、执行力差和组织效率降低。

◆ **战略即时调整困难**

大型组织战略管理比较完善,有清晰的战略定位,并且有一整套的管理体系。而面对时代的新趋势,市场新增长点需要基于战略去设计组织运行系统的时候,反而捉襟见肘,时常会错过商机。组织缺乏战略的适应性,难以支撑全新战略的落地执行。其实当企业发展到一定程度时,面对的最大困境是战略成长空间受限,需要探索全新的业务模式,引领行业进步。所以,规划战略变得更加步履维艰。

◆ **资源共享性较差**

很多大型企业正在运用科技和互联网建设资源共享平台。这就是因为企业过大，难以生成丰富的经验知识，或者说很多知识生成之后，没有进行管理，直接就流失了。还有，一旦企业习惯了固有的成功模式，危机意识会相对淡薄，变革的意愿自然不足。只有知识在企业内有效地传递，企业才会盘活资源，进而促使其快速发展。

◆ **官僚主义**

很多企业管理者喜欢搞形式主义，走过场，变得不务实，这必将导致企业出现问题。在组织学中，由管理学者马克斯・韦伯所提出的官僚组织理论，与传统理解不同，是一种权威结构理论。马克斯・韦伯认为，在一家企业里，以 6 项特征作为推理的基础，用来推论在一个大型组织中应当有哪些工作和应当如何从事这些工作。

◆ **腐败与怠惰**

腐败是全世界企业都面临的严峻问题。在财务报表里，通过高额的职务消费就可以看出一些腐败的端倪。很多大型企业客户稳定、商业模式稳定，大家逐渐安于现状、不思进取，不愿意持续奋斗，甚至出现腐败现象，以权谋私、关联交易、贪污腐化、任人唯亲等，这就是千里之堤，溃于蚁穴。

◆ **文化分散和文化冲突**

大型企业分布广泛，地域性、群体性比较强烈，而且并购整合比较多；还有时代发展太快，大量的新人进入企业，会出现文化冲突；大家不愿意改革，使企业文化无法落地。无一例外这些都是大型企业要直面的文化困境。

◆ 人才发展与培养领导团队的困境

当一个组织较为简单的时候，人才会很容易暴露出来，而当一个企业员工数目庞大，人才就隐藏了起来。人才的筛选和输出，都是大型企业需要思考的问题。如何培养人才？是外聘还是内部培养？这都体现了人才问题的复杂性。合理的继任者计划是大型企业创新发展和基业长青的基础。

这 7 个问题体现了大型企业最常见的问题。基于上述问题，笔者提炼出大型组织四大管理规律：帕金森定律、组织断层现象、组织资源问题、基层问题。

1. 帕金森定律

上述的官僚主义病、大企业病都符合帕金森定律，还有机构臃肿、人浮于事、吃空饷等都是帕金森定律的一种体现。

帕金森所著的《帕金森定律》一书中讲了一个老奶奶寄明信片给自己侄女的故事。一位老太太用了 1 个多小时去找卖明信片的邮局，再花 1 个多小时慢慢地去选择明信片，用 1 个小时去写赠言，找一些美妙的词汇又用了 1 个小时。然后发现地址又忘记了，在各种地方找地址又花了半个小时。做完这一切，老奶奶已经疲惫不堪。同样的事情，一个效率高的人可能只花 5 分钟在办其他事情的途中就做完了。帕金森发现，人做一件事所耗费的时间差别很大。

如果限时 3 个月的时间来完成一项工作，大家会以其工作忙、到时候再说等理由来拖延，而且质量往往不尽如人意。而一旦给了截止期限，明天早上上班前必须结案！很多人会通宵达旦想尽一切办法来完成它，而且质量竟然也不会太差。

帕金森主要结论：工作会自动占满一个人所有可用的时间。如果一个人给自己安排了充裕的时间去完成一项工作，他就会放慢节奏或者增加其他项目以便用掉所有的时间。工作膨胀出来的复杂性会使工作显得很重要，在这种时间弹性很大的环境中工作并不会感到轻松。相反会因为工作的拖沓、膨胀而苦闷、劳累，从而精疲力竭。

对于行政机构庞大、官僚主义盛行和管理者庸才较多的情况，帕金森做了如下解释：如果组织中出现了一个能力不称职的官员，他会采取如下 3 个措施。

一是退位让给有能力的人。把自己的职位让给真正有才能的人。但一般人不会选择这条路，因为这样会丧失许多权利和利益。

二是让有能力的人来协助自己。让能人做自己的助理，出谋划策。但是很多人也不会选择这条路：一方面能人待不长久，另一方面有可能给自己培养竞争对手。

三是任用两个比自己差的人当助手。最后这条思路得以贯彻，也不对其着重培养，当企业出现新职位的时候，还可以推荐其上位，来扩大自己的势力范围。

于是，两个平庸的助手分担了他的工作，他自己则高高在上发号施令，他们不会对自己的权力构成威胁。两个助手上行下效，再为自己找两个更加不如自己的助手。如此类推，就形成了一个机构臃肿、人浮于事、相互扯皮、效率低下的领导体系。

帕金森得出结论：在行政管理中，行政机构会像金字塔一样不断增多，行政人员会不断膨胀，每个人都很忙，但组织效率越来越低下。这条定律又被称为“金字塔上升”现象。

帕金森定律的症结，为组织诊断展示了一个有效的方向，从根源上解决大型企业的问题。所以，大型企业的整体机制更重要，中小企业不必在全面系统上发力，但是大型企业必须注意到企业的方方面面。

2. 组织断层现象

组织断层现象被很多人误解为人才断层和人才继任出现问题。其实除了人才断层，还有收入断层、资源断层、文化断层、管理断层和培训断层等。

比如管理断层，公司高层经常谈战略、理想和愿景，但员工对战略都“视而不见”“充耳不闻”；高层事必躬亲，忙忙碌碌，员工却很悠闲，这其实就是管理断层。越大型的企业，断层现象有可能越严重。

管理断层是指因公司组织结构某个或某些层级的缺失、能力不足而导致沟通不畅、执行力差的现象。管理断层根据安东尼结构，分为 3 个类型。

表 1-4 管理断层类型

管理断层类型	现 象	原 因
高层断层	高层内外无处不在，事必躬亲； 一言堂与越级管理； 员工工作积极性和主动性受挫，发展空间有限。	高层自身是“瓶颈”，过多的时间用于扮演“执行者”“管理者”“经营者”角色； 有层级，但层级管理形同虚设。
中层断层	中层没有任何的决策权； 中层与高层在理念、执行等方面都存在很大分歧； 在会议上进行争吵，对很多事情不作决定。	地域、思维、资源和行业有一定的局限； 中层管理者的定位与能力存在一定的问题。

续表

管理断层类型	现　　象	原　　因
基层断层	基层大谈战略或者完全不知道战略； 管理意识薄弱，管理幅度极低； 职责交叉； 不重视客户需求。	架构的神经末梢薄弱； 员工能力不足； 沟通机制和信息分享机制欠缺； 基层管理者招聘困难。

高层断层的典型特征是只有“总经理”一个层级。这种组织方式在小型企业里具有快速、灵活、平等的明显优势。但是在大型企业里会造成一系列混乱，所有人忙于听从命令，很少有人关心企业的长期发展；公司的发展系于老板一身，一旦老板出现意外，公司将难以正常运转。员工责任感不强，公司业务都是总经理亲自负责，发挥自身能力的空间有限，虽然经常被宣贯各种愿景和发展方向，但员工觉得难以理解，离自己很远。

中层断层特征是公司逐步建立了“高层—中层—基层”的分层组织层级架构之后，中层非常脆弱，表现在高层视野开阔，市场机会敏锐，对公司业务发展和管理提升有完整系统设想，经常提出新的理念和想法，但是中层认为，高层想法变幻莫测，难以理解，难以执行或干脆不执行。

基层断层是指基层管理人员断层。制造业企业的基层管理者是指班组长、工段长这个层级。基层断层主要特点是基层管理人员招聘困难。还有就是基层员工多年不晋升，过度讨论战略或者对战略漠不关心，这些都是基层断层的主要现象。

3. 组织资源问题

任何企业的组织无时无刻不在对资源进行争夺。如果从资源的角度看组织，那么组织就是资源的组合体。

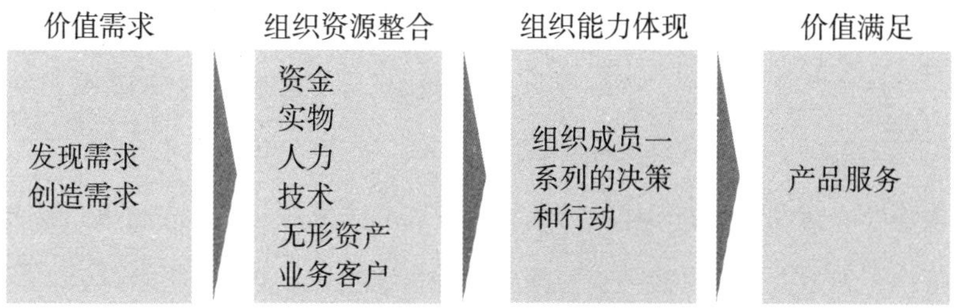

图 1-6 组织是资源的整合

在经济学上，一切可开发利用、能创造价值的事物都是资源，如自然资源、关系资源、资金资源、资本、人力资源、时间等。以此观点来看组织，就会发现组织是资源的整合体，在客户需求的价值驱动下，组织需要整合各类资源，提供满足需求的行为活动。在资源再造和整合的过程中，组织能力可以得到充分的体现，组织能力较强时，提供的价值回馈较大，也就是说，产品和服务的附加值较高。组织能力较弱的时候，则相对较低。

组织资源评估就是对组织可得资源的数量和质量进行分析、评价，资源范围不但包括组织所有的资源，还包括组织可以利用的外部资源。

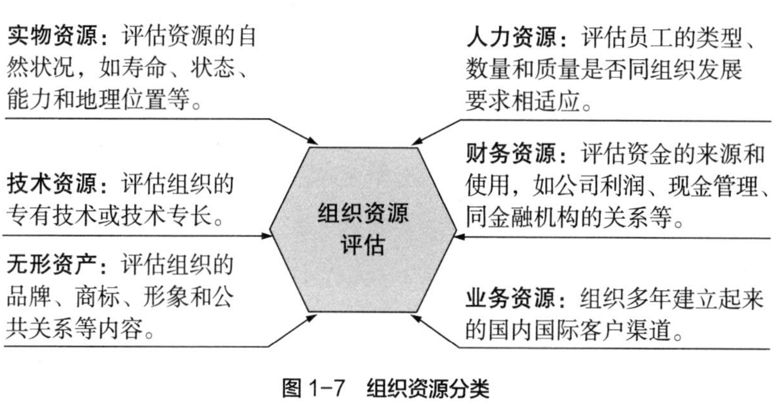

图 1-7 组织资源分类

4. 基层问题

高楼万丈平地起。当一个企业发展壮大后，基层的工作和声音往往得不到重视。处在神经末梢的基层，看似不起眼，但是很多终端的工作更重要，作为工作的最终执行人和客户沟通的第一人，这些细节工作往往决定着成败。大型企业须对基层问题有清醒的认识，并不断改进。基层问题主要体现在以下 6 个方面。

一是受到的检查和审核多。各类检查和考核可以说是“万箭穿心”，有的时候多个部门联合起来进行一些“突击检查”“专项检查”。有些企业的基层也承担了各类绩效考核，考核指标看似是层层分解，其实是层层下放，到最后都到了基层。很多基层没有自己的时间和主见做一些“自己”的事情，导致工作效率十分低下，加班加点就是工作效率低下的真实反映。这些检查和审核有的时候严重干扰正常经营活动。

二是受到关系干扰大，受到规则约束少。很多企业的基层唯权是从，是一群因为各种关系而入职的人员，因此有些人也非常自在，不受公司规则和约束的制约，关系和规则是水火不容的，以关系办事就很难保证企业正常布政施策。这就会出现基层大错不犯、小错不断而不纠的现象，因“面子”违纪的事情屡禁不止的现象。

三是学习材料多。对上级精神的传达与学习，基层成了终端，压力也非常大。为统一思想而召开的各种会议应接不暇，甚至还要进行小组讨论、班组学习、读书会等非业务相关“学习”。很多时候，上级传下来的“会议精神”，到了基层都大打折扣，资料与文件成为一张张废纸，被束之高阁。

四是政出多门，基层疲于应对。大型企业职能部门多而且分工细，发布政令也出自多门，基层人员理解政策较差，只知道应付交表单，做材料，勤汇报。许多工作，虽然目标一致，但是由于缺乏沟通和协调，容易“令出多口、政出多门”。

五是问题反映受阻。由于没有形成良好的运转机制，很多基层反映的困难、实际情况、客户信息、创新焦点等不能及时上传和汇总研究，导致许多问题夭折、发展夭折。大多数基层人员直接接触客户、设备、产品或者市场。有一些优秀的基层人员善于思考，可以提出一些思考和主意。但是向上反映的渠道受阻，一方面企业受到创新的损失，另一方面员工也觉得没有被重视，久而久之心灰意冷，不再提供思路。

六是工匠精神差。基层最应该注重的是工匠精神的培养，坚持精益求精的输出。但是出于多方面原因，基层蜻蜓点水，沉不下身子，不能“精耕细作”，多数以按时领工资、多赚一些福利补助为目的，只对个人利益负责，没有钻研技术、技能、客户需求。

以上都是组织管理问题。因此对基层的组织诊断不能局限于一套问卷，或者是简单的集体访谈。基层问题具体而又多样，像企业的多面镜子，能折射出企业的方方面面，很多细节都能反映大型企业的“第二曲线”。

二、大型组织七大诊断方向

战略通常会被认为是大型企业管理的核心，因为战略分解后会涉及企业的各个末梢问题，从战略开始也能让企业形成一种核心的“战略力”。战略管理对于大型企业固然重要，但是，从管理的本质出发来看，还是对行为的管理。当员工都能按照相应的行为高效地完成工作时，战略实现也会提前。

表 1-5　组织行为分类

组织行为分类		
微观行为		宏观行为
个体行为	群体行为	组织战略 组织文化 组织设计 组织变革 组织发展 ……
知觉 情感 能力 压力 个体认知 ……	群体动力 领导 组织冲突 群体激励 组织学习 ……	

按照组织行为分类，组织战略同文化等一样，属于组织宏观行为干预措施，像企业宏观调控一样。大型企业的组织诊断应该从大处入手，但是很多细节特征也决定了组织诊断模型的维度。大型企业的组织诊断更应当注意模型的完整和改良，以及具体实施的诊断技巧。

大型企业的组织复杂多变，组织诊断究竟从哪几个方面入手？以下 7 个维度是对当下大型集团企业的前瞻性探索，也是实施组织诊断建模的基础。

1. 分工：要有度

分工有度，是指组织做好内部结构的规划和人员的安排，分工一定要遵循分工原则，才能使企业健康稳定地发展。

比如在蚂蚁庞大的家族中，一般分蚁后、雄蚁、工蚁和兵蚁 4 种类型。其中蚁后主要负责产卵繁衍后代；雄蚁主要和蚁后进行交配；工蚁是整个蚂蚁家族中数量最多的类型，主要工作是建造蚁巢、寻找食物、喂养幼蚁等；而兵蚁的职责顾名思义就是保护整个蚂蚁群体。

蚂蚁群体只有通过复杂的分工与团队协作，才能完成捕食、筑巢、抵挡外敌等活动。同时，这种完备的分工体系提高了整体的工作效益，不同类型的蚂蚁在团队中可以充分发挥各自的优势，从而使整个群体长期生存下去。

分工是高效的基础。分工有助于技能技巧的完善，提高人的熟练程度和判断力，正所谓熟能生巧。分工节约了在不同工作之间转换劳动的时间。比如，富士康的流水线生产，每个人只做自己的那一部分，不用转换劳动，节约了时间，提高了效率。分工还能增加发明、改进和创新的可能性。

《国富论》开篇就讲了英国工厂的故事，当时的服装需要针扣缝上，这个针虽然简单但却是很重要的用品。这个产品如果不分工做，一个人一天只能做一两枚，但进行分工后，效率直接提高了 2000 多倍。

这是亚当·斯密当年观察到的，所以他认为拉开贫富差距的就是分工。如今我们看到，当代经济已经不是亚当·斯密看到的工厂内的简单分工，已经变成全球供应链。全球供应链，即任何一个产品都不可能在一家工厂里完全完成，都是全球组织供应。一个想法、一个专利、一个配件、一个零件、一个色彩，是在全球环境下组装在一起的，这是今天最高级的分工。

分工固然重要，但不要过度。

鲁迅的小说《药》里描绘了“颈项都伸得很长”的冷漠看客的心态，管理学中把这种众多的旁观者见死不救的现象称为责任分散效应。

企业组织中也处处存在责任分散效应。一个跨部门重要项目无人愿意担当；一个纠缠不清的失误，无人承认；一场经营事故，都在推责……正如很多企业管理者感慨的："以前人少的时候，大家天天拼命工作，效率特别高，怎么现在组织庞大了，分工明确了，反而效率低下，甚至存在很多工作漏洞了呢？"

这些现象就是过度分工。很多大型组织在做组织诊断的时候，强调诊断是否分工明确，并且得出分工不清晰、责任不到位、职能交叉重叠等结论。其实，在组织诊断的另一个方面要诊断是否过度分工。当下很多大型企业谋求组织转型，进行"大平台，小团队"的组织升级，更要注重"小团队"内部的分工过细的现象，分工过细会带来很多麻烦，甚至引起冲突。

2. 授权：要有章法

授权是组织为了共享内部权力，激励员工努力工作，而把部分权力或职权授予其他级别。授权有 3 种形式：一是分派任务；二是授予权力或职权；三是明确责任。

很多企业领导者，有强烈的"控制欲"，希望每件事都在自己的掌控之中，而且他们不信任员工的能力，认为员工肯定做不好。结果其被琐碎的工作支配得团团转，不可能做出有战略性的全局规划。员工遇到这样的管理者，会感觉得不到信任，积极性受挫，每天听命令、改方案就行，主动工作的热情逐渐丧失。

授权的成功与否，从大的方面来讲，决定着企业的兴衰成败；从小的方面来讲，影响具体工作的顺利开展。世界 500 强企业通用电气公司总裁杰克・韦尔奇说过："领导者管得少，就是管得好。"

授权虽然会对人产生激励，但是授权不应被仅看作激励，授权要有章法，管理者应注重建立制度，然后汇集群力共同完成工作。也就是说，在指令型授权和责任型授权中间，选择责任型授权，尤其是大型企业的组织诊断，在授权这个环节，主要诊断是否是体系化的责任型授权。

指令型授权是指分派一项或者多项任务，完成后告知，然后对工作的每一步进行详细指导。大部分企业对授权的认知和执行大抵如此。而责任型授权的关注重点是结果，给员工一定的自由，允许其自行选择做事的具体方法，并为最终的结果负责。

诊断责任型授权时，对双方要进行 5 个方面的调研，以实现授权清晰。

◆ **目标与预期**

授权双方都要明确目标，并充分理解最终的结果。要以目标结果为始，然后大致地安排需投入的时间和资源。

◆ **原则与方法**

责任型授权要体现原则，也就是授权双方共同的价值底线。可以确认适用的评估体系，避免成为指令型授权。对于方法，可以适当灵活。

◆ **资源与配置**

授权要告知可使用的人力、物力、技术、资金以及其他组织资源。

◆ **责任与界限**

评估成果的同时要明确责任，责任具体到人员。责任不能交叉，或者指代不明，要有清晰的界限。

◆ **奖励与惩罚**

明确告知评估后的结果，包括物质奖励、精神奖励、职务调整以及该项工作对其所在组织的影响。

之前，集权是很多大型企业的运作法则，随着网络技术进步越来越快，管理幅度越来越大，组织面临的环境越来越复杂，集权无法让企业灵活多变，于是，授权成为一种趋势。组织诊断在授权方面不能只诊断到“授权不充分”“没有清晰权力划分”等层面，要细到责任授权的以上 5 个方面，只有这样才能真正发现组织授权方面的问题。

3. 敏捷性：抓住灵活的实践标志

敏捷组织架构很灵活，有可扩展的团队、网络组织和高度的分工协同，集体协调平衡个人自由，业务拓展可能不再是销售和营销，很有可能是社交。所以，如何诊断敏捷组织，非常考验组织发展实践者。

组织诊断之前对组织的稳定型诊断过于偏重，现在组织诊断要素要倾向于组织的敏捷性。组织敏捷性的实践标志具体如下。

表 1-6　组织敏捷性的实践标志

组织涉及方面	组织敏捷性实践标志
战略	共建目标和愿景 感知并抓住机会 资源灵活配置 高执行的战略指导
组织架构	清晰的扁平化组织架构 明确的角色职责 实践性管理 强大的非正式组织实践 积极的伙伴关系 开放的办公环境及网络组织

续表

组织涉及方面	组织敏捷性实践标志
流程	快速影响和尝试 标准化合作方式 业绩导向决策 信息透明 持续学习 尊重流程权威
人员	高凝聚的团队 共享的领导力 企业家精神 角色多变
技术	时代性的技术架构、系统及工具 拥抱下一代技术

具体而言，敏捷性应该呈现如下特点：

- ◆ 组织追逐客户，而不是 KPI；
- ◆ 岗位追逐岗位，而非个人追逐领导；
- ◆ 商业模式追逐逻辑，而非感性的爆品。

4. 组织创新：从 4 个方面进行评测

中国大型企业在进化的过程中，经历了销售为王、产品为王、运营为王的阶段，也经历了国际化、互联网及数字化的进程。组织在进化过程中遇到越来越多的困难，需要升级组织能力来提升自身的竞争力。如阿米巴、青色组织、合弄制、自组织等组织形式被无数企业尝试，这些都可以叫作“组织创新”。组织创新可以从以下 4 个方面进行评测：功能创新、结构创新、机制创新和行为创新。

◆ 功能创新

根据新的任务目标来重新划分组织功能，对组织功能和管理活动进行重新设计。

◆ 结构创新

对部门设置和职位设置进行调整，创新或者改进工作流程与内部信息的联系。

◆ 机制创新

机制包括人员机制，如管理人员的重新安排、职责权限的重新划分等。

◆ 行为创新

对行为尤其是群体行为的管理进行创新，包括各种规章制度、行为规范的变革等。

创新不是一蹴而就的，往往需要经历一定的时间，从传统结构到创新结构也不是一个断然切换的简单过程，其中应当及时进行组织诊断，以判断企业组织结构是否有进行创新的需要。

5. 多维矩阵：分解与降维

多维立体型组织结构是由美国道 - 科宁化学工业公司于 1967 年建立的。它是矩阵型和事业部制机构形式的综合发展，又称为多维组织。在矩阵制结构（即二维平面）基础上构建产品利润中心、地区利润中心和专业成本中心的三维立体结构；若再加上时间维度可构成四维立体结构。

IBM 公司也开始了多维矩阵组织架构的实践，为多业务复杂系统提供了有效的解决方案。IBM 的郭士纳进行了 3 项变革。首先，客户是公司一切的原动力；其次，团队是以产品、业务两类为主；最后，对不适应新组织的部门进行大量裁员。

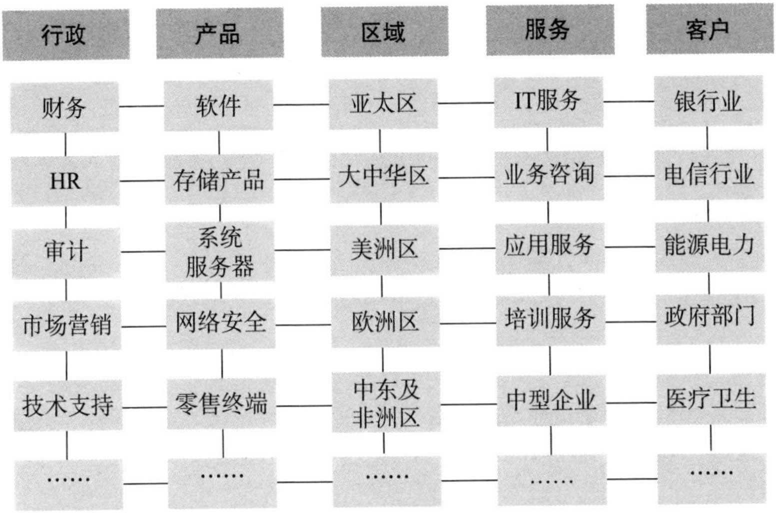

图 1-8 多维矩阵

IBM 多维矩阵的第一个特色：每个维度都是一个相对独立的业务系统，都能独立核算。第二个特色：对之前的财务、市场营销、人力资源、技术支持等职能部门进行改组，让它们完全地整合起来，类似于组织"中台"，只不过由于业务性质不同，没有阿里巴巴的中台强大而已，因此被喻为大象也能跳舞。

大型企业的发展，矩阵组织和多维矩阵组织已经是一个大的趋势。在诊断大型企业组织时，如果只是按照传统职能型组织进行诊断，势必会继续成为一个职能型组织。因此，诊断组织的建模或者设计访谈问卷时，可以加入一些前瞻性的组织体系。多维矩阵如何诊断？只能分解和降维。多维矩阵存在 3 类事业部：产品事业部、客户事业部和区域事业部。只有这样分解才能清楚组织诊断到底需要在哪里发力。

6. 人才：打破“三唯”问题

“宰相必起于州部，猛将必发于卒伍。”对于人才的诊断要从最基层开始，因为基层是人才成长的沃土，是各类人才的“孵化器”。技术服务、挂职交流、精准派驻、外部招募都是可以选择的人才诊断维度。好的诊断能够第一时间识别出人才，差的诊断会将人才埋没在平均值中。

大型企业的人才更是技术经济竞争的决定性因素。产品、地域、客户的竞争已经成为“红海”的时候，人才就成了一片蓝海区域。大型企业组织诊断的人才维度可以从是否树立人才资源是第一资源的观念出发，按照是否全面实施人才战略，大力开发人才资源等人才策略、行动计划逐一诊断。

华为集团高度重视人才创新。都知道华为技术走在世界前列，其在人才领域的管理实践方面也同样走在世界前列。早在 1996 年《华为基本法》制定的时候，就把“尊重个性，集体奋斗”这句话写进去了。这句话也是“以奋斗者为本”的前身。华为另一大人才策略就是包容人才的多样化和差异化，作为一个 60% 以上的销售收入来自中国以外地区的组织，本地化员工达到了 70%，华为已经国际化了，并且持续地增强创新人才的动力投入机制，比如华为财经团队就有数百名来自牛津、剑桥、哈佛、耶鲁等著名大学的优秀学生。

组织诊断的人才除了关注基层和人才策略以外的事件，还应从人才培养、人才评价、人才流动、人才激励、人才引进、投入保障等方面重点诊断。主要打破人才评价中唯学历、唯认证、唯亲戚熟人的“三唯”问题。

7. 数字化：在整合和优化中寻找新支点

在过去的管理中，有 3 个重要的链条：命令链、信息链和人际关系链。当新生代不再听从命令，个人拥有的信息甚至比组织都巨大，个人通过各种平台有了更多机会参与决策的时候，这 3 个链条，逐渐被请出组织舞台。新生的数字化运动，则产生较大的能量。数字化并不是信息化，而是需要整合和优化信息化系统，提升组织管理和运营水平，用新的技术手段提升企业技术创新的能力，以成为组织核心竞争力。

表 1-7　数字化和信息化的区别

	信息化	数字化
应用范围	单个系统或业务，局部优化	全域系统或流程，整体优化
联结	缺少联结和打通，效率低、响应慢	全联结和全打通，效率高、响应快
数据	数据孤立分散，没有发挥真正的价值	数据整合集中，深入挖掘数据资产价值
思维	管理思维	客户导向思维
战略	竞争战略	共赢战略

数字化是对企业整个业务流程进行数字化的打通，打通部门墙和数据墙，实现跨部门的系统互通、数据互联的组织行为。

2020 年“黑天鹅”事件频发，特别是新冠肺炎疫情的出现，除给国民生命健康造成重大威胁外，还给整个商业市场经济带来一层“阴霾”，让诸多企业面临成本上升、现金流紧张、运营效率下降等挑战。但是面对疫情的蔓延，数字化在悄然成长起来，社区物联平台、智慧家居平台、远程办公平台、智慧交通平台、远程会诊平台等智能服务平台正逐渐走进我们的生活中。这也预示着，面对 VUCA 时代，传统组织出现了非常脆弱的一面，数字技术赋能传统产业的速度将骤增。

组织诊断自然要与时俱进。组织是否利用数字化工具实现高效运营？组织是否找寻适宜自我发展的数字化路径？组织是否通过数字化的手段加速企业转型？这些都将成为组织诊断中不可或缺的问题。

组织诊断是建立在组织环境，包括社会结构、市场、顾客、竞争者、愿景、使命、价值观、权力、经营、人力、资金等一切实现组织价值的核心能力的假设、前提基础上的，关于未来相关资源如何被运用到不同组织行为活动中的预判性管理行为。组织诊断的这些假设、前提和信念，通常是经过一定实践的经验积累而形成的一些衡量因素，新的信息都会经过它的筛选和解释。

如果这些衡量因素能够正确反映组织环境的假设，那么它就能够提高组织决策制定过程的质量，提升组织的健康度。但是，当假设无法准确地反映组织环境中的核心要素时，企业组织就会出现一种病态，罹患各种症结。随着决策者意识不到位，并且外部有危机和风险时，这些症结就会变得更加顽固。

组织健康就是核心竞争力。

Organizational Diagnosis

第二章 全面剖析组织诊断

组织诊断是通过企业经营的表象问题找出组织面临的核心问题的过程，它是组织发展工作的关键一环。一般来说，组织诊断的方法、流程和模型越系统，后续的组织变革和组织干预工作就会越精准。

第一节 庖丁解牛还是盲人摸象?

庖丁解牛，为什么游刃有余？因为找到了事物的规律。诊断思维的根本就是分解问题，其目的在于将无法下手的大问题，依照一定的逻辑和依据，分解为可被处理的各个单元，然后逐个击破，找到解决问题的关键，就像庖丁解牛一样，筋肉骨清晰明了，一步步细致分解，才能逐渐变成可被处理的局部。但在这个过程中，也可能会一不小心就变成了盲人摸象。

盲人摸象，为何不得其法？其实他也对事物做了分解，但产生了片面认知。要避免这种现象，唯一的办法是观察、了解，找到事物的基本规律。为避免盲人摸象的尴尬，在寻找规律和事物分解时要先学好基本理论，在实际案例中多次实践，积累经验，再丰富理论。

麦肯锡咨询顾问芭芭拉・明托在《金字塔原理》中提出的一个分类的思考工具叫 MECE 原则（Mutually Exclusive Collectively Exhaustive，中文意思是“相互独立，完全穷尽”)，有两层意思：

一是，可分解的各部分之间相互独立（Mutually Exclusive）;

二是，每一个部分完全穷尽（Collectively Exhaustive）。

MECE 分类的原则是结构性思维，是组织诊断建模或者分解过程中的一个非常实用的工具。当遇到组织中交叉和复杂的问题时，使用 MECE 原则进行梳理，可以得到一个脉络清晰、角度全面的结果，从而为解决问题做好准备。

MECE 一般有 5 种常用的分类法：

◆ 二分法

这个分类方式在日常生活中比较常见，尤其是一些标志。其实就是把信息分成是和非 2 个部分。在机场可以看到国内、国外；填写基本信息时分为已婚、未婚；财务里有收入、支出；比赛里有专业、业余等。

◆ 要素法

要素法也是一种常见的方法。比如，优秀员工的标准可以是“优秀员工的 8 种品质”。在企业管理中，最常见的工具是组织架构图，把所有部门和岗位呈现出来，其实就是把一个整体分成不同的构成部分。要素法的逻辑可以理解成在说明一件事的逻辑，如在展示柜前可以从上到下地介绍商品；拆开礼物的时候可以从外到内……还可以从整体到局部，局部到整体。要素法主要是说明事物的各个方面的特征。

◆ 过程法

过程法是按照事情发展的时间、流程、程序对信息进行逐一的分类。

比如，在日常生活中制定的日程表，在项目管理中的甘特图，工作说明书中的操作步骤，战略规划中达成目标的各个阶段，都属于过程分类。

◆ 公式法

公式法就是可以按照公式进行的要素设计，并且可以再嵌套其他公式和要素。

比如，成功 = 战略 × 组织能力，这里就是企业成功通过公式拆解为战略和组织能力。

◆ 矩阵法

很多人在布置任务的时候经常使用四象限法，把工作分成重要且紧急、重要但不紧急、不重要但紧急和不重要且不紧急。

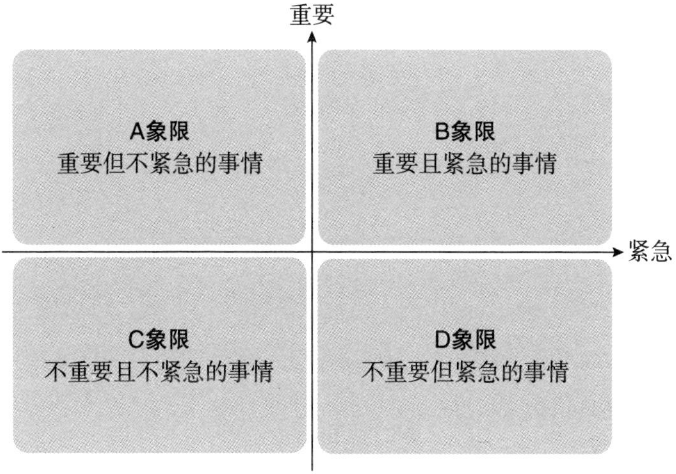

图 2-1 四象限法

然后可以把工作项目填到 4 个象限当中，这 4 个象限就是 2×2 矩阵。

经典工具还有九宫格、波士顿矩阵等。

理论和实际还是有一定差距的。理论在应用的过程中会有很多细节需要注意。比如，一家临街的餐厅要“提高利润水平”。如果这家餐厅不做任何分解，只是凭借想象提高利润，很可能会给出很多不务实的解决方案，如直接提高价格，投入过多的广告吸引更多的顾客等。这个时候就需要庖丁解牛一样的思路，从分解开始寻找规律。比如按照时间顺序，可以有如下分解方式：

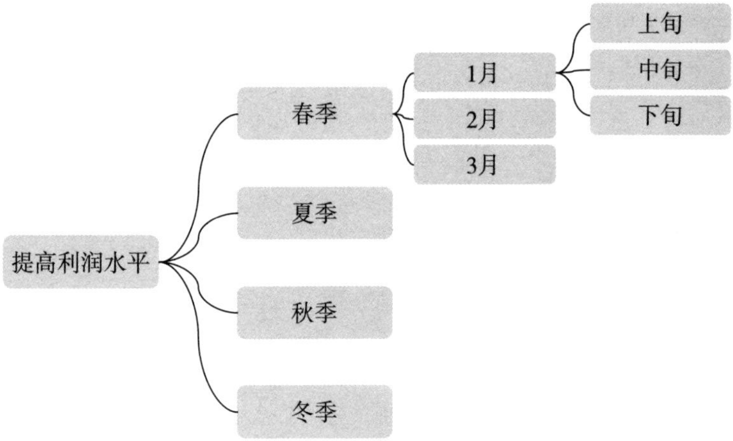

图 2-2　关于提高利润水平的时间分解

再进一步分解就是周和天，还可以分解成小时，去监测数据和购买产品情况，找出潜在问题点。另外，还可以按照工作日和节假日去区分，而且每个节假日也不一样。

如果依据空间顺序，可以有如下分解方式：

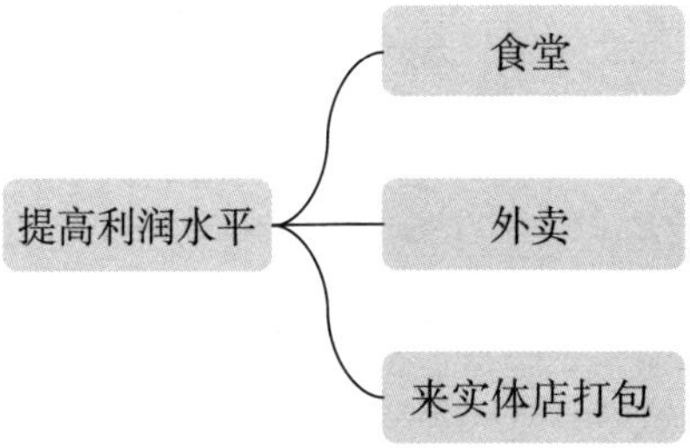

图 2-3　关于提高利润水平的空间分解

之前在一次咨询项目中，按照大家吃饭的空间去分解诊断，最后发现来店打包的人很多，分析之后发现，这家餐饮店深得周围其他店铺的服务员的好评，周边女装店的导购都会选择来店打包几份，然后和其他同事一起“对付”一下，毕竟店铺没有午休。这时就可以研发女导购们喜欢吃的快捷、好吃的便当，形成更多的销售模式。

如果按照程度顺序，可以从菜品销量入手，有以下分解方式：

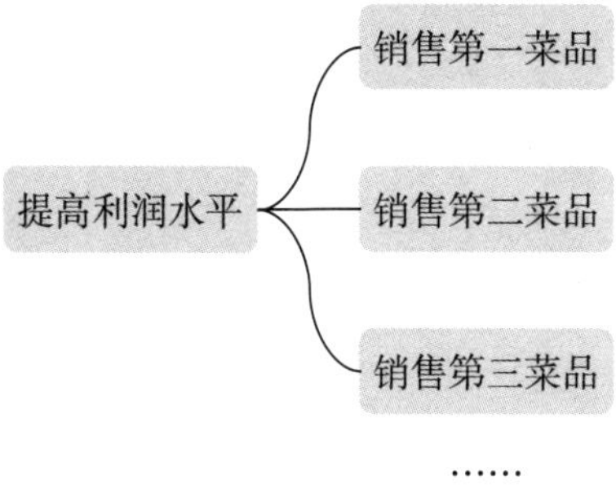

图 2-4　关于提高利润水平的程度分解

很多餐饮店会按照顾客去分，看自己的店适合什么样的人群，是情侣、家庭还是一个人就餐。

所有的诊断分解方法都很难判断优劣，因为现实中的问题往往是复杂的。很多时候需要尝试所有的方式之后才能发现哪种分解方式更合适。所以，在对事物的诊断上，也并非单一的方式，还有外部对标和专家法，看看同行或者资深人士，逐渐培养自己对行业的判断和基本的商业洞见。

这一切都是为了做到庖丁解牛，而非盲人摸象。

第二节 如何衡量事物的价值

在真正去诊断和分解问题的时候，为什么解牛的庖丁很少，摸象的盲人很多呢？这是因为大家对同一事物的价值认识不同。“双飞燕子几时回，夹岸桃花蘸水开”“竹外桃花三两枝，春江水暖鸭先知”，这都是对春天桃花盛开的赞美和喜悦的心情的物化。“一帘红雨桃花谢，十里清阴柳影斜”，像一帘红雨飘下，那是谢了的桃花，虽然惋惜，但是并不感伤。“癫狂柳絮随风舞，轻薄桃花逐水流”，这个时候的桃花是轻浮的、随波逐流的。

同一种意象，在不同的情境中，代表的含义可能截然不同。同一个模型，在不同企业里，因为价值观不同，也出现了不同的看法。有的赞不绝口，有的颇有微词。

1000 个读者眼中就会有 1000 个哈姆雷特。要想做好组织诊断和组织评估，就要先衡量事物的价值。

一、价值判断与价值选择是什么？

对于价值判断，王小波有句经典表达：“在人类的一切智能活动里，没有比做价值判断更简单的事了。假如你是只公兔子，就有做出价值判断的能力——大灰狼坏，母兔子好。而在大灰狼看来，当然又是另外一回事。”对组织来说，不同的组织有不同的价值判断，即便是组织内部，不同的层级，不同的人群，也会有不同的价值判断。如果进行组织诊断，不可能说谁对谁错，显然他们的判断都没错。

价值判断是根据人们对事物能否满足主体需要以及满足程度所作出的判断。而价值选择是人们在价值判断的基础上做出的选择。两者的本质都源于意识，在组织角度上，由特定组织的存在决定，不是凭空产生，是在组织实践的基础上产生的。

在一个群体中，了解价值判断与价值选择的手段有很多。在所有手段中，只有熟悉价值判断与价值选择的基本特征，才能更好地掌握它。

1. 群体属性差异性

群体有不同的属性，其差异性决定价值判断与价值选择千差万别。首先，群体的属性本身就很多，如不同的角色地位。其次，事物的认知角度不同。最后，立场和利益团队不同。“仁者见仁，智者见智”“公说公有理，婆说婆有理”都体现了这个特点。

2. 条件性

条件性是指价值判断和价值选择随时间、地点等不同场合的条件不同而不同。同样的一句话，在不同场合具有不同的意义。比如，一个人加班到很晚，直到保安过来巡查，发现这个人说了一句：“你怎么还没走？”保安这句话带着惊讶和某种关心，可能认为这个时间都应该回家了，而这个人是受到什么惩罚在这里吗？条件性很广泛，聊天、谈判、演说、接待、讲解的场景都是条件性内容，还有单刀直入的陈述、旁敲侧击的委婉、指桑骂槐的曲折、指手画脚的官腔、慷慨陈词的发挥、口若悬河的雄辩、投石问路的试探、欲言又止的语势……这些都是条件性。

条件性给组织诊断最大的启示就是应用什么样的工具来获得参与诊断者的价值判断和价值选择。不是所有场合都能用问卷法，也不是所有场合都能用访谈法。

二、价值判断的统一

每个团体都有一定的“标准”价值观。儒家主张“有教无类”“仁者爱人”；道家主张道法自然，顺其自然，提倡清静无为，守雌守柔；墨家主张“兼相爱，交相利”等。也就是说，统一的价值观应该是人类最基本的道德底线，并非所持价值观的全部。

对一个企业来说，具有统一的价值观是优秀的企业文化。一个企业如果没有统一的价值观和这个价值观指导下的行为取向，它在人们心中的形象将是混乱的、模糊的，也是不可持久的。

统一的价值观就是所有员工思想意识层面的价值取向是一致的，并且所表现出来的言行与之吻合。如果选择的是客户导向的文化，那全体员工就要树立“让客户满意是最有价值的事情”的理念，并且要深入骨髓。如果倡导的是创新，那所有员工就要以创新为荣耀，并让社会看到创新和发展。

容易引起争论的是价值判断。因为价值判断的基础是每个人不同的价值观，所以价值判断无所谓真伪，没有统一的标准。企业中大量冲突和争执的来源，就是价值判断的差异。尤其是在组织诊断这一环节，对价值判断的讨论既是无法回避的，也是很重要的。

如何统一价值观？一家企业首先得有明确的目标，通过对目标进行管理，形成一种程序，使一个组织中的上下各级管理人员会同起来制定共同的目标，确定彼此的成果责任，并以此项责任来作为指导业务和衡量各自贡献的准则。

另一个统一价值观的有效方式是决策分析。作为企业的高管，要理解像组织诊断一样的项目就是一个决策的过程，是让多数人共同作决策，这样大家会更理解为什么做了这样的决策，决策分析的时间不一定要固定，可以是正式的会议，也可以是平常的闲聊，没有具体的要求，但一定要做、经常做，慢慢地就可以形成一种沟通。通过这个过程来学习决策思路和价值选择。

组织诊断的过程其实就是统一价值观的过程。让大家参与到决策中，对未来组织干预有所期待。这样也促进了员工对企业组织进行全局思考。组织诊断过程中和人结成关系，往往包含认识关系、评价关系和实践关系。

认知的任务是掌握事物的本质和客观规律，形成对事实的判断。例如，西瓜富含多种维生素、氨基酸、碳水化合物，这是对认知形成和事物的事实判断。事实判断可分为真与假、对与错。

评价和理解同等重要。如果你鲁莽行事，却不知道一件事对自己有多重要，那将会很麻烦。

实践是理解和评价的基础。只有当一个事物与人类形成一种实际的关系时，才有必要了解它并对它进行评价。一个人只有根据已获得的事实判断和价值判断，才能决定自己对这个事物的态度、方法和期望的结果。没有实践，就没有认知活动，更没有实践活动。实践是理解和评价的出发点和落脚点，也是检验理解和评价是否正确的唯一标准。

认知、评价、实践是组织诊断的核心关键词。因为事物的真正本质及其规律独立于人而存在。不管人们是否认识，它们都客观存在。理解意味着摆脱干扰，追求正确的事实判断。组织诊断工作越深入，对企业认识就越全面。

第三节　组织诊断的本质

诊断一词源自医学，其含义是通过诸多方法判断人的病情和病因。经营管理学借鉴了这个词汇，并且有了一定的引申。

从字面理解，诊断有 2 层意思：一是诊，二是断。在医学诊断过程中，有临床症状、体征等现象，但是其疾病确实是不同的。比如，一位患者一直在发烧，有可能是病毒感染、支原体感染、细菌感染等原因造成的，比较常见的疾病可能有肺炎、支气管炎、肺脓肿等，还有可能是血液肿瘤造成的。造成组织问题的原因很多，有可能是授权，也有可能是流程，更有可能是人员等。在这个探求现象本质的过程中，无论是诊还是断，都尤为重要。

组织诊断不仅停留于问题现象的表面，还要透过现象把握本质。在现象和本质之间不可能有原则性差别，只存在于已认识和尚未认识上。

一、组织诊断本身就是一种干预活动

组织诊断工作本身就是一种干预活动，因为介入了组织日常活动，影响了组织成员对变革的期待。在组织诊断的过程中，如果你想让企业提出所有问题，提高员工的参与度，势必会延误现有的工作。随着时间成本的增加，员工必然会问它的意义和目的。因此，组织诊断实际上属于期望管理。

在期望管理中，有一个著名的理论叫皮格马利翁效应（Pygmalion Effect），也被称为“预期效应”。当人们被赋予更高的期望时，他们的行为就会更好。笔者曾在北京和深圳的 2 家知名企业中随机抽取 150 名员工作为研究对象，对企业人力资源管理的预期效果进行实证研究。共发出 150 份问卷，收回 150 份问卷，其中 149 份是有效问卷。该问卷由 68 个问题组成，每个问题都采用五级评分法，即 0、1、2、3、4。分数的高低代表每个问题的认可程度，分数越高，认可程度就越高；相反，认可程度就越低。

问卷由 3 个部分组成，包括：

◆ **评估管理人员的预期行为**

用来评价经理预期行为的现状。例如，“经理经常听取员工的意见”“经理经常对自己的能力给予很高的评价”。

◆ **员工能力评价表**

员工根据自身的能力、素质、认知等因素来评价自己的工作能力。具体问题如“我可以接受更有挑战性的工作”“我认为只要我努力工作，我就会得到晋升和加薪”。

◆ **员工绩效激励评价表**

员工绩效激励评价表用来评价员工的工作成就动机和工作态度。例如，“除了物质奖励、尊重和认可之外，还可以激发员工对工作的热情”“在闲暇时间，还会考虑如何提高工作效率和工作绩效”。

根据调研结果我们发现，上述被调查的 2 家企业员工在第一部分中并不满意，甚至评价非常差。也就是对管理者期望行为的现状满意度非常低。而第二部分、第三部分却得到了较高的评分。也就是说，员工认为自己的潜力没有得到激发，并强烈地表达了管理者想被关注、重视的愿望。大概可以看出来的是，愿景、文化、培训以及能力标准体系这几个方面在这两家公司亟待改进。

期望管理还有一个著名的理论叫作“引用期望理论”（Expectancy Theory），又称作“效价—手段—期望理论”，它是由北美著名心理学家和行为科学家维克托·弗鲁姆（Victor H.Vroom）于1964年在《工作与激励》中提出来的。

同时提出的还有期望管理的3个因素，这3个因素是反映需要与目标之间关系的。要激励员工，就必须让员工明确：

- 工作能提供给他们真正需要的东西；
- 他们想要的东西是和绩效联系在一起的；
- 只要努力工作就能提高他们的绩效。

这也说明，“出尔反尔”的领导者对组织绩效的破坏性有多大。之前遇到一个销售团队，团队负责人凭借自己的资源找到了很多项目，每天都是超负荷运作，原因就是月初的时候老板定了20%的提成比例，想着月底拿一大笔奖金。而等到发工资的时候被告知这个月提成降到2%，老板开始算账，各种水费、电费、办公室租金分摊等成本，而且还说公司在亏钱，要以大局为重。销售团队负责人觉得自己无法和团队交代，死活不答应，可是胳膊拧不过大腿，最终还是只有2%的提成。不过这个月一过，拿完工资整个团队就去了别的公司，并且带走了很多客户资源。

期望管理在企业是无时无刻不在的，贯穿于企业人力资源管理的每个环节，从员工招聘开始，薪酬福利、绩效管理、培训发展、接班人计划、人才挽留等，每个环节都要管好员工的期望值。如果在日常管理中，没有进行较好的期望管理，在组织诊断那一刻，大家的期望就会喷薄而出，从而干扰组织诊断问题的核心目的，之后的组织干预策略也会向满意度方向倾斜。

从 20 世纪 90 年代以后的管理文献中可以看到，关于期望管理的问题，大家沟通得越清楚，企业的员工满意度就越高，其离职率也较低，效益相应地也越好。这项研究还推出了一套比较实用的测试工具——个人工作期望值测试，这个测试包括以下 10 个方面：

◆ 奖惩分明；

◆ 工作自主性；

◆ 公开表达自己的想法；

◆ 职业发展；

◆ 多元化的组织；

◆ 团队合作；

◆ 结构化的工作指令；

◆ 环境；

◆ 生活和事业的平衡；

◆ 工作的稳定性。

这 10 个方面与组织诊断大多数的问题何其相近！在某个层面上，组织诊断就是给企业提供了破译员工内心密码的“钥匙”，避免信息不对称带来的误解。在组织诊断中，我们发现员工离职的真实原因往往是某种期望未能得到满足。如果能管理好员工的期望值，也许会降低离职率，尤其是核心人员的离职率。

因此，组织诊断影响组织成员对变革的期待。做好组织诊断，让员工对企业有更多的信心！

二、群体行为和群体的看法是组织诊断的基础

群体行为不是指群体中每个成员的个体行为，也不是群体中所有成员行为的简单总和，而是指群体中各种活动与影响群体活动的各种因素之间的相互作用，以及群体成员之间关系的变化和协调过程。

组织诊断过程是群体间博弈过程的输出。例如，在诊断价值的认同与满足方面，群体成员之间的沟通与决策是快还是慢？信息交流是少还是多？民主氛围是否浓厚？关系是否和谐？群体目标能否被掌握？

不同的群体行为有不同的组织诊断结果。具有较强凝聚力的群体对群体行为的诊断价值具有较高的认知和满意度。然而，当群体之间存在一定的冲突时，诊断价值的识别和满意度是不可预测的。

群体冲突是正常且不可避免的组织现象，是组织行为的重要组成部分。组织越大，组织成员之间的冲突就越多。如果集团管理者不能充分利用冲突的积极作用，控制冲突的消极作用，组织诊断的结果就会出现问题，甚至组织诊断本身的工作也很难进行下去。

三、组织诊断的两个层面：组织对象和组织关系

组织诊断是组织变革的重要步骤和必要环节。组织诊断主要有两个层面：一是组织对象，二是对象间的组织关系。

1. 明确组织中需要被诊断的主体

在进行组织诊断时，所面对的典型组织对象有 5 种，即员工、部门、岗位、小组和角色。

◆ 员工

员工是战略执行的最小要素，人才制度必须通过一切手段保证人才的培养。

◆ 部门

部门是指为履行其授权任务而设立的，对一个或多个具体领域拥有管辖权的组织。组织结构是企业组织机制赖以生存的基础。它是企业组织的组织形式，即目标、协调、人员、职位、相互关系、信息等组织要素的有效安排和组合。它是将企业的目标任务分解为职位，再将职位整合到部门中，形成纵向权利体系和横向分工协作体系的有机整体。部门的属性是组织诊断的主要内容。

◆ 岗位

岗位是组织要求个人完成的一项或多项责任和为此目的赋予个人权力的总和。岗位是组织的最小单元。在组织诊断中，以岗位的岗序、岗级为依托能够呈现出较多的维度，展示丰富的信息。

◆ 小组

从某种意义上说，项目小组是一个临时组织，因为这个小组的组成是为了完成项目，项目完成，小组可以解散，回到企业正式组织。项目小组是企业组织的一部分，是为了完成企业组织的战略发展而设置的有一定目标和时效所存在的执行载体。组织诊断考虑到小组环节时，要注意时效性。

◆ 角色

角色包含多个功能和权限，便于负责人授权。组织诊断遇到角色的时候，要在具体项目或者小组中做好定位，以便了解角色背后的价值、充分提炼关键信息。

人是用户和组织之间关系的代表。如果一个人只有一个职位，那么组织中就有一个人。如果用户在组织中有多个职位，即一个人和多个职位，那么组织中就会有一个以上的人。组织诊断面临的问题就越复杂。

在组织诊断中，厘定出组织对象有什么用呢？比如诊断组织授权时，一般情况不直接诊断部门和岗位，而是诊断角色。因为部门和岗位依然无法明晰权限，但角色在授权中所代表的意义就会很清楚。角色和组织中的岗位会有一定的重叠，但是两者又有一些区别。组织中的岗位是用户在实际生活中的角色，而系统中的角色是为了方便权限管理而设置的，即权限角色。实际生活中的角色可能拥有多个权限角色。例如，总经理可能拥有全部的权限角色，而在组织中总经理是一个岗位。

2. 组织关系是组织问题的成因

组织关系是组织内外部各种元素的相互联系，也是完成组织目标的过程和程序。比如军队这个组织，其中的关系包括从属关系、上下级关系、首长部属关系、指挥关系、指导关系、同级关系、配属关系、代管关系等。组织关系一般从企业制度和管理系统中体现出来，一个良性的制度和管理系统是可以把组织对象的潜力发挥出巨大功能的规则系统。从制度和系统考虑，组织关系的具体内容包括以下 3 个方面：

- **领导体制**

领导体制是一种包含机构设置、职责权限、领导关系和管理方式的结构体系。确定领导体制，设立管理组织架构，其实就是要解决领导权的权力结构关系问题，它包括权力划分、职责分工及它们之间的相互关系。当然，在确定领导体制时，形式可以多种多样。

◆ 职责分配

职责分配，是对组织中的全体人员指定职位、明确职责及相互划分。职责分配会使组织中的每一个人明白自己在组织中处于什么样的位置，需要干什么工作，同时保证协同作业，让组织能够成为一个有机体。分工与协作原则也是组织设计中遵循的传统原则之一。组织内部既要分工明确，又要互相沟通、协作，以达成共同的目标。

◆ 流程程序

设计高效的工作程序，包括工作流程及要求。因为一个企业的任何事情都应该按照某种程序来进行。这就要求有明确的责任制和良好的操作规程。一个混乱、无序的企业组织是无法保证完成企业的总目标、总任务的。

四、组织诊断三要素：模型、方法和流程

如何判断组织诊断是成功还是失败？衡量组织诊断工作的指标是满意度指标，也就是说，只有向“客户”最终提供真实、有效的资料、报告和建议，并且得到大部分人的认同才算真正的成功。如果想做到最后的成功，我们必须把组织诊断的 3 个关键问题充分结合起来。

1. 模型

成功的组织诊断依赖有效的思维框架。这种思维框架就是模型的力量。运用模型锁定问题，指导数据的收集，确定组织中潜在的问题，并组织反馈材料。

模型在实践工作中起到了十分重要的作用。例如，密西根组织评估问卷表、组织配合性测验、Burke-Litwin 组织变革模型和调查、多因素领导问卷表等，需要根据企业的实际情况进行选择。标准化的模型能

帮助组织诊断方案前后的一致性，但是也有一定的风险。一方面来自组织发展人员对模型理解的深度和实践的经验，另一方面来自受诊断人员对模型的认可程度。模型解决了思维框架问题，但是局限性在于无法对一些具体的问题反映出个性化的特征。很多时候，组织发展工作者也在修正和增补模型的各项维度，用以满足不同的人群个性化的需求。

增增减减、修修补补肯定不是长久之策，其间的逻辑和权重也会得到过多的质疑。面对这样的问题，一般会选择建模。建模过程比较复杂，但是理解起来很简单。凡是用模型描述系统相互关系的过程都属于建模。因描述的关系各异，所以实现这一过程的手段和方法也是多种多样的。制约建模最大的因素，是建模过程中所应用的逻辑，如何把这些“看似零乱的问题”系统化、模型化，这个过程困扰了很多刚接触组织诊断的人；建模之后的诸多问题也伴随着组织诊断接下来的工作，模型出来后的测试工作，应用时的接受程度，这些无疑给组织诊断工作造成了一定的阻碍。

组织诊断一开始就会出现很多问题，有企业问题，也有执行问题，诸多问题会干扰组织诊断的正常进度。建议首先要考虑何种解决问题的方法可能被决策层领导接受并且成功地得到实施。重新界定问题、界定诊断任务有助于明确组织诊断模型。以下这一组诊断问题，紧扣重新界定问题过程中将要分析的主题，突出锁定问题并探讨解决方法。

（1）还原初始状况：起初怎样界定组织所面临的问题、需求和挑战？决策层理想的组织状况是怎样的？

（2）分析问题背后的群体效应：什么样的个体、群体和组织受到重新界定的问题的影响最大？并且最有可能参与解决问题？问题正在如何处理？相关组织成员怎样界定问题并且建议如何解决？

（3）重新界定问题：怎样重新界定问题并使其能够被决策层接受，进而获得行之有效的解决方法？诊断的焦点问题是什么？组织的理想状况是怎样的？诊断将使用的组织有效性的定义是什么？怎样通过解决问题以提高组织的有效性？

（4）明确支持力量和反对力量：内部和外部的哪些群体或情况带来了组织诊断的压力？抵制组织诊断的根源是什么？最受问题及其解决方案影响的个人和群体做了怎样的准备，具备什么样的变革能力？他们是否拥有共同的兴趣和需求，从而使他们有基础通过合作解决问题？

（5）探讨有效的解决办法：什么样的行为模式和组织安排最容易进行诊断变革，从而使问题得到解决并提高有效性？什么样的措施最有可能取得预期效果？

2. 方法

为了实现模型中各项维度的有效效果，收集、分析和总结诊断数据所运用的技术，就是组织诊断的方法。在方法方面主要涉及具体方法的选择、研究设计和资料收集。关于组织诊断的理论方法技巧很多，比较常用的如麦肯锡 7S 模型、盖洛普的 Q12、纳德勒和图什曼的一致性模型等，至于选择什么样的方法进行组织诊断，这与组织内外部环境和 OD 实践者的个人价值选择有关。使用这些方法最有可能获得有效、可靠的研究结果，但是这些著名方法并不是万能的，诊断方法也不一定是定量的。有些时候，小组讨论和头脑风暴的力量很大，人的潜力能够挖掘一些方法上诊断不到的东西，而这些更能与参与者达成共识。

强调方法比模型更有必要，因为必须意识到那些貌似正确的诊断结果更有危害性，它会导致组织提出不合理的建议。可以运用结构化的资料收集方法和测量技术，如由封闭式问题构成的问卷或运用标准化的结构式观察法。遗憾的是，很难形成一种固定的技术来评估许多复杂且重要的现象，如管理人员精确地阐述环境开发的程度。为了获得有效而可靠的结果，组织诊断实施人员必须处理好关于组织的对立意见和观点，并作出独立的评估。然而在追求独立的观点和科学的严谨的同时，组织诊断实施人员还应该坚持将组织内部众多的兴趣和观点看作组织本身所具有的一个重要特性。无论在组织诊断中运用什么方法、技术，都要注意避免过分讲究方法，经营企业和学术研究差别还是很大的。

以下是 4 种常见组织诊断资料收集方法的比较。在大部分的组织诊断中都是综合应用，很少会出现一种方法。

表 2-1　组织诊断资料收集方法比较

方　法	优　点	缺　点
问卷法：应填式问卷，封闭式问题	易于进行定量分析和概括，严谨、中立与客观地收集新资料的最经济最快捷的方法；适用于大型抽样调查、重复测量、在不同单位之间或不同的规范之间进行比较标准化的测量工具包括前测项目，反映诊断模型并有利于确立科学的研究态度。	难以获得有关结构和行为的资料，缺乏情境塑造行为的信息；不适于微妙敏感的问题；缺少人情味。会遇到无回答，带有偏见或无效回答，过分依赖标准化的测量和模型。
访谈法：访谈问卷或访谈提纲上的开放式问题	能够涉及许多主题：在访谈之前及其过程中可以修改；能够交流感情，建立信任关系；资料丰富，便于理解访谈对象的观点和看法。	成本高，难以进行大样本的调查；受访者持有偏见的或按社会赞同的观点回答；回答不具有可比性；难以对开放式问题的回答进行分析；为了适应受访者而对访谈进行调整，从而影响访谈结果的严谨性。

续表

方 法	优 点	缺 点
观察法：对人和工作场所进行结构式或开放式的观察	资料不受人们自我陈述及其偏见的影响；拥有具体情境以及情境效应的资料，拥有难以测量的主题的丰富资料（如突发行为和文化）；具有形成新的见解和假设的资料。	有些现象很难观察；成本高且耗时；观察者有偏见，可信度低；可能影响被观察者的行为；难以分析和报告；不精确，显得不科学。
专题讨论会，小组讨论法：群体讨论过程、文化、环境、挑战、战略等	互动激发创造力；拥有及时分析和反馈的可靠资料；成员参与诊断；可以进行自我诊断；可以在人们之间建立信任和理解关系。	由于群体过程、历史和领导的影响而产生偏见；要求群体中具有较高水平的信任和合作；不深刻、不精确；可能出现肤浅的具有偏见的结果和作出没有根据的决定。

各种组织诊断的方法的优劣要烂熟于心，在这种前提下，准确选择一种或多种组织诊断方法，扬长避短，相互策应和补充去完成组织诊断工作。而很多组织诊断实施人员在实际开展组织诊断工作时，选择组织诊断方法常常取决于自身的喜好和所长，或受其他如成本之类的因素影响。

无论用什么方法，获得诊断数据源是重中之重。合适的组织诊断方法是获取诊断数据的前提，衡量组织诊断方法合适性也是从结果来评价的。数据呈现的时候满足数据完整、数据独立、数据有代表性几个特征，就可以说方法应用得较好。如果数据收集方式不科学，即便用再优秀的组织诊断模型，也无法准确诊断组织问题，而且让后续工作变得事倍功半，甚至是徒劳一场。

3. 流程

组织诊断的流程是指与组织成员共同计划和管理诊断研究，并反馈诊断结果；在组织诊断过程中会涉及诊断的目的、设计、支持与合作、参与、反馈等方面的内容。因此，先后次序对组织诊断结果也有一定的影响。为了保证组织诊断结果是真实、有效的，在组织诊断各个阶段中，各方工作事项、角色定位都会时常变换，因此要在流程这一个关键环节中进行明确。

组织诊断的基本流程与组织发展一样从“进入”开始，没有结束，只是从反馈中再次循环，成为一种持续改进的项目。

进入：决策层和组织诊断实施者探讨研究的目的，展现所面临的问题和挑战，评估将不同类型的诊断方向与企业结合的可能性，以及可能得到的反馈。对组织的优势与问题作出初步预测。

达成共识：与组织诊断决策者和执行者充分洽谈，就诊断的本质、目的，达成的效果，整体的思路达成共识。

诊断设计：包括制定模型设计、研究方法、测量程序、样本方案、分析方案、管理程序等。

收集资料：通过访谈、观察、问卷、二手资料分析、小组讨论、专题讨论会等进行收集。

分析：对资料分析及研究结果进行解释，总结研究结果，准备反馈材料。

反馈与汇报：反馈与汇报包括明确的建议或较为全面的诊断调查结果，以便促进讨论的进行、决策的作出和行动计划的制订。

在实践中这些具体流程可以重叠，顺序可以变化。如果流程中未对每个环节进行设计，是非常影响诊断结果的。比如，在一次组织诊断过程中，访谈约见总裁时，发现他心情沮丧，士气低落，因为公司没有持续发展；而约见各个部门的负责人时，他们却抱怨总裁没有和他们一道作出决定和制定发展规划。所以，在组织诊断方案中，收集资料之前就要开始进行分析和反馈，因为达成共识这一环节需要更多的工作去铺垫。

关键过程的问题能让各方人员建立起新关系，能够极大地影响组织诊断的结果。虽然在组织诊断之初大家都会达成初步协议，但是在实施过程中，总会遇到这样或者那样的问题，因而改变初衷。为了成功地处理这些变化，组织诊断实施者必须解决好关键过程中的一些问题促进他们与组织成员之间的相互合作。这就是组织诊断流程的重要性。

第四节　组织诊断执行过程中的 5 个重点

组织管理工作的重点在于决策，而决策后的重点又在于执行。组织诊断工作的执行绝不是个人按部就班或者勇猛直前，而是发动全员有计划、有重点地共同完成。组织诊断的执行重点有哪些？笔者可以归纳出 5 个重点。

一、收集资料不简单

资料是组织诊断的基础，没有一定数量的、丰富翔实的资料，组织诊断就成了无源之水，无本之木。因此，做好资料收集是组织诊断的基础性工作。

很多人认为，资料收集就是找文件。其实，无论是访谈还是问卷，在一定程度上都是在做资料收集工作。资料的收集工作应先于组织诊断的制定，并贯穿于组织诊断的全过程，即使在最终汇报以后，仍需要继续收集资料，补充一些缺少的项，或替换一些有误和薄弱的资料。

收集的资料一般指文字资料。文字资料包括文件档案、书报、网上信息、私人资料等。文件档案资料大多是本组织在工作活动中形成的文字材料，大多数是独家拥有，是组织诊断的主体资料。包括 5 年计划、年度计划、年度工作总结、专项工作汇报或总结、阶段性工作汇报、专项调查报告、会议纪录、有关决策文件等；书报资料是国家或省内有关本组织的消息，报纸、电台等传统媒体报道的事项；网上信息的收集，很多组织诊断工作的契机都源于网上的一些投诉和差评。网上资料还包含口碑资料，如专项口碑记录、社会调查和民间传闻等；私人资料是一项重要、不易收集的资料，包括私人证件、文稿、笔记、日记博客、微信朋友圈等这些关于本组织的评论和评价，都可以成为档案资料补充，或作佐证材料。

1. 组织诊断资料收集原则

组织诊断资料收集原则是：收集宜广，发掘宜深，整理宜细，考证宜详，采用宜慎。

“收集宜广”，即收集面要广。资料要多，多多益善，尤其是在网络上的资料，不能忽略很多小众的网站和细节。“发掘宜深”，收集到资料后，要做到盘查和研读，并且做一定的分析和研判。“整理宜细”，即整理资料要做细致的梳理工作，对初步收集到的资料，要合理分类，取舍要恰到好处，服从整体需要，有时要忍痛割爱，将很不容易收集到的资料舍弃不用，以免冲淡组织诊断或主线的主题。另外，要通过整理发现资料的不足。部门收集资料最大的不足往往是从本系统考虑，以收集本系统的资料为主，对全局宏观资料，各部门之间联系、影响的资料关注、收集不够。“考证宜详”，真实可靠的资料是组织诊断中的生命线，对收集来的资料要进行一定的考证，不能拿来即用。很多企业采用对标法进行组织诊断的时候，就会找到一些二手的整理出来的关于标杆企业的资料，这些都要进行考证，很多时候二手资料是作者加入更多的信息，渲染而成的，并非标杆企业的内部资料。“采用宜慎”，用来做组织诊断的资料要慎之又慎，既要有必要，又要有价值。不用模棱两可、未经考证的资料。

2. 绘制资料收集清单

资料收集清单是组织诊断实施人员为了在初期快速了解基本情况，所以索取范围为企业总部及各子公司现有的能够直接提供的资料、文件。资料收集清单是文件名称的罗列，收集过程是按照清单展示，按图索骥的过程。

组织诊断是对整个经营组织进行的，所以首先要对组织概况进行资料收集。资料收集清单绘制的主要目的是了解企业经营组织状况。资料可以包含以下方面：

一是组织架构图及相关关系资料。调查对象包括经营者、从业人员的组织架构图。例如，现行组织架构图、曾用组织架构图、岗位设置图等。

二是职务状况资料。调查的对象是对各个经营层、各部门或同级各职务是否都明确地规定了权责范围。职位说明书包括企业各种管理职位的名称、职能性质、各项职权和责任、薪金级别以及该职位同其他职位的关系。在进行调查时，要针对以下 3 点展开，第一，各职务人员是否能清楚地理解他在整个组织中所起的作用，以及与组织的关系；第二，是否能准确客观地对各职务人员的能力、业绩进行考评；第三，是否有考评各职务人员的指标依据。

三是职权控制资料。调查的对象是从整个企业出发，对组织中各业务活动方式控制文件进行收集。这种控制收集要对某些业务活动进行控制的各单位的职能、职责和关系进行了解。同时，还要了解各经营层权限的来源和限度，以及在评价其成果时采用的方法。

四是组织合作和分工资料。资料对象是对董事会、全面经营层、部门经营层、现场管理层及其他主要职务所规定的性质的种类。制定和贯彻这些规定，是为了密切配合经营负责人的参谋部门的工作。

五是业务流程和程序资料。资料是有关职务分析、管理规定、业务程序规定、董事会制度、常务会制度、预算控制制度、传阅审批制度、授权手续规定、企业内部规定、内部报告制度、组织监察规定等方面的程序。

六是组织架构运行资料。关于执行业务部门的调查，要调查最高经营管理层的组织，特别是要调查董事会制度的责任和权限。此外，关于支持业务部门的调查，则以参谋组织、委员会制度为调查对象。对部门设立方针的调查方法，其对象为各功能组织、各种产品组织、各区域市场组织的种类和设立原因。

七是信息传递。即信息传递的载体、手续、传递路线等。

八是其他有效信息。比如管理工作标准，管理工作的定员和人员配备，员工的绩效考评及奖惩制度和重大会议讲话、纪要。

九是外部网站信息。包括各类社交网站、雇主品牌网站和论坛等。

收集资料所使用的基本方法包括：

- 分发组织状况调查表，由企业各级经营人员填写；
- 与各级经营者、职员进行个别谈话；
- 阅读职位说明书；
- 查阅企业组织图；
- 查阅企业系统图；
- 查阅职员考核表；
- 阅读企业会议记录；
- 数据统计，自动抓取。

按照科学合理的方式收集资料进行组织诊断，有助于提高诊断工作的质量和效率。

二、深入分析

在医院看病时，医生诊断疾病的过程一般是先要确定健康的标准，然后再检查患者哪些部位不符合既定的标准，找出造成这种情况的原因。医生的处方也是本着使病人恢复到健康人的水平的原则。这里就有现状、标准和差距的概念，三者之间的关系是：差距 = 标准 - 现状。这种关系就可以决定组织的现状同组织理论进行比较，同组织诊断实施者所设想出的“标准组织”进行比较，还可以和标杆企业进行比较，从而确定组织在哪些方面存在问题。找出问题后，就要分析产生问题的原因。

当资料收集上来之后，组织现状和过去的情况就逐渐暴露出各种问题，而组织诊断本身就是为了发现问题，并分析产生问题的原因，寻找解决问题的途径。组织诊断工作的最大价值也就在这里。在确定问题和分析原因时，可以按照下列几个方面进行。

1. 组织战略和经营策略分析

组织战略模块可以分为 4 个部分：市场洞察、战略意图、创新焦点和业务设计。在实践中，笔者发现市场洞察和战略意图是同时进行的，围绕市场机会点分析战略走向及创新焦点，避免一直低头干活而没有抬头看路的情况。业务设计是如何通过业务设计去满足用户的价值主张的，这样的价值主张既平衡了市场战略，也平衡了市场需求。

2. 组织能力的分析

从长远来看，组织能力的配置是非常关键的。比如，后台、中台都会觉得自己是事业部的主导者，应该强化部门能力，并得以实现升级和飞跃，同时前台也认为服务一线顾客更能听到顾客的声音，所以能力结构也应该不断强化。

组织整体的能力配置都是长板，那会不会导致组织能力变成短板？这需要分析组织能力如何在整个组织范围内配置，哪些地方要高配？哪些地方要低配？甚至包括整个组织行为能力结构的分配，前台、中台能力的分配，是不是各个部门能力都强了，组织整体的行为能力就一定会强呢？这需要通过组织诊断来把握。

3. 历史财务状况及业绩分析

评估组织的财务数据可以分析其盈利能力，分析指标包括：

- 历史收益情况；
- 公司成本水平与行业平均成本水平比较情况；
- 公司财政实力以及如何扬长避短来帮助公司成长。

分析组织历史财务状况及业绩，可以帮助组织诊断实施者评估现金流水平和适当的折现率。

4. 产品研发情况分析

研发公司产品时，要考虑如下两点：

- 在产品研发上的投入与该行业其他参与者相比的情况；
- 历史上产品研发的成功率，与其所在行业的其他市场参与者进行比较。

研发产品，可以更好地掌握组织发展的未来情况，也能看到组织的盈利模式，组织在整个行业内处于什么位置，市场占有率有多少，主要经营产品所具有的核心竞争力又是怎样的。

5. 组织职能分析

要对组织职能分解过程和结果进行逻辑分析，对组织职能分解的合理性做出判断。如果组织职能的分解有一定的不合理性，组织架构的设计也缺乏一定的合理性。如果组织职能的分解和结果逻辑基本合理，那么，就要分析组织架构中部门和职位是否承接到各项职能，有无负荷过重或过轻的部门和职位。主要问题如下。

- 企业需要增加哪些职能？企业需要减少哪些职能？企业需要合并哪些职能？
- 确定企业的关键职能，即对企业实现战略目标有关键作用的职能。
- 分析职能的性质和类别。

6. 组织权力分析

对组织内部各层级、各部门的主要管理者的决策权进行分析判断，也就是对整个企业组织权力分配情况进行分析，权力的合理运行是正确决策的基础，要看各个管理者是否拥有所承担职能和与所需作出决策相适应的权力。就组织而言，是否有权力过分集中或过分分散的问题；就各层级而言，是否有越权或授权不充分的问题；就经营者个体而言，是否存在权力过大或过小的问题。主要问题如下。

- 应该制定哪些决策？
- 这些决策应该由哪些管理层制定？
- 决策制定会牵涉哪些业务？
- 决策制定后应该通知哪些部门的负责人？

7. 组织指挥系统分析

组织指挥系统，是指从组织中最高层到基层自上而下的指挥系统。所谓指挥系统，就是通过系统中的所有接口从最高权限者向基层传达的途径，或者从基层向最高权限者上报的途径。

8. 组织关系分析

从组织全局性对各个局部之间的分工、协作关系及协调情况进行分析，对各个管理性职位之间的相互关系进行分析。看有无职能、权力交叉、职能、权力分裂情况，如何运行跨部门项目，组织内部是否协调。一般问题有：

- 分析某一部门应该包括多少职能和哪些职能；
- 有哪些部门存在职能重复过多的情况；
- 这些部门应当担负直接指挥还是参谋服务的职能；
- 这些部门的业务工作应当同什么单位和什么人员发生联系；
- 要求什么人为单位提供配合和服务；
- 本部门又该为外单位提供哪些配合和服务；
- 各部门之间的协调配合和综合工作组织得如何。

9. 组织人力分析

组织职位标准和组织诊断人员提出的标准，对组织内部所有现职经营者担任现职工作的能力和发展前途进行分析判断。看有无不胜任本职工作的经营者和其能力特点与本职工作不相适应的经营者。同时，也要考虑职位标准应否修改。

10. 组织信息沟通分析

为推动组织效率而选择最优的信息接触途径时，组织计划容许各层级的信息交互做适当的选择。比如，是按审批流程，还是开会，这些都属于组织信息沟通过程。当发生无法进行信息沟通的情况时，组织中的各层级人员会向上级报告。一般来说，应该向上级报告的事项包括：

- 对于需层层上报的事项，必须向上报告；

- 一个组织内部或其他组织出现意见不一致的情况时，应向上级报告；
- 对于需征求上级意见或需要上级与其他单位协商的事项，应该向上级报告；
- 对于因改变既定方针甚至偏离既定方针而需要征求上级意见的事项，应该向上级报告。

对于上述事项，必须在组织制度中明确加以规定。很多时候，由于存在不上报、上报不处理的情况，导致组织失去商机或者优势。

11. 组织传承性分析

最高经营组织层的一项重要任务，就是培养将来组织发展所需要的综合能力较强的人才，以求企业的中长期发展。要实现这一目的，就必须有在组织中取得广泛的经验并在特殊的经营方面受到严格训练的人员。相关人员可以对以下 3 个问题做分析：

- 人员配备状况分析；
- 管理人员的考核制度是否健全或是否得到贯彻；
- 奖惩制度是否完善或是否得到落实。

经过上述分析后，组织存在的问题及产生的原因即可在资料层面基本搞清。

三、寻找利益相关者

在实施组织诊断的过程中，会有很多因素导致一些部门和一些管理者不配合组织诊断工作。这会让组织诊断工作停滞或者搁浅。

表 2-2　组织诊断中不配合的理由和需求

不配合的理由	需　　求
我非常忙，做不了这些事!	这个人值得信任吗?
我不懂这些东西!	他能提供什么支持?
这些都没用!	他能理解诊断问题点吗?
这么复杂，问题还看不明白?	他有足够的经验吗?

组织诊断能够被全方面地实施，除高层领导支持外，还要寻找利益相关者的价值认同，分析利益相关者的痛点及变化趋势，及时调整关系和利益保护机制，并能发现新的利益相关者，整合关键资源和能力，为利益相关者创造新的价值，并进行价值交易。

要通过各部门各利益的需求中心，知悉本部门自身和利益相关者的现状与痛点，发现新的价值的机会，最终创造组织诊断的价值，使其快速成为组织诊断获胜、突围的支点和重构组织的源点。

企业与利益相关者之间的联结方式和价值流程，构成了不同形态的价值网络，也构成了不同的商业模式。

对组织诊断进行分析需要从利益相关者及其相互作用方面来思考:

- 利益相关者之间是一个什么样的价值网络?
- 利益相关者如何联结成为一个网络，价值流和收益流在网络中是如何贯通的?

当能够清晰地理解这一张大网时，就能理解组织诊断不单是填写问卷、汇总数据。

所以，在寻找利益相关者的时候，首先要对组织诊断项目本身进行分析。首先对组织诊断的项目产出和结果进行预测，其次要厘清组织诊断项目本身的优势，用来作为与利益相关者进行谈判和博弈的筹码。

1. **组织项目产出及结果**

- 组织诊断方法工具、流程制度保障；
- 项目中的组织建设及人员角色分工；
- 诊断项目本身的价值。

2. **如何让利益相关者了解项目的优势？**

- 如何给予及时和有效的反馈；
- 所投入的项目时间是否可以量化；
- 项目初始阶段的沟通方式和频次怎么样；
- 项目中，利益相关者获得哪些方面的辅导；
- 什么样的风险会使项目中止。

一个完整的组织变革，获取多数人的支持也是成功要素之一。组织诊断是全局性工作，也是牵一发而动全身的工作。所以，在进行组织诊断工作时要考虑周全，争取做到万无一失。

四、识别和理解变革中的大众心理

法国社会心理学家古斯塔夫·勒庞在100年前就开始研究大众心理学。他认为大众心理的特征主要有不理智、偏执、易受暗示、轻信，情绪夸张且单纯、冲动多变等。一般来说，群体的智商总是低于孤立的个人，但是从感情及其激起的行动这个角度来看，群体可以比个人表现得更好或者更差。群体是冲动、易变、急躁的，并且易受暗示和轻信，群体的情绪是夸张和单纯的。

而在组织变革中，主要面对的就是群体，这就不得不去研究大众心理的特征。在变革中，主要面对的群体的5种心理：恐惧、焦虑、抱怨、防御和希望。

表 2-3 组织诊断中主要面对的群体的 5 种心理

心理	释 义
恐惧	很多原因会引起人的恐惧，进而引发对结果的忧虑，担心遭到报复。
焦虑	会因不确定性和未知而产生焦虑或者集体焦虑。
抱怨	改变就会带来一些抱怨。抱怨过多、抱怨渠道设置较差等情况会引起冲突。
防御	担心听到不利的消息，拒绝吐露真实想法，或者觉得变革流于形式，不予理睬。
希望	听到改革的消息，觉得机会与机遇并存，令人振奋。

那如何对待组织诊断和改革中的这 5 种心理呢？

1. 运用激励理论，提高组织成员在组织诊断工作中的参与度

激励理论是肯定的心理过程，也是激励的过程，它使人具有内在的激励，朝着预期的目标前进。事实上，动机的产生和实现过程是人的需要、内在动力和目标相互转化的过程。在组织诊断和变革中，相关人员的参与直接影响改革的顺利进行。因为群体对这件事了解得越多，参与的动力就越大，归属感和认同感就越强。因此，在积极鼓励有关人员参与组织诊断和变革的设计和讨论时，阻力就会减小，自尊和自我实现的需要就会得到满足，阻力就会改变。

2. 公开组织诊断进程，将大目标分解成可见、可挑战的小目标，加强组织成员的积极性

当人们有意识地将自己的行为与目标进行比较，了解自己的进步速度，不断缩小实现目标的距离时，热情就会高涨、持续。因此，组织诊断过程应该采用逐步强化理论的方法，即将一个复杂的行为过程分解为多个小阶段，并逐步完成。也就是说，要把组织诊断的模型、方法和流程作为一个长期的行动，分阶段实施，分阶段制定目标，减轻心理压力，这也能达到弱化变革阻力的目的。如果组织诊断进程过快，在短时间内进行全面诊断，往往会造成相关人员心理的大幅波动。

3. 创新的组织文化先行

当公司处于初创阶段，领导者的影响力会起到很大的作用，当企业达到一定规模的时候，管理就是用文化塑造人。所谓组织文化，是指组织全体成员的信念和追求。这种信念和追求不仅存在于人们的头脑中，而且存在于人们的行为方式、考虑问题和处理问题的习惯中，存在于稳定的行为规则或行为方式中。组织文化一旦形成，就很难在短时间内改变。因此，当人们的行政改革方案或具体措施与组织文化不相协调时，就会遇到一个看不见却非常坚实的障碍。比如阿里巴巴的“拥抱变化”，这 4 个字看似简单，却植入每个人的心中，这就让很多变革推进变得更加容易。

4. 有效运用公平理论，平衡相关人员的利益

变革是利益的再分配。无论是大型项目中，还是调研等小型工作中，对他们的补偿将有助于获得他们的支持。应该及时了解各方利益的变化，通过公平机制去平衡。从短期来看，补偿成本很高；但从长远来看，它将以减少变革障碍的方式回报组织。

五、数据处理要结合最终汇报

最终汇报，要确保讲出完整的故事，要确保有充足的论证，要确保有一定的引发决策的信息。不必太在意信息的完整度，不必太在意个体的需求，不必太在意报告的大而全。

在进行组织诊断时，必须有明确的诊断标准，这样才能在最终汇报中形成数据反馈。诊断标准的确认一般有如下 2 项内容：

1. 效度

效度是指组织对企业目的的完成程度。它是衡量企业经营成果的尺度。效度包括利润额、资金利润率、市场占有率等指标。衡量各单项功能的有效度的尺度则由各从业人员人均产量或销售额，或者用从事该项功能的从业人员人均数额与全体从业人员人均数额之比来计算。

2. 效率

判断效率的标准是组织中有关个人达到目的的程度。例如，对于经营负责人来说，效率标准应该包括：

- 什么是适当的经营组织架构？
- 是否有责权明确的制度？
- 参与制定经营方针的情况如何？
- 是否有提出意见的权利？
- 是否有充分发挥潜力的机会？
- 能否使个人需求得到最大限度的满足？

在确定效率标准时，标准的内容因人而异，因不同的组织层次而不同。在最终汇报中，数据会更有力量。

在最终汇报的数据运用中可以包含下列事项：

一是比较。规定的工作量标准要与过去的具体实绩进行比较。

二是命令执行情况。控制经营组织用的各种信息，无论是信息源还是信息传递媒体，都必须有严格而规范的规定。在报告时要加入一些正在做的项目数据，以此来确保控制工作的到位，阐明保证命令正确地得以贯彻。

三是确保统一性。为控制而采用的报告，都要注意责任的一致性。

四是例外原则。向管理者提供的报告，必须简明扼要。要能加以比较，同时必须包括经营上所必需的要素。报告从过去的平均看或从规定的标准看属于例外情况的，都要不遗漏地加以报告。

五是效用。报告不仅要为现在的决策服务，而且要考虑避免将来的浪费。要注意，效用不只是停留在纸面上。

六是防止繁文缛节。要消除官僚主义、形式主义、文牍泛滥成灾的现象。

不同的方法也能展示出最终汇报方案时的数据应用。

表 2-4　不同的调研方法所展示出的主要结论点

调研方法	结论展示的主要问题点
小组访谈	展现一些实际的场景，大众的喜闻乐见，真实有效的故事和事迹。
个体访谈	提炼每个问题背后的信息，隐藏的欲望与需求。 找到群体需求和个体需求的差异性和相似性。
调查问卷	主要是通过定量和定性的方式获取证据，证明关键主题和结论。
资料研读	总结趋势和图标，得出关于目标调查领域的书面佐证。
竞品调研	启发性的观点和变革议程中的参考信息。

组织诊断能够反映企业对组织发展规律认识的深化，其本质是持续变革的开始，是一场较广泛的干预策略。从根本上说，组织诊断就是要把发展更好地建立在把握规律、多方面寻求突破的基础上，使组织更有质量、更高水平地发展。

组织诊断能够展现企业发展中的突出矛盾和问题，贯穿着鲜明的问题导向。组织诊断不能完全停留在纸面上，要在实践中发现和解决问题。

Organizational Diagnosis

第三章

组织诊断的四大流行工具

对于组织内部或者外部问题，发现了问题却不知道更深层次的原因是什么，好比一个人知道哪里疼痛，却不知道是由什么引起的。以为通过一次培训或者团建就能解决问题，不会深究问题的根源，这种方式治标不治本。因此就要有一定的组织诊断模型，运用诊断工具综合而全面地解决企业问题。

在常规建模诊断之外，很多管理者、学者以及实践者创造了大量的组织诊断工具，节约了很多 OD 在建模时所浪费的时间。当下最流行的 4 个组织诊断工具是组织能力杨三角、六个盒子、麦肯锡 7S 模型和 BLM 模型。

第一节 组织能力杨三角

市场从有序渐进到现在的千变万化，黑天鹅频发，我们已经身在一个无法进行预知的商业环境中，企业的持续发展还能以不变应万变吗？杨国安给出的答案就是组织能力，“这不是指个人能力，而是一个团队所发挥的整体战斗力，是一个团队或组织竞争力的 DNA（基因），是一个团队在某些方面能够明显超越竞争对手、为客户创造价值的能力”。一方面是合适的组织能力，另一方面是战略，这两个方面是企业持续成功的关键因素。

杨国安认为，只有当战略和组织能力同时具备时，企业才能获得持续成功。杨国安建立的杨三角理论模型深入地探讨了组织能力与战略之间的关系以及组织能力的确定、成体系的建设过程。

一、组织能力取决于战略

众所周知，效法战略相对简单，但复制组织能力却不是一件容易的事情。竞争结果在很大程度上就取决于该企业独到的组织能力，唯有组织能力超群，方能最大限度地实现目标，甚至取得超出预期的成绩。

业务导向是成功建设组织能力的关键。当然，这个世界上并不存在放之四海而皆准的组织能力，只有与本公司的战略特别匹配的组织能力。能力是就达成某个目标而言的，目标各异，所需要的能力也就随之不同。也就是说，互异的战略目标会直接导致相应的组织能力大相径庭。

杨国安认为，战略能够贯彻施行的根本保障非组织能力莫属，也就是说，组织能力的确定与战略方向必然无法分开。要明确这样的组织能力，企业首先得在弄清自身所处大环境的基础上拟定正确的战略方向，然后再根据战略方向，选定两三项与战略关联最大的组织能力。

也就是说，企业要确定合理的组织能力，不能仅考虑内部的相关因素，还必须在由外及内、内外沟通的基础上审慎思考，科学决策。这里笔者分 3 点来谈：

- 要看看外部在发生哪些变化，从而明确战略应该朝着什么方向，企业应该选择什么领域经营，提供什么样的产品和服务，有什么样的资源来支持这些动作；
- 确定与之匹配的商业模式，如何实现差异化的竞争能力，如何靠这些能力实现价值，如何完成这些价值的变现；
- 根据上述问题的答案，确定与之匹配的组织能力。

值得注意的是，企业梳理出的战略能力可能过多，甚至会出现一些看似矛盾的组织能力，比方说低成本和高质量等。杨国安认为这样的现象主要是因为战略不专注、不聚焦。杨国安强调，由于企业和员工的时间、精力都是有限的，因此所用的工具和资源很难聚焦，所以企业的组织能力不能太多，最多两三个。一旦超过这个数量，组织能力就很难过硬。至于那些看上去矛盾的组织能力，杨国安认为并非不能同时并存，关键在于决策团队能否确定好主要驱动力。倘若低成本是公司当前阶段的主要驱动力，那么就可以在保证一定质量的前提下，不断降低成本。但如果公司旨在提升质量，就要尽可能通过提升质量的措施来降低成本，通过质量管理改善方案，来降低次品率，减少消耗的材料，从而减少不必要的浪费。

当然，有的集团公司涉及诸多领域，且大多互不相关，在这种情况下只聚焦两三个组织能力就显得不大可能。所以杨国安建议这些企业可以强调一些公司层面共享、共同的东西，比如知识管理、高管团队的利益共享、公司的核心理念。具体到事业部，则必须完全对准关键目标发力，因此每个事业部都需要具备相应的组织能力。

“历史总是要前进的，历史从不等待一切犹豫者、观望者、懈怠者、软弱者。只有与历史同步伐、与时代共命运的人，才能赢得光明的未来。”在变化更快，颠覆式创新机会更多，进入门槛降低，竞争更激烈的当今社会，移动互联网时代的经营特点要求渴望获得持续成功的企业厘清以下两点：第一，企业能否找到高获利、高成长的空间和战略方向；第二，团队能不能比竞争对手更快找到战略方向并执行。

作为高管，最重要的责任之一便是确保战略方向的正确性。所谓对的战略方向就是，公司的决策团队能够积极洞察并响应外部趋势，从而让公司能够以有限的资源瞄准高成长、高获利的发展空间。

亚马逊的盈利状况一开始并不乐观，但是其市值还是远远超过腾讯、阿里巴巴，首要原因就在于它具备不断成长的能力与无限大的获利空间。而奈飞起家则主要依靠在线影视 DVD 租赁，让客户以更少的费用拥有更多的选择，宽频技术出来后，又主攻流媒体，随后走向国际化。

人们常说，回顾案例当然不难，企业自身应该如何操作呢？这有一个非常好用的工具：

1. 在现有业务和地区中发展新客户：公司可以通过口碑、推广把产品卖给更多的用户；也可以通过品类扩展、精准推介卖给客户更多的产品；也可以卖给更好的客户，20% 的客户会给公司带来 80% 的利润，紧紧抓住优秀的客户，提供更多的服务。

2. 发展新地区：走出去、扎下去。

3. 发展新业务：发展相关多元化的产品，比如亚马逊，不断扩展相关业务。发展非相关多元化业务也是一种方式。

一般来说，企业刚开始都会选择第 1 条路线，但是在不同的阶段，公司的着力点并不一致，因此决策团队在做战略方向时，应该学会取舍，不同的时机实现不同的目标，不能贪大求多。尤其是在公司的资源和时间匮乏的时候，一开始可以选择发展新客户，这在所有业务中可以占比 70%，而发展新地区只占 30%。

战略是制胜的基础，每个阶段都要制定清晰的业务比重，否则只会功亏一篑。特别是与竞争对手相比，公司是否具有更有效、更快的战略执行程度，这在很大程度上直接决定了公司的成败，因此公司的组织能力在公司经营中至关重要。很显然，战略明晰并不意味着战略就能执行；资源丰富也不等同于战略执行；战略执行的质量还是得靠人来保证。

企业老板在谈起自己的战略时往往口若悬河、志得意满，但极有可能底下的员工根本不知道哪一个战略更重要。战略执行的结果取决于公司员工，其中又以中高层人群最为关键。当然，一旦公司过于庞大，单靠领导不足以支撑公司的运转，还得依赖流程、体制、文化来凝聚大团队，使其围绕公司战略高效地开展工作，这便是组织能力。

二、组织能力的打造需要强势的三根支柱

一旦确定了组织能力，就得思考怎样构建这样的组织能力。在杨国安看来，组织能力的构建离不开员工能力、员工思维模式和员工治理方式，它们同组织能力一起构成了“杨三角”框架。

首先是员工能力，也就是说，员工得具备起码的能力和潜在的发展空间。如果创新是公司的组织能力之一，员工就得有对市场需求的本能敏感度、丰富的创意想象、敢于质疑权威的勇气和持续学习的能力等。如果组织能力被定为追求低成本，员工就得具备吃苦耐劳、超强的执行力等素质。若让具备不同能力的员工去服务与其能力背道而驰的公司，结果可想而知，即使再怎么培训，员工再怎么努力也是难上加难。其次便是员工思维模式，有成就公司组织能力的员工并不见得就会主动地开展工作，所以公司需要用文化、核心理念等价值观以及相应的管理策略来引领员工，让他们能够重视、关心和追求公司所需要的能力。最后需要搭平台让员工的能力得以充分施展，也就是员工治理方式。在这一点上，公司不得不思考怎样建立相应的组织架构来支持战略、怎样分权和平衡集权来最大限度地利用资源、怎样设计平台的管理流程以及怎样构建适当的系统来支持这个流程。

员工能力、员工思维模式和员工治理方式共同构成了“杨三角”，三者缺一不可。同时，要想组织能力足够强大，公司对于员工能力、员工思维模式和员工治理方式的投入和发展必须一视同仁，使其达到平衡，而且这三者必须与所需的组织能力完美契合。

显然，员工能力、员工思维模式和员工治理方式的主体都是员工。有人对此并不理解，认为无论员工的能力多么强大，一旦中高层的领导团队不行，组织能力的构建也就成为镜中花、水中月。事实上，“杨三角”所强调的员工并非单指基层员工，而是囊括公司所有员工，尤其是中高层管理者，他们的能力、思维和治理方式直接影响组织能力的建设结果。

三、“杨三角”模型的基本模式

“杨三角”的组织能力从下述 3 个角度来构建：

第一，员工能力解决的是员工会不会的问题；

第二，员工思维模式是指员工是否愿意达成公司目标；

第三，员工治理方式是指公司组织结构是否服务于战略目标。

企业可以按照上述 3 个方面构建组织能力。首先，每个公司需要在战略基础上提出与之契合的对于人才独特的价值主张，然后通过配套的制度、工具、方法来落地，使其能够在凸显竞争优势的同时，确保员工的利益。

就员工的能力而言，主要取决于招聘和赋能，也就是说，企业能不能找到适合公司发展的人才，找到之后，公司能不能通过适当的培训提高员工的综合素质，从而提升整个组织的能力。至于员工的思维模式，众所周知，人的思维模式很难轻易改变，而“杨三角”提倡的思维模式主要是建立在制度设计的基础上的，包括企业文化、薪酬机制、绩效、激励机制等，从而引导员工的思维方式向企业的战略方向和核心目标靠拢。员工的治理方式相对简单，实际上就是 3 个维度：第一，有没有比较好的企业组织架构；第二，授权模式是否合理；第三，沟通的渠道是否畅通，沟通的方式是否可行。只要做到上述3点，员工就可以按照公司的引导方向把自己的能力发挥出来，在这种治理框架和结构下，员工的个人能力和企业的组织能力便会得到共同的提升。

四、“杨三角”模型实战案例解析

组织能力建设可以按照以下3个步骤来进行：

1. 为了实施新的经营战略，企业需要具备哪些组织能力?

中国很多企业正面临着转型升级，传统企业想要生存，要么依靠技术升级，要么选择品牌升级。公司做一个战略规划，首先要弄清外在经营环境发生的重要变化，然后基于这些改变，调整公司未来的战略方向和获利空间，随后配置适当的财务、智力、品牌资本打造来组织能力，确保客户、股东、员工满意。组织能力的调整与战略规划是分不开的，特别是当公司的经营环境发生大的变化，尤其需要从外而内地充分考虑企业的战略部署和组织能力规划，战略决定组织能力。

2. 如何建立企业所需要的组织能力?

企业要打造很强的组织能力，需要员工能力、员工思维、员工治理三大支柱的支撑，如表3-1所示：

表3-1 确保企业具备组织能力的三大支柱

员工能力（会不会做的能力）	员工的范围包括CEO、中高管，是否具备相应的知识、技能和素质?
员工思维（愿不愿意做的能力）	他们最关心、重视和追求的是什么？他们的心态、价值观是什么?
员工治理（容不容许做的能力）	有没有给员工足够的管理资源（权责、流程、信息）和支持?

3. 挑选和设计有针对性的管理工具

当然为了顺利构建组织能力，必须保证员工能力、员工思维、员工治理被予以同样的重视程度并做到同样强。也就是说，公司在确认战略与组织能力时，首先要在员工能力、员工思维、员工治理三大板块中甄别出最弱的一项并予以强化，然后再设计相应的工具，确保三大支柱保持平衡。

值得注意的是，在不同的阶段，与之对应的企业重心也会随之变化。初创时期，公司的组织能力一般相对较弱，主要依靠创办人的精神和战略规划；当公司进入快速发展的阶段，最重要的是强化员工思维，因为彼时的公司规模并不足以吸引大量的高级人才，公司需要让普通员工发挥其自身优势。当公司进一步发展时，就得强化员工能力和治理；当公司开始转型，战略思考能力又显得至关重要。这个方法论的重点在于帮助公司做出有针对性和系统性的诊断，使组织能力在 CEO（占比 50% 左右）、人力资源部门（占比 25% 左右）和直线管理者（占比 25% 左右）的共同承诺和努力下成功构建。当然，成功与否，还在于坚持的程度。

第二节 六个盒子

由于阿里巴巴的成功，六个盒子的影响力也迅速上升。实质上，六个盒子只是一个普通的诊断模型，由使命 / 目标、结构 / 组织、关系 / 流程、奖励 / 激励、支持 / 工具、管理 / 领导 6 个维度组成。六个盒子从诊断公司目标着手，接着在该目标的基础上建立组织架构与流程，基于此再设计激励模式，然后涉及领导管理和风格，随之会影响到支持与帮助，最后会对整个环境产生影响。

一、使命 / 目标盒子里有什么呢？

目标是一个公司的灵魂。目标一旦确定，公司设定该目标的初心也必须被明晰，比如公司预计要创造什么样的价值来为客户服务或者要帮助客户实现什么样的目标。

阿里巴巴渗透力极深的文化机制和超强的使命感使得员工们不分昼夜地工作，比如当阿里的员工看到连早餐店里卖早餐的人都在使用支付宝时，便会不自觉地产生一股力量，从而感到自己不仅是为了每天的工资在做事，而是为客户的美好生活服务，这是目标下潜藏的使命感。通过经常讨论为谁创造什么样的价值一类的问题，可以把客户价值清晰地传递给员工，这一点十分关键，因为这可以让员工在每天的工作中都充满动力和兴奋感。

第一个盒子在测量组织的过程中有 3 个标准：第一，公司的目标是否清晰？大家是否都清楚知道公司的目标是什么？如何实现这个目标？第二，和目标相关的团队对目标的理解以及如何完成目标的理解是否一致？第三，大家的状态是否是兴奋的？

另外，在第一个盒子中，HR 需要厘清以下几个问题：

- 业务团队的目标是什么；
- 业务目标是怎么确立的，为什么会有这个目标；
- 大家是否对目标都清楚；
- 业务团队过去完成了什么目标，令他们骄傲的是什么；
- 他们认为自己的使命是什么；
- 团队目标实现的核心是否能够支撑整体目标的实现。

二、结构 / 组织的盒子怎样才能更加坚固呢？

目标一旦确定，就要抓紧调整人和组织架构，从而确保员工们都能清楚地了解自己的工作性质和责任，从而在最大程度上利用科学合理的组织架构和人才布局来支撑公司经营目标的实现，这便是第二个盒子的核心内容。同时第二个盒子也需要考虑是否培养或找人来配合公司战略目标的实施。

在第二个盒子中，HR 需要注意以下 2 点：

• 团队如何分工？架构图是什么样的？为什么会是这样的组织架构？形成这样的架构要经历什么过程？这样的架构能否支撑业务目标的实现？

• 业务团队的日常工作方式和组织方式是什么样的？日常管理方式和组织结构是否能够形成一个整体来支持业务目标的实现？

三、关系 / 流程盒子怎样把大家更好地团结起来呢?

关系 / 流程盒子讲的就是怎样把公司员工凝聚成一个紧密团结的大家庭的问题。员工数量不多的时候还行，员工数量一旦超过阈值，员工之间的协同就变得必不可少。因此，公司必须厘清上下游的矛盾，注意观察冲突可能发生在哪里，为什么产品和技术、运营和产品之间容易发生摩擦，从而确保公司在关系 / 流程上的顺畅。

在第三个盒子中，公司要诊断的点主要在以下几个方面:

- HR 和业务伙伴一起划业务。主业务的流程图就是业务链路，在这个过程中公司核心的链路是什么?
- 各团队之间基于业务的链路依赖关系是怎样的?
- 业务团队中会有什么样的冲突，这些冲突是怎么解决与管理的?

另外，非常关键的一点就是关键岗位之间的协作水平，也许两个团队在目标价值上的认识并不相同，但是如果两个团队的领导关系很好，那么任务也能顺利完成。当然，在运用第三个盒子进行诊断的时候，HR 要及时分析实现业务目标之间的影响，同时也要厘清组织架构和关系以及公司现在的流程和关系盒子之间的影响。

四、奖励 / 激励盒子怎样安排才能更好地振奋人心呢?

一旦公司的目标清晰了，组织结构清晰，分工相对明确，上下游的关系也理顺了，那么大多数公司的发展就会变得很顺利。但是对于相同的岗位而言，回报就显得格外重要，怎么来确定哪些人的工资和奖励更多一些呢? 这就是第四个盒子所涉及的奖励 / 激励所要解决的问题。

奖励 / 激励是两个概念。奖励是员工觉得他应该得到的东西，很多老板经常会承诺年底发多少钱，这种做法十分危险。因为一旦给了员工承诺，员工就会觉得这是他必须得到的，如果年底公司因为各种原因陷入了资金困难无法将奖金及时发到员工手里，员工就会觉得他没有得到应得的，从而对公司产生不满情绪。而激励则是员工做到了什么，就给他什么，没有做到就不会有，这才能真正起到激励和引导的作用。

所有的激励都是为了让员工更好地努力。奖励什么东西其实可以让员工自己想，公司给出一个范围，大家的要求一般都不会很离谱。

在第四个盒子中，HR 要注意以下几点：

- 公司的激励方式有哪些？
- 什么样的工作结果是被奖励的？
- 这些奖励对团队产生的作用和公司原本的期望是否一致？
- 团队的伙伴们对报酬和奖励的感受是什么样的？
- 除现有的激励方式外，还有什么其他方式方法？

五、支持 / 工具盒子如何保障公司有效运转呢？

当目标、结构、流程和激励都确定之后，紧接着就需要考虑公司的资源是否够用、公司的制度能不能支撑组织的有效运转、员工的能力是不是足够高、怎么才能让员工的能力快速提高等问题，这便是第五个盒子，也就是业务领导、HR 和 CEO 等必须解决的问题。尤其是 HR，各种工具、体系、流程、平台、制度等的建立是 HR 的基本工作。

以培训体系为例，公司对员工的培训，主要是为了帮助和激励员工，但是既有的培训是否能真正帮助团队效能得到提升还得打一个问号。

在第五个盒子中，HR 要注意以下几点：

- 主业务流程的运作需要哪些帮助机制？
- 这些帮助机制原本的用途是什么？
- 这些帮助机制发挥了什么作用？
- 如何让这些帮助机制更好地发挥作用？
- 想要帮助机制更好地发挥作用需要我们做什么？

六、管理 / 领导盒子能发挥怎样的作用呢？

在公司组织中，团队的目标和管理是最为重要的。一个公司的决策团队能否具备足够的管理和领导能力，能否保持每个盒子之间的平衡并把它们串联起来，能否有充足的手段去协调各种状况？这些都是第六个盒子需要考虑的问题。无论前面五个盒子的诊断做得多么成功，如果决策团队能力很差，那么之前做的一切都等于零。

在第六个盒子中，HR 要注意以下几点：

- 业务团队的领导团队是怎么样的？
- 核心的领导在做什么？他们关注了什么，忽略了什么？
- 领导之间有什么样的互动？
- 领导在平衡其他五个盒子方面都做了什么工作？

相对来说，六个盒子是一种以相对比较全面的视角审视组织的工具，目标、结构和流程主要涉及经营层面，是硬性的；而激励和工具则属于内部管理，是软性的；由于公司的领导和管理水平决定了其他盒子的效能，所以公司的中心是管理和领导。利用六个盒子做组织诊断，可以随时发现问题并随时解决，从而维持盒子之间的平衡，推动公司向前发展。

六个盒子的应用场景具体如下：

表 3-2　六个盒子的应用场景

顾问诊断	作为 OD 实践者，可以作为组织内部的顾问，利用六个盒子诊断 BU/ 团队 / 部门的问题。
赋　　能	OD 实践者可以利用六个盒子的框架与业务领导进行对话，并通过对话等方式赋能公司的业务管理者，帮助业务领导分析没有实现目标问题背后的原因。
工 作 坊	可以开展六个盒子的工作坊，帮助团队成员对业务和组织达成共识，促进团队融合。

在工作坊实践中，一个盒子一般花费两三个小时，如果六个盒子一起完成大概需要 15 个小时。因此如果没有这么长的连续时间，企业的 OD 实践者可以分成多个时间段来操作。在用六个盒子开展诊断之前，可以先把它们的框架分发到各学员手里，以便他们能够非常清楚地展开思考。在诊断中最好能够录音，以确保诊断报告的可靠性。在六个盒子的诊断完成之后，公司可以把诊断出的问题归拢起来，然后安排成员们思考这些问题的关联、解决思路和方法。同时，可以让学员们结合企业经营的真实状况，发现公司在平时管理中可能存在的盲点以及最需要突破和改善的点。然后可以让团队的伙伴在六个盒子的框架下一起制订方案，加深互相了解的程度。

七、六个盒子调查问卷

问卷调研正处于从“量的增长”到“质的提升”的转换过程中。六个盒子的调查问卷高效、经济、便捷。因为当诊断模型的逻辑清晰之后，问卷的问题就是逻辑关系校验，包含题目自身各选项间的逻辑和题目间的逻辑。表 3-3 就是基于六个盒子的一个简单的调查问卷。

表 3-3 六个盒子调查问卷

序号	调查问题	经常同意	同意	基本同意	中立	基本不同意	不同意	经常不同意
1	组织可以明确说明自己的目标	1	2	3	4	5	6	7
2	组织分工灵活	1	2	3	4	5	6	7
3	直接主管提供了支持	1	2	3	4	5	6	7
4	和主管的关系和谐	1	2	3	4	5	6	7
5	主管为自己提供了成长的机会	1	2	3	4	5	6	7
6	直接主管提供了对自己工作有帮助的建议	1	2	3	4	5	6	7
7	这个组织没有抵制变革	1	2	3	4	5	6	7
8	个人认同的部门和公司的既定目标	1	2	3	4	5	6	7
9	组织的分工旨在帮助其实现目标	1	2	3	4	5	6	7
10	组织的领导规范有助于组织进步	1	2	3	4	5	6	7
11	如果遇到与工作有关的问题，总是能获得他人的帮助	1	2	3	4	5	6	7
12	组织的薪酬和福利公平	1	2	3	4	5	6	7
13	有做好工作所需要的信息	1	2	3	4	5	6	7

续表

序号	调查问题	经常同意	同意	基本同意	中立	基本不同意	不同意	经常不同意
14	组织引入了足够的新政策和流程	1	2	3	4	5	6	7
15	理解组织目标	1	2	3	4	5	6	7
16	划分工作任务的方式是合乎逻辑的	1	2	3	4	5	6	7
17	组织的领导努力使组织实现目标	1	2	3	4	5	6	7
18	组织存在内部晋升的机会	1	2	3	4	5	6	7
19	组织有足够的机制将组织与员工利益绑定在一起	1	2	3	4	5	6	7
20	组织倾向于不断地寻求改变	1	2	3	4	5	6	7
21	组织的优先事项得到了员工的理解	1	2	3	4	5	6	7
22	工作部门的结构设计得很好	1	2	3	4	5	6	7
23	每当领导指导完成工作后，自己的思路就变得很清晰	1	2	3	4	5	6	7
24	建立了正确完成工作所需的关系	1	2	3	4	5	6	7

续表

序号	调查问题	经常同意	同意	基本同意	中立	基本不同意	不同意	经常不同意
25	薪资与员工的付出是对等的	1	2	3	4	5	6	7
26	在需要帮助时，业务部门给予了很多帮助	1	2	3	4	5	6	7
27	偶尔喜欢充满不确性的工作	1	2	3	4	5	6	7
28	有足够的输入来决定工作业务目标	1	2	3	4	5	6	7
29	组织的分工实际上有助于实现其目标	1	2	3	4	5	6	7
30	理解领导为影响工作部门其他成员所做的努力	1	2	3	4	5	6	7
31	没有证据表明该组织存在未解决的冲突	1	2	3	4	5	6	7
32	组织要完成的所有任务都与激励相关	1	2	3	4	5	6	7
33	组织的规划和控制工作有助于其增长和发展	1	2	3	4	5	6	7
34	组织有可能进行改变	1	2	3	4	5	6	7

第三节　麦肯锡 7S 模型

一般来说，公司在创建之初的价值追求都与市场需求比较匹配，拥有相对较大的发展潜力，但最后能真正做大做强的公司却少之又少，而导致失败的原因无一不指向领导力的缺失。当然，知晓领导力的重要性并不难，关键在于如何培养领导力。市面上与领导力相关的模型上以百计，而且这个数字还在不断更新，事实上这些模型都大同小异，基本上都源自“麦肯锡 7S 模型”。可以说，无论是处在何种阶段的公司，只要想加强对团队的领导力从而推动企业进一步发展，就一定绕不开“麦肯锡 7S 模型”。①

一、“麦肯锡 7S 模型”中息息相关的 7 个要素

“麦肯锡 7S 模型”由结构、制度和战略 3 个便于直接管理的“硬件”要素与共同价值观、技能、风格和人员 4 个难以分辨、不易操作的“软件”要素组成。企业要想实现其发展的持续增长和繁荣，跨出的每一步都必须综合考虑上述 7 个要素的情况，它们都与公司的成败息息相关，容不得半点马虎。

第一，公司的战略是在全面衡量发展目标、实现目标的手段和途径

① 麦肯锡 7S 模型（Mckinsey 7S Model），简称 7S 模型，是麦肯锡顾问公司研究中心设计的企业组织七要素，指出了企业在发展过程中必须全面地考虑各方面的情况，包括结构、制度、风格、员工、技能、战略、共同的价值观。

的基础上，为了保证企业在激烈竞争中能脱颖而出并逐渐立于不败之地而做出的长期规划，它指引企业发展方向的同时又必须适时地根据市场发展和变化做出科学合理的调整。第二，就结构而言，它是公司的目标、战略规划、文化价值等得以落地的物质基础和根本保障。企业员工、职位、物资等如何协同，关系到企业资源是否能够合理有效安排，关系到企业的目标任务能不能在层层传达和分解后仍然顺利达成。值得注意的是，公司结构并非千篇一律，也不可能存在放之四海而皆准的组织结构，最好的结构只能是与企业战略规划保持一致。第三，健全配套的制度能够详细地规定公司日常活动的各项流程与员工的职责安排，它是企业发展和战略实施的重要保障。当然，制度体系是为战略服务的，因此，企业所制定的制度必须与其战略思想相符。第四，共同价值观的确立有助于把员工紧紧凝聚在一起，让大家能够围绕公司的共同目标奋力前进。因此，企业必须利用各种可能的手段在员工中传播公司的战略思想和文化价值观，让所有的员工都能理解和掌握它们，进而用它们来武装自己、指引自己。第五，战略的成功实施离不开人力支持。因此，培养与公司战略思想完美契合的员工是公司发展过程中的重中之重。第六，员工仅有积极奉献的想法还不够，还必须具备公司所需要的技能。这一点除了在招聘的时候筛选，最重要的还是依靠公司建立的严密、系统的培训过程。第七，管理者的管理方式在很大程度上决定了公司的整体走向。实践证明，适时的严格与适度的宽松都是有必要的。唯有这样才能在激发员工潜能和创造力的同时充分保障公司的正常秩序。在上述 7 个要素中，共同价值观居于核心位置，时刻影响着其他 6 个要素的建设与发展。也就是说，战略、制度、结构、人员、技能、风格会随着公司创立之初的共同价值观的调整而做出改变。

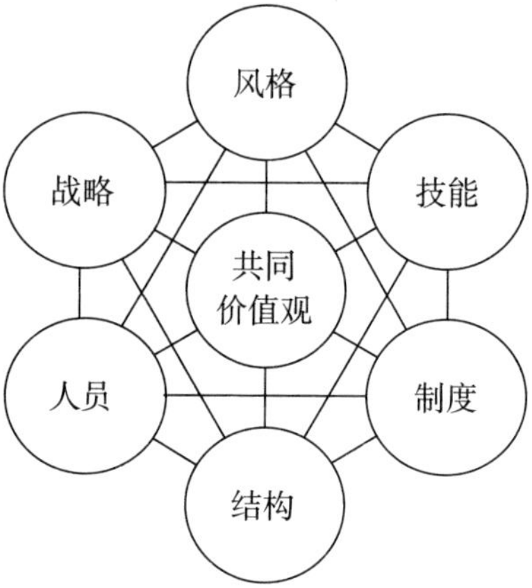

图 3-1 麦肯锡 7S 模型的 7 个要素

“麦肯锡 7S 模型”之所以能在众多模型中脱颖而出主要在于它不仅在战略之外更关注技能、人员、制度、结构等推进战略实施的执行力因素，而且在注重区分软硬指标的同时将其更好地结合在了一起，最重要的是，“麦肯锡 7S 模型”来源于四十几家世界著名企业的实战经历，基本上涵盖了大多数企业成功的奥秘。

二、如何使用 7S 模型

在使用“麦肯锡 7S 模型”的过程中，企业要做的第一步是弄清自己使用该模型的目的是什么，是调整组织的内部结构，还是要解决引入新流程中面临的问题，抑或遇到管理层变动、实施新系统、兼并收购等难题。第二步是收集信息，也就是识别出在特定目标里需要进行调整的要素有哪些。第三步是企业根据所得的信息判断这些要素距离预定的水平还存在哪些不足和不协调的地方，这时若用 7S 模型进行标记，就能在一定程度上保证所得结果的直观性，这里可以从以下

3 个问题入手。

表 3-4　7S 模型

	共同价值观	战略	结构	制度	风格	人员	技能
共同价值观							
战略							
结构							
制度							
风格							
人员							
技能							

1. 共同价值观与公司制度、结构、战略是否符合？如果不匹配，应该怎样调整？

2. 各项“硬件”元素，即结构、制度和战略之间是否互相匹配，需要做出怎样的调整？

3. 技能、风格、人员和共同价值观 4 个“软件”是否足以支持“硬件”，各项“软件”元素之间是否相互匹配，需要做出怎样的改变？

把得到的结果在 7S 模型中一一标记后，就要反复分析和调整这些要素，直到 7 个要素之间达到和谐为止，这一步相对复杂，需要花费的时间和精力最多。

在实际操作过程中，“麦肯锡 7S 模型”一般被拆成 2 部分来施行：第一部分是由共同价值观、战略和技能组成的制胜法则；第二部分是由风格、结构、人员和制度组成的执行杠杆。具体来说，制胜法则是为了引导员工，尤其是关键员工要学会完成自己的任务，主要由一套完整的目标、标准以及公司宗旨构成。执行杠杆则是为了推动制胜法则实施而设计的针对员工关键技能获取与共同价值观培育相关的一系列的激励、指导和监督。比如，企业当前阶段的目标是提升对质量的控制力，那么企业就要深入每个员工、每个组织、每个制度，从风格、制度、人员和结构 4 个方面采取全面的、体系化的落地举措。

一般来说，公司内部团队效率不高，问题很有可能是 7 个要素之间发生了冲突，所以利用“麦肯锡 7S 模型”来分析企业的现状是很有意义的，但只有在确定要素改进方向的基础上，才能确保各个要素都朝着共同的价值观和目标前进。而企业要想实现真正的成功，其执行力就必须基于制胜法则渗入公司的每一个细胞，其中员工激励和评价体系更是重中之重。

三、完美诊断的“七步成诗”

“麦肯锡 7S 模型”源于 2 位闻名世界的管理学学者深入研究各行各业的领头公司所得，不仅具有深厚的学理基础，更具有超强的现实指导意义。对于需要建设完善组织的公司来说，“麦肯锡 7S 模型”是不可或缺的“良方”。无论是难以捉摸的“软件”，还是实实在在的“硬件”，战略、制度、结构、风格、技能、人员和共同价值观 7 个要素同等重要。尤其是常常被企业忽视的人性，比如知觉、固执和非理性等，这些都可以被管理，而且是决定公司成败的关键要素，绝不能掉以轻心。

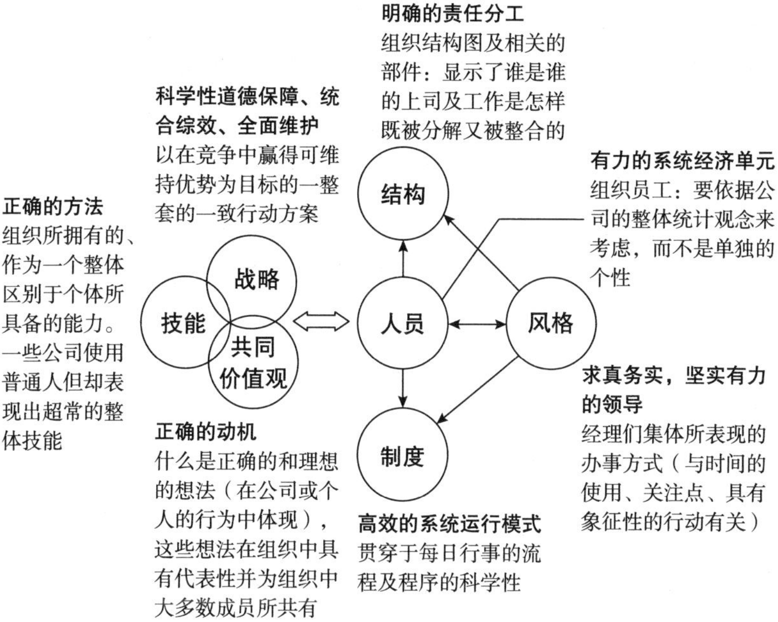

图 3-2 7 个要素的概览

企业的组织结构必须基于公司整体的战略目标，一旦经营战略有变，组织结构也要随之调整。在发展伊始，企业只需要建立简单的事业部就可以保证各项业务的顺利执行。但随着公司经营战略变化和服务对象的扩大，企业的组织架构还停留在事业部就不合时宜了，这时若采取战略，经营单位结构就可以快速提升公司行政管理的效率，使其更好地提升经营服务。有时候组织结构并不在于大，而在于简单高效，很多成功的企业的中高层管理人员数量不到 100，却经营着涉及几百亿美元的事业。

只有科学合理的制度，企业才能高效运转。而制度唯有与战略相匹配才能算是制定得当。如果一个公司现阶段的战略核心是产品创新，那么相应的创新制度就要跟上。也就是说，一旦生产一线的工程师开发的产品成功获得市场青睐，他在公司的薪酬和职位也应该随产品的成绩得到相应的提升。这样的制度就能更好地激发员工的创造力与上进心，使其更好地投入工作，从而推动公司的发展。

企业领导团队的管理风格在很大程度上决定了员工对团队的忠诚度，若企业对员工一直很苛刻，就会使公司氛围比较紧张，长此以往，不利于公司的良性发展；若无论发生什么情况都要宽大处理，又会导致员工逐渐失去底线，公司变得散漫。所以，公司最好的做法是坚持宽松与严格并用的管理模式，让员工在遵守公司规章制度的情况下相对自主。

另外，要想保证公司战略的顺利实施，就得确保企业的所有员工都了解相应的指导思想并能够围绕这种思想展开工作。尽管人力资源的培训和配备工作庞大又复杂，但又是帮助公司走向成功的重要原则。因此，公司在设计好组织架构的同时，更应该培训好与企业战略思想相匹配的员工群体，并能够在适当的时机分配适合他们的工作。而配备员工队伍还有一点十分重要的就是对他们的技能进行培训。战略会随着公司的发展而变化，因此公司不可能仅依靠招聘来维持当前战略目标要求的团队成员技能。要想保持公司对人才的长期稳定需求，主要还是有赖于公司所开发的系统的、严格的员工培训体系。

总之，企业若想通过“麦肯锡 7S 模型”来强化对团队内部的领导力，从而提升组织在竞争中的表现能力，就必须清晰地意识到在该模型中的七大元素需要互相配合，共同推进，一旦某一个要素被忽略或被轻视，企业就有可能陷入万劫不复的境地。

四、基于 7S 模型的 YC 银行竞争力提升

与其他商业银行相比，YC 银行在储蓄银行方面的业务发展时间太短，在很多方面都存在不小的差距。

第一，由于 YC 银行把工作重心放在传统业务上，所以储蓄可调用的资源十分有限，这就导致 YC 银行的网店建设力度不够。YC 银行的网点不仅数量缺乏，而且狭小脏乱，更重要的是连自助设备、电子银行、电话银行、计算机网络等信息化设备都极其落后。第二，YC 银行的客户主要是办理存取款业务的中低端客户，像外资企业、大型国企等涉及货币市场和贷款业务的高端客户则明显缺乏。可见其市场拓展的不足和业务种类的单一。第三，YC 银行的员工相对来说素质较低，其高学历人才仅占 3% 左右，97% 左右的员工都仅具备大专或高中以下的学历。而且这些员工大部分都来自储汇专业，缺乏理财、投资、放贷等方面的经验。更重要的是，YC 银行还是沿用原有的管理方式，缺乏一套内控严密、管理科学的制度体系，在内部监管、风险防控、投资管理、资金运营等方面的经验尤其不足。

金融行业的竞争已然“白热化”，再死守着传统的经营模式只会让 YC 银行的业务走进死胡同。YC 银行的决策团队必须解决本企业落后的竞争力问题。根据“麦肯锡 7S 模型”对其现状做出的研究和分析，YC 银行可以尝试从以下几个方面做出改革：

首先，YC 银行要拟订科学合理的战略目标与长期规划。YC 银行的核心业务是微型金融，即以中间业务和零售业务为主，为广大村民和城市居民提供基础的金融服务。因此，YC 银行应该围绕主要客户群体，在细分市场的基础上制定出一个层次分明、科学合理的战略规划，

然后基于该战略制定相应的营销、品牌战略，并着力打好服务、网络和品牌优化三张牌，使得 YC 银行能以全新的面貌获取顾客的青睐。其次，YC 银行必须严格按照新的银行企业的标准来构建扁平化的现代公司结构，提升团队的工作效率，推动企业获得良好的发展。再次，YC 银行应该围绕风险防范、资金临控、资金运用与内部控制等方面构建完备的商业银行制度体系。其次，YC 银行应该吸引和培育计算机等专业技术人才、拥有充足投资理财经验和知识的金融人才、拥有全局驾驭能力和敏锐市场洞察力的企业家人才以及熟练掌握市场的营销人才，逐步建构起素质优良、结构合理的人才梯队，为提升公司竞争力打下坚实的人才基础。再次，YC 银行还应该创建学习型组织，营造良好的学习氛围，督促和鼓励员工提升个人本领，比如在公司内部建立教育与培训的长期机制，推动企业与学校或研究机构等培训机构的良性互动，举办职业技能鉴定和比赛等活动。最后，还应从确立公司核心价值观、强化公司内部道德建设、树立典型榜样、打造企业的美好形象、用优良的企业家精神激励员工这 5 个方面来培育与公司战略规划相匹配的企业文化，从而将员工和企业紧紧地关联起来，并逐渐推广以服务客户为中心，并以贡献、学习、创新为核心的共同价值观，使广大员工能够主动地为共同的梦想而努力，从而提升公司的战斗力。

五、实操：7S 问卷调研

×× 股份有限公司管理诊断项目调研问卷

尊敬的 ×× 股份有限公司全体员工：

为全面提升公司的整体管理水平，贯彻 ×× 股份有限公司发展战略，为本次管理咨询项目提供一手数据，特进行本次问卷调研。此次问卷调研的目的是了解 ×× 股份有限公司的客观情况、您对公司管理现状的评价，以及您对相关方面需要改善的实际要求和对未来发展的期望。您的见解和意见对公司未来的发展至关重要，希望您在接收到我们的调研问卷后，认真、客观、真实地填写相关信息。

您的信息仅供项目组内部使用，我们将以职业的态度严格保密。我们将与您一起为公司实现业绩快速增长和迎接未来的挑战而努力。

注意事项：

1. 本次调研为不记名问卷调研，请单独填写，并客观发表意见和建议。

2. 请注意阅读各类题型的问题，并用“√”选择答案。

项目经理：

邮箱：

×× 股份有限公司管理诊断项目组

一、个人资料（仅用于统计目的）

1. 您在 ×× 股份有限公司的工作年限？

A. 0-2 年　　B. 2-5 年

C. 5-10 年　　D. 10 年以上

2. 您的最高学历？

A. 高中 / 中专 / 技校及以下　　B. 大专　　C. 本科及以上

3. 您的职位是什么？

A. 总监及以上　　B. 部门经理及部门主管

C. 班组长　　D. 普通员工

4. 您的岗位序列？

A. 技术序列（包括设计、组立、工艺、模具装配、电控等）

B. 行政及职能序列（包括行政、采购、财务、物控、信息化、总裁办等）

C. 生产序列（包括生产总监、制造部经理、生产车间班组长等）

D. 项目管理序列

E. 质量序列

5. 您的年龄？

A. 25 岁以下　　B. 25-35 岁

C. 35-45 岁　　D. 45 岁以上

二、问卷

1. 您是否明确了解公司的战略规划？（单选）

A. 明确　　B. 不太明确　　C. 不清楚

2. 您是否明确了解公司的经营目标？（单选）

A. 明确　　B. 不太明确　　C. 不清楚

3. 您所背负的绩效考核指标是否合理？（单选）

A. 指标设置太高　　B. 指标设置合理

C. 指标设置一般　　D. 指标设置不合理

4. 您是否能完成公司赋予您的绩效考核？（单选）

A. 能完成　　B. 能完成但压力过大

C. 完不成　　D. 轻松完成

E. 无法预测

5. 公司战略规划是否对您自身的工作和发展有明确指导？（单选）

A. 有　　B. 没有　　C. 不清楚

6. 领导对您的绩效考核指标和内容多久调整一次？（单选）

A. 12 个月以上　　B. 6-12 个月

C. 3-6 个月　　D. 3 个月以下

7. 您认为 ×× 股份有限公司的组织结构是否适合公司的发展现状？（单选）

A. 部门设置过多　　B. 部门设置缺失

C. 部门设置合理　　D. 管理层级过多

E. 其他__________

8. 您认为 ×× 股份有限公司各个部门的职责设定是否明确？（限选 3 项）

A. 部门职责设置合理

B. 部门间职责存在交叉及模糊地带

C. 部门职责存在遗漏

D. 部门职责设置过多、过细

E. 部门职责设置过粗

F. 部门职责与实际执行存在差异

G. 其他__________

9. 在日常工作中，您的岗位职责设置是否合理？（单选）

A. 岗位职责设置合理　　B. 岗位职责设置过粗

C. 岗位职责设置过于细化　　D. 存在因人设岗

E. 其他__________

10. 在需要相关部门协助时，您认为 ×× 股份有限公司内部跨部门的协同存在哪些问题？（限选 3 项）

A. 部门之间目标存在差异　　B. 内部服务意识不强

C. 部门本位主义　　D. 部门间职责划分不明确

E. 信息传递不对称　　F. 缺少跨部门协作的负责人

G. 其他________

11. 您认为 ×× 股份有限公司的制度流程是否合理？（单选）

A. 制度流程设置太多　　B. 制度流程设置不规范

C. 制度流程设置十分合理　　D. 制度流程设置太粗

E. 不清楚　　F. 其他________

12. 您认为 ×× 股份有限公司目前各项运营系统运转的整体效率和效果如何？（单选）

A. 运转效率高，结果很好　　B. 运转效率高，但是结果差

C. 运转效率一般，结果一般　　D. 运转效率低，结果不好

E. 没有看法

13. 您认为 ×× 股份有限公司以下哪个运营系统是制约整体运营最大的“瓶颈”？（限选 3 项）

A. 新产品研发　　B. 营销

C. 人力资源　　D. 财务管理

E. 采购与供应商管理　　F. 生产

G. 质量管控　　H. 客户关系管理

I. 项目管理

14. 您认为 ×× 股份有限公司人力资源管理哪个模块是瓶颈？（限选 3 项）

A. 人力资源规划　　B. 招聘

C. 培训　　D. 薪酬

E. 绩效　　F. 员工关系

15. 您认为一个企业拥有共同价值观能否进一步提高员工的工作积极性？（单选）

A. 能提高　　B. 不能提高　　C. 不清楚

16. 您认为 ×× 股份有限公司是否有明确的企业文化？（单选）

A. 有　　B. 没有　　C. 不清楚

17. 您认为 ×× 股份有限公司应该具有什么样的企业文化？（限选 3 项）

A. 民主的　　B. 开放的　　C. 竞争的

D. 创新的　　E. 积极向上的　　F. 包容的

G. 务实的　　H. 诚信的　　I. 其他__________

18. 您认为 ×× 股份有限公司目前在价值观和文化宣传上是否达到理想效果？（单选）

A. 经常宣传，效果很好　　B. 经常宣传，效果不好

C. 偶尔有宣传，效果一般　　D. 基本不宣传

E. 完全没感觉

19. 您认为 ×× 股份有限公司在企业文化的哪个方面需要加强？（限选 3 项）

A. 给予员工荣誉感　　B. 实现员工成就感

C. 增强员工归属感　　D. 激发员工使命感

E. 增强员工责任感　　F. 不清楚

20. 您对您在 ×× 股份有限公司的职业生涯整体满意度如何评价？（单选）

A. 低　　B. 较低　　C. 一般

D. 基本满意　　E. 非常满意

21. 您认为目前在人力资源管理方面，影响 ×× 股份有限公司长远发展的突出问题或风险主要有哪些？（限选 3 项）

A. 人员总量不足　　B. 关键员工的数量不足

C. 关键员工的能力不足　　D. 用工成本大幅上升

E. 普通员工队伍不稳定　　F. 关键员工队伍不稳定

22. 您认为人力资源在 ×× 股份有限公司发展过程中需要改善的是？（限选 3 项）

A. 人力资源理念　　B. 人力资源规划　　C. 招聘培训

D. 薪资福利　　E. 考核晋升　　F. 激励奖励

G. 不需要改善

23. 您认为 ×× 股份有限公司现在最需要什么类型的人才？（限选 3 项）

A. 专业技术及研发　　B. 运营管理

C. 项目管理　　D. 质量管理

E. 财务管理　　F. 人力资源管理

G. 信息化管理　　H. 其他________

24. 您认为 ×× 股份有限公司应该用什么方法留住人才？（限选 3 项）

A. 提高工资待遇　　B. 增加学习和进修机会

C. 完善的人才培训制度

D. 建立公平合理的考核机制和奖励机制

E. 加大感情投资　　F. 建立合理的用人机制

G. 对人才进行职业规划　　H. 塑造良好的企业文化

I. 营造良好的工作氛围　　J. 其他________

25. 结合您目前的岗位，您认为哪些因素是导致人才流失的主要原因？（限选 3 项）

A. 员工长期无法实现其职业生涯计划目标

B. 企业很少考虑员工的价值观与企业的价值取向是否统一

C. 缺乏科学的人才甄选程序

D. 盲目追求高学历人才，导致人才积压

E. 企业缺乏晋升通道

F. 薪酬制度不合理

G. 缺乏良好的工作氛围

H. 其他__________

26. 您认为您自身的薪酬水平如何？（单选）

A. 相对同行业偏高　　B. 和同行业相比差不多

C. 相对同行业偏低　　D. 不清楚

27. 您认为公司人力资源结构哪方面存在问题？（单选）

A. 技术类员工年龄偏年轻　　B. 管理类员工年龄偏年轻

C. 技术类员工学历欠缺　　D. 管理类员工学历欠缺

E. 技术类员工能力欠缺　　F. 管理类员工能力欠缺

G. 其他__________

28. 您认为从培训中所学到的知识对实际工作帮助大吗？（单选）

A. 非常大　　B. 比较大　　C. 有些作用

D. 不明显　　E. 几乎没用

29. 您认为公司的核心技能是什么？（单选）

A. 模具设计制造　　B. 自动化设计制造

C. 产品设计　　D. 项目管理

E. 生产制造　　F. 其他________

30. 您认为 × × 股份有限公司未来最重要的核心竞争力是什么？（限选 3 项）

A. 战略管理能力　　B. 企业文化与价值观影响力

C. 资本运作能力　　D. 客户开发能力

E. 项目管理能力　　F. 技术研发能力

G. 制造管理能力　　H. 其他________

31. 您认为自身能力在以下哪些方面需要改善？（限选 3 项）

A. 交流表达能力　　B. 革新创新能力

C. 自我提升能力　　D. 与人合作能力

E. 组织协调能力　　F. 社会交往能力

G. 心态调节能力　　H. 解决问题能力

I. 外语应用能力　　J. 其他________

32. 您认为您的领导需要具备的素质包括哪些？（限选 3 项）

A. 战略远见与系统思维　　B. 组织领导能力

C. 团队合作意识与能力　　D. 决断决策能力

E. 知识理论素养　　F. 创新精神

G. 文化传承意识、人文关怀情怀

H. 其他________

33. 您认为您的领导是哪种管理风格？（限选 3 项）

A. 指令型领导　　B. 领跑型领导

C. 愿景型领导　　D. 亲和型领导

E. 民主型领导　　F. 辅导型领导

G. 授权型领导　　H. 保姆型领导

I. 放任型领导　　J. 其他：__________

34. 您是否适应您领导的管理风格？（单选）

A. 完全适应　　B. 比较适应

C. 不太适应　　D. 根本不适应

35. 您的领导的管理方式需要在哪方面做出改善？（限选 3 项）

A. 态度可以更和蔼，控制火暴的脾气

B. 倾听更多来自下属的意见

C. 更多地激励下属，而非批评下属

D. 更多地明确指令，而非含糊其词

E. 给予下属更多的信任和授权

F. 给予下属更多细致的指导和辅导

G. 身体力行，发挥带头作用

H. 冷静分析，而非感情用事

I. 其他__________

36. 您的领导作决策的依据大多是什么？（单选）

A. 统计数据　　B. 自身经验

C. 随机应变　　D. 咨询其他人

E. 不清楚

37. 您的领导作决策的效率怎么样？（单选）

A. 当场决定　　B. 及时决策　　C. 犹豫不决

D. 拖拖拉拉　　E. 朝令夕改　　F. 不清楚

38. 您与上级的沟通是否有效？（单选）

A. 效果非常好　　B. 效果好

C. 效果一般　　D. 没有效果

39. 在日常工作中，是否受到来自上级对您的表扬与鼓励？（单选）

A. 经常　　B. 有，但不多

C. 偶尔　　D. 从未

40. 您的领导在带领团队时一般关注哪几个方面？（限选 3 项）

A. 强化标准　　B. 强调质量　　C. 团队合作

D. 团队创新　　E. 关注过程　　F. 注重结果

G. 其他__________

41. 您认为 ×× 股份有限公司的哪些制度流程可以改进？（至少需要列出 3 点）

42. 对于公司的发展，您有什么建设性的建议或者意见？或最想通过我们告诉管理层的是什么？（至少需要列出 3 点）

占用了您的宝贵时间，真诚感谢您的合作！

第四节 BLM 模型

BLM 模型[①]，也就是“业务领先模型”，是 2003 年 IBM 公司研发的一套完备的战略规划体系。华为曾经成功利用 BLM 模型完善了战略执行的各个环节并且开始将人力资源作为核心要素纳入业务部门的重要考虑对象。就目前 BLM 模型在各公司的使用状况来看，人力资源管理已经不再是无关紧要的“装饰品”，而是实实在在成为与业务管理齐头并进、共同制胜的战略法宝。

一、BLM 模型的 4 个部分、8 个方面

BLM 模型主要由领导力、战略、执行、价值观 4 个部分从上到下组成，这四者相辅相成，缺一不可。BLM 模型里，一个完整的企业战略包括以下 8 个方面：

第一，用简洁明了的语言清晰有力地陈述和表达出的战略意图。第二，通过缜密的市场洞察发现公司可能存在的风险与挑战以及潜在的机遇，并尝试厘清这些对公司未来发展的影响。第三，把创新作为战略规划与管理的焦点，与市场进行同步的实验和探索。第四，战略规划与管理要归结到业务设计中，也就是说，要判定公司内部现有的资源是否能

① BLM 模型（Business Leadership Model），中文通常被翻译为业务领导力模型，也被称为业务领先模型，是 IBM 在 2003 年研发的一套完整的企业战略制定与执行连接的战略规划方法与平台。

够创造可持续的利益增长点，如果不够的话，公司能不能快速获取业务所需要的新资源。第五，确定出关键任务的具体执行细节和时间节点。第六，投入充足的资源和人力，成立正式组织专门负责新业务的拓展，包括相应的管理系统、管理制度、组织机构和考核标准等，不然会严重影响实施结果。第七，战略的执行离不开具备特定技能的人才，因此需要制定一整套详细的人才措施，比如技能的描述，获得、培养以及激励和保留人才。第八，营造开放、授权、共享的文化氛围。

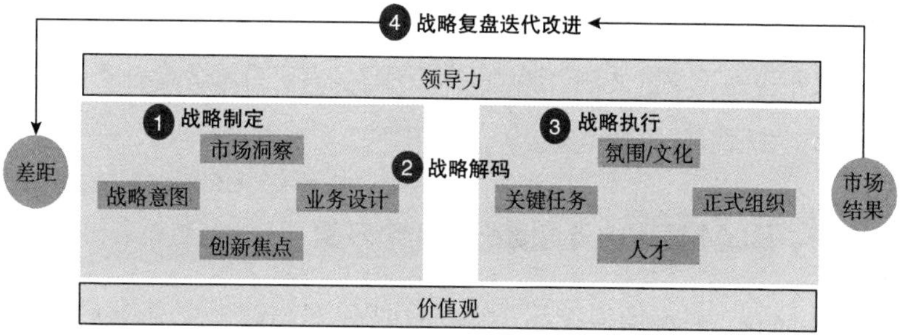

图 3-3　BLM 模型的 4 个部分、8 个方面

二、详解 BLM 模型的 8 个方面

战略意图是战略规划与管理的出发点，它指的是部门或公司想要实现的目标，做成的事或达成的结果。一般来说，战略目标是对具体目标的按年描述，而战略意图则是陈述公司未来 5 年左右的规划。若一个部门或公司的战略意图是在 5 年内成为该行业的“领头羊”，它在陈述战略目标时就应该详细叙述未来每一年的具体战略指标，如市场份额、利润率、人均生产率、销售收入等，而且这些指标必须具体化、可衡量、可实现，与其他目标有一定的相关性且有明确的时间限制。

市场洞察力限定了战略规划与管理的广度和深度，它旨在通过清楚了解客户的需求及其变化、竞争对手的状况与动向、技术及其发展趋势以及市场经济结构的发展来明确公司潜在的风险与机遇。

创新是战略规划与管理的焦点，创新焦点旨在利用创新的办法获取更多的经验和思路，从而为公司带来新的利益增长点。一般来说，寻找创新焦点主要是从价值来源和客户需求 2 个方面入手，从而使公司长期立于不败之地。

业务设计是战略规划与管理最终的落脚点，它主要包含价值主张、价值获取、选择客户、活动范围、风险控制和价值持续增值 6 个要素，旨在回答公司目前的能力水平是否能够支持新的业务设计，如果不够，培育新的能力需要哪些付出，这些付出公司能否承受?

每个公司都应该有一套独特的价值体系，旨在回答公司能够帮助客户实现什么样的需求，给客户带来怎样的特别体验和益处。

关键任务是整个战略规划与管理的执行细节，旨在回答企业的流程改造与重建中需要安排哪些具体的关键的任务事项以及对应的时间节点，为了便于检查跟踪，这些设计应该至少细化到年度或季度指标。此外，在信息化的时代，若公司的信息系统建设还处于老旧落后的状态，那么完善流程相关的信息化建设便是重中之重。

正式组织是战略规划与管理得以执行的组织结构保障，旨在建立诸如员工的技能要求、职业规划，公司的物理位置、活动范围，公司和员工的角色定位、规模以及评价、激励和奖励系统等来完善对特定新业务在管理制度、管理系统、组织结构与考核标准 4 个方面的支持，从而高效推动关键任务和流程的执行。有的公司也可能会通过给原有组织赋予新职能的办法来推进新业务，这样的方法可以最大限度地利用现有资源。因此，在某种程度上来说不失为一个好办法。但如果是战略性的措施以及至关重要的新业务，最好还是设立相应的、正式的专门组织，这样才能保证执行过程的高效性以及员工培养和成长的科学性，此外，这也更便于评估战略实施的进程。

人才是指拥有相应技能可以出色完成战略规划与管理具体任务的员工，涉及人才的事项很多，首先需要从技能描述、技能级别数量及比例、技能级别分布 3 个方面详细定义人才需求；然后就要考虑怎样获得人才，怎样培养、激励和留存人才。就获得人才而言，常用的方法有 3 个：自己培养；高薪聘请；通过与联盟单位或合作伙伴的资源分享暂时借取特定的人才。

文化氛围是指战略规划与管理密切相关的企业氛围以及员工之间共同认可的行为准则。一般来说，公司氛围主要取决于领导者的管理风格，比如要求绝对服从的强制式领导，通过自己的行动带动员工的身先士卒式领导，引导和启发员工的教练式领导以及放手让员工去开展工作的授权式领导。领导风格并没有所谓的对错之分，关键在于领导者要在不同情况下清醒地意识到自己的言行可能会给员工的成长和公司的发展带来怎样的影响，这对领导者本身而言是很大的考验。

三、BLM 模型战略模块的简单解读与应用

BLM 模型从差距分析到战略规划再到实施执行，形成了一套非常完整的顶层设计方法论，而且通过 BLM 模型各个模块在运营过程中的融合，可以实现使用的年度循环。

首先，企业需要通过差距分析寻找战略规划的依据。实际上，差距分析就是指企业的期望业绩与现状的距离，主要分为关键业绩差距、关

键机会差距以及与竞争对手之间的根本差距 3 种。

其次，当今社会处于需求驱动的时代，市场风向转变之快简直让人措手不及，因此，是否能够及时洞察市场需求，直接决定了企业所做的战略规划与业务设计所采用的假设和支撑信息是否有错误，也就意味着市场洞察稍有不慎，企业制定的战略就会给公司的发展带来负面影响。市场洞察主要包括行业洞察、竞争洞察和客户洞察。第一，行业洞察旨在找到公司的机会与破局点，一般从大范围开始考虑，逐步缩小范围，只需要抓住核心机会点即可。分析的角度主要有以下 7 个：行业规模，行业政策趋势，行业技术趋势，经济发展趋势，产业链趋势，经营管理方式趋势和公司如何应对其他可能存在的机会或威胁。第二，竞争洞察旨在摸清行业内的竞争环境，并趁机寻找发展机会。其分析的角度主要有以下 5 个方面：一是以行业集中度、竞争生态和应对措施为主的竞争格局分析；二是以替代品的种类和威胁性为主的替代品分析；三是以竞争对手的优劣势与自身核心和潜在竞争力为主的竞争对手分析；四是以行业壁垒的高低、行业新手带来的威胁和应对措施为主的潜在（新）进入者分析；五是以如何建构与供应商的良好合作关系的供应商分析。第三，客户洞察旨在通过探索客户需求来寻找持续的价值增长点。分析的角度主要有以下 5 个方面：一是客户群体的分类和变化；二是客户需求的转变与客户关系维系；三是客户体验的新要求；四是为客户提供服务的渠道；五是能够进入该市场的客户类型变化及其潜在价值与风险。

再次，公司需要在上述差距分析和市场洞察的基础上利用 SWOT[1]

① SWOT 是一种战略分析方法，通过对被分析对象的优势（Strengths）、劣势（Weakness）、机会（Opportunities）和威胁（threats）等加以综合评价得出结论。

分析方法确定科学合理的战略意图。一般而言，公司的战略意图主要从使命、愿景、价值观、战略目标等方面来考虑。使命回答的是企业从哪里来的问题，也就是说，其存在的价值和意义是什么；愿景回答的是企业要到哪里去的问题，也就是说，其未来可以成为一家怎样的公司；价值观则是在回答企业为什么要这么做的问题，也就是说，企业在创建过程中的基本信念和追求是什么；而战略目标是在回答企业想要取得的成果是什么的问题，也就是说企业的长期目标、阶段性目标、年度目标、绩效目标等分别是什么，相应的经营单位与负责人又是谁，其内容一般包含市场、生产率、产品、盈利能力、资金、生产、组织、人力资源、研究与开发、社会责任等。值得注意的是，战略目标可以进行层层分解，细化成详细的数据指标和时间地图，而且它的制定必须以企业使命为依据并结合 SWOT 分析结果，所得的战略目标应该能够与创新焦点互相支持。

在确定战略目标的基础上进行一番归纳总结就可以得到创新焦点。创新焦点可以从成长创新、模式创新、管理创新 3 个角度进行思考。成长创新是针对聚焦客户和市场领域而言的，主要包括优化或创新的产品与服务、新开发的客户与市场、新的渠道与交付路径等。模式创新则主要用于重建和企业扩展，比如业务运营模式、伙伴合作模式等。管理创新则主要是为了提高核心职能部门的效率，包括管理工具创新、组织职能优化、绩效体系优化与流程制度优化。

最后，便是基于战略目标和创新焦点做出详细的业务设计，清晰明了的业务设计不仅可以让公司员工都能知晓业务运营模式的内涵，而且可以规定执行任务的具体细节和时间节点，便于业务的开展。不过，只有业务设计远远不够，最重要的还是业务的执行落地。

在实际应用 BLM 模型的现场诊断中，可以先选择战略、创新、市场及人才 4 个要素进行深度会谈。会谈之前需要通过调研和整理信息形成特定的问题以及明确讨论最终需要达到的共识及相应的行动策略。为了方便对比，可以把参与研讨的人分为 2 组。讨论的过程主要分为 8 步：第一步是让大家清楚 BLM 模型需要研讨和回答的问题，这里需要跟参与人员强调这次诊断主要是为了寻找解决业务问题中的行为表现及行为模式，而不是直接找出问题的解决办法。第二步是给参与人员导入相应的认知框架，如部门闭环和业务闭环的差异、高效协作团队的典型特征等，使得大家可以在统一的知识储备和方向上进行行为探讨。第三步是落实到现场诊断的觉察，觉察参与人员在互动过程中所表现出来的争论与达成一致的行为模式。第四步是在之前的基础上，转变和提升参与人员的思考模式，让他们学会思考需要达成的目标是什么，在此过程中彼此之间应该如何互动，大家可能有着怎样的假设，哪些事情会造成干预。第五步是共同诊断，从而找出公司问题的“优化解”和“根本解”、公司效能的杠杆点与诸如追求创新还是务实或着重当下还是未来等问题所体现的对立架构。第六步是通过绩效互动看 2 组对目标理解是否一致，一般来说，2 组对最终目标的理解都是一致的，但是关于市场目标以及战略目标的实现路径和策略却可能有不同的想法，比如有的组更强调宏观布局，喜欢从战略高度思考问题，而有的组可能更倾向于具体的行动计划。认真思考和探究这样的差异背后所隐藏的行为模式是十分有意义的。第七步是通过现场诊断了解个人的行为防御模式，比如有人认为事业部之间缺乏支持，但实际上更多的是他自己没有看到更多的深层次场景和内涵，这就需要小组成员一起去帮助他看清自己的行为与防御模式，并通过具体的场景分析，让他看清自己的盲区。在这个过程中，也可以鼓励大家多讲述一些具有正面意义的案例，一起去探寻更多的可能性，尽可能地把负能量转为正能量，并从中找到恰当的场景和正确的行为模式，进而深挖克服自身习惯性防御的办法。第八步是诊断发现行为模式的源头，通过鼓励大家积极展现出自己最真实的一面，并且彼此之间互相反馈，使得个体的差异性都能得到充分的尊重。

在诊断过程中，大家可以逐步从探讨 BLM 模型过渡到探讨各自的行为模式进而探讨如何驱动组织变革。从表面上来看，组织的变革仿佛是业务变革，但其实质是改变组织的思维和惯性模式，比如怎样在实现目标路径上达成一致、怎样去探寻组织分歧的源头、怎样去理解和争取各事业部之间的配合与支持等。

根据上述的引导和诊断，可以得出以下 5 个关于进一步行动和干预的结论：第一，在公司层面应该进一步加深对战略目标的理解，通过对一致性的强化来减轻认知差异；第二，进一步明确关键业务的核心边界，把业务聚焦到保证系统运营、保证交付规范和保证交付品质上来；第三，继续围绕关键区域负责人和核心交付流程做诊断，进一步找出关键任务和人才的现状与期望状况之间的距离，并制订改进计划；第四，针对一线和中后台的配合机制继续诊断，探索阻碍公司发展的原因并予以优化升级；第五，公司要通过强化文化氛围把决策团队的战略思想和规划通过各种渠道进行传播，使全体员工都能对公司的核心目标达成共识，从而提升管理质量，避免管理浪费的情况，推动公司持续向好发展。

Organizational Diagnosis

第四章

设计组织诊断问卷调研

问卷调研是挖掘组织症结所在的基本方式，从研究方式来说可分为描述性研究及分析性研究两大类。很多管理学家在孕育新理论、新模型的时候，都采用问卷调研的方式。问卷调研在组织诊断过程中还肩负着对组织从定性认知过渡到定量认知的责任。

问卷调研法是组织诊断最主要、最常用的方法，即通过设计问卷来了解组织和团队群体的意愿和建议，能够反映大多数组织的管理问题。依据不同的目的，可以根据不同的调查对象、结构、调查内容设计不同的问卷。对调查结果进行加工、分析、核对后所提出的相应的组织干预措施，组织群体也易于接受。

问卷调研法不仅能诊断企业运营状况，也可以用来分析单个管理部门的管理效果，是组织管理诊断中最有效的方法。

第一节　组织诊断调研的 9 个数据思维和数据导向的 13 项问题

问卷调研法属于抽样调查方法。如何设计好一份调研问卷？如何能让人们真实地填写信息？如何快速获取真实的结果？调研问卷一般先进行问卷架构设计，根据调研目的编制一套结构性的问句，并由答题者在不受干扰的条件下独立填写，在规定时间内收回，最后由组织诊断实施者汇总整理。设计问卷时必须注意如下 6 点：

- 问句贴切，用词正确，所问之处与调查目的相一致；
- 一问不能两答，语义明确，不要含糊其词；
- 不用威胁性的语句；
- 问句排列要合乎逻辑，便于回答者思考；

- 问卷回收率必须达到一定的比例；
- 分析问卷信度。

问卷调研法灵活性很高，它的优势是能以较低的沟通成本获得大面积的样本信息，同时对于很多在异地工作或者出差没有条件展开访谈的人员也可以采取问卷调研法。在实际操作中既可以采取全面调研，也可以采用抽样调查。

调研问卷的设计在组织诊断实施中处于重要地位。一般来说，如果答题者素质水平较高，问卷可以设计成开放式的；如果答题者素质水平较低，则尽量将调研问卷设计成封闭式的。在组织经营情况允许的情况下，建议组织一次问卷调研的专项填写会，虽然在这种集中的情况下，答题者思考的时间少，但是可以使答题者获得无干扰的环境，确保填写的独立性，更能准确地获得信息。

无论是现场填写还是非现场填写，都必须在规定的时间内收回调研问卷并进行汇总整理，因为只有将大量样本对同一问题的答案统计出来后，问卷才能真正发挥作用。传统的问卷调研渠道有 5 种方式（见表 4-1）。

表 4-1　5 种传统的问卷调研方式

问卷方式	报刊问卷	快递问卷	送发问卷	访问问卷	电话问卷
调查范围	很广	较广	窄	较窄	可广可窄
调查对象	难控制和难选择，代表性差	有一定的控制性和选择性，但回复问卷的代表性难以估计	可控制和选择，但过于集中	可控制和选择，代表性较强	可控制和选择，代表性较强

续表

影响回答的因素	无法了解、控制和判断	难以了解、控制和判断	在一定程度上，可以了解、控制和判断	便于了解、控制和判断	不太好了解、控制和判断
回复率	很低	较低	高	高	较高
回答质量	较高	较高	较低	不稳定	很不稳定
投入人力	较少	较少	较少	多	较多
调查费用	较低	较高	较低	高	较高
调查时间	较长	较长	短	较短	较短

随着时代的发展，人们每天在互联网上会产生大量的数据，无特殊情况，大部分都应用互联网或者软件进行调研。对于组织来讲，调研的过程就是获得数据的过程，通过数据挖掘可以进行组织管理调整以及干预策略的部署。因此，问卷调研不再是简简单单地回答问题，而是逐渐成为对各类数据的获取和挖掘过程，尤其是对于互联网公司而言，员工或者客户行为产生的数据就是企业最宝贵的资源。

一、组织中各项数据的挖掘

随着组织的快速发展和信息化时代的进步，每天都存在很多组织可调研数据分析方面的问题：如何分析组织调研数据？如何展示调研数据挖掘的结果？企业中各个部门如何最大化地利用数据分析结果？数据挖掘，是指从大量的数据中自动搜索隐藏于其中的有着特殊关系性的信息的过程。

组织调研数据分析在企业主要是由于业务需求驱动的，但从组织发展管理者角度来看，数据分析并不是简单地坐在那里等待诊断需求，那么，作为一个组织发展管理者，需要思考哪些问题呢？

思考 1：组织有什么样的资源？资源如何才能数据化？如何判断这些数据的准确性？如何长期监测这些数据？

思考 2：组织诊断需求具体是指哪些方面？具体需求与数据本身的价值如何进行关联？大量数据主要在哪些地方或人群中存在？这些数据的发生条件是什么？引入什么因素才可以改变这些数据？

思考 3：数据提取的模型是什么？需要单一维度提取，还是多维度进行筛选？呈现效果大概如何？

二、组织数据调研的 9 种分析思维

对于一个组织发展管理者来说，在做组织诊断工作时，最重要的就是数据分析的思维。同样的数据，使用不同的思维模式去做分析，可能导致的结果不同。一般，我们在对组织数据进行分析时采用如下 9 种思维。

1. 逻辑性思维

价值链是逻辑思维了解的基础，掌握各项数据中的关系。逻辑思维的关键在于掌握其中的关系，这就要求对关系中的事项了解、熟悉，并且能够细致地厘清，要清楚充分性和必要性的关系。从数据挖掘角度来看，就是指组织诊断需要哪些数据，如何获得这些数据，数据之间的关系如何。

2. 关联性思维

很多组织调研数据，需要站在具体岗位的角度去思考和分析才会理解场景条件，把一切相关的因素加进来，才能让数据说话。只有这样，数据、原因和问题的关联性才会更强。

3. 跳脱性思维

数据一旦大量涌入或者干扰数据过多时，分析就会陷入困境，这个时候就要跳出来，重新审视调研过程、建模过程和诊断过程，再决定是否进行调整、筛选。

4. 俯视性思维

随着数据逐渐盘活出来之后，首先就要换一个视角去审视，要站在更高的角度去看这些数据。站在更高的位置上，从组织长远、行业、组织外部环境、全局等角度来理解这些数据产生的意义。俯视思维能让我们对方向更清晰。

5. 下沉性思维

数据是一个过程的结果反映。我们通过数据可以找到更多的原因以及隐藏在现象背后的真相。但是，这需要我们具备下沉思维，对事物要细化，以便进一步进行分析。

6. 求同性思维

当一堆数据摆在我们面前时，表现出各异的形态，然而却要在种种的表象背后，找出其有共同规律的特点。关键是找到共性的东西进行分析，还要做到客观。

7. 存异性思维

每一个数据都有相似之处，同时也要看到不同的地方，特殊的地方就需要对实际情况、日常情况、个体情况和个体主观因素进行了解。

8. 断舍离思维

当从一个组织诊断实施者的角度看待数据时，往往能发现那些经常迷失方向的细枝末节并没有太多的意义。迷失方向，忘记了自己的价值，同时深受情绪困扰。这时，断舍离思维能发挥作用。关键是要用多种分析方法，多角度看问题，不要钻牛角尖，筛选出有效信息，摒弃无效或者不符合诊断需求的信息。

9. 结果导向性思维

问题发现是第一步。要正确分析问题，才能找到真正的原因、熟练地理解层次。要熟悉客观环境、员工的能力、行为的规律。

在组织诊断分析中，数据分析思维是框架式的指引，配合实际分析问题时还需要很多“技巧工具”。

三、问卷调研是清晰的逻辑方法论和精准的数据展示

我们在组织诊断过程中会面临很多问题。很多时候我们通过方法论来解决这些问题。即使没有方法论，也会有一些技巧来解决问题。方法论是关于方法的学问，也是关于研究的方法。大家都清楚，很多咨询公司能够快速了解一个行业或一家企业，并且在较短的时间内出具诊断和方案，这都是方法论的力量。咨询公司也因此产生了 7S 模型、波士顿矩阵、金字塔原理等一长串方法论和思维模型。许多没有行业经验的毕业生之所以在各大咨询公司也能做得很好，是因为他们掌握了系统的方法论。体系化的方法虽然不是咨询公司的全部，但可以说是一个关键竞争力。

1. 数据分析也需要方法论

组织诊断中的数据分析也同样需要方法论。这些方法就像经济学理论之于经济，如为了衡量经济发展状况，就发明了 GDP（国内生产总值）、GNP（国民生产总值）等概念；为了研究经济发展规律，促进经济发展，对这些数据进行长期监测就尤为重要。没有基本的理论或思维框架，就无法利用数据。除了基本的统计学方法，结合业务的方法更关

键，不是把数据呈现或分析出来，而是应用起来，为以后的决策做准备。

如果对互联网企业组织进行诊断，需要收集 PV（Page View，访问量）、UV（Unique Visitor，独立访客）、留存率等常用概念数据。这些概念虽然简单，但也是方法论的一种体现，好比制造业的产量、质量和成本。复杂一点的如 AARRR 用户增长模型、KNAO 卡诺模型等。当然，模型不是目的，也并不意味着了解了这些模型就能做好数据分析，但如果能掌握或总结较多的方法论或模型，会大大提升数据分析的效率和质量。

在组织诊断中，数据分析，是对数据背后问题进行分析，是为了提升认知从而描述现象或解决问题，好比建设一栋大楼，数据是材料，分析是吊装工具，最终的目的是高楼的使用价值。所以，数据分析工作同样需要思维能力，这样才能从单纯的数据分析变成业务敏感。如果没有与业务相关的方法论和数据分析思维，那么必然会耗费大量的精力在数据探索上，这并非组织发展管理者的本职。

2. 把调研问卷设计成一个小型的方法论

在调研问卷环节，数据分析中的方法论总体上有 2 种构建方式：学习和创造。

学习就是对现有的已经被广泛应用的方法论的借鉴，比如各种组织分析模型、业务领先模型、互联网受访者分析模型、运营分析模型等。

创造是从业务方的思维逻辑或关注点中抽离出方法论，将业务思维转化成数据思维。怎么创造方法论呢？可以尝试了解业务人员在组织诊断时所关心的那些因素，经过深入沟通确认大部分业务人员比较关心的就是客户群体规模和产品优势的匹配度。这个时候方法论其实就已经出来了，那设计问卷的时候就应更加聚焦组织外部、客户画像、产品构思和产品印象。

当然方法论设计不能完全这么简单，访谈对象不同，方法论构成因素也不同。对于组织诊断调研，最重要的一个工作就是在进行这样的工作的时候需要注意自己的工作特点、工作目的。一般来说，在做调研工作时需要很多技巧。在对方法论进行抽离的过程中，尽量找到合适的人。

四、数据导向的 13 项组织诊断问题

哪些问题能收集到数据？首先看数据的类型，一般分为 2 种：主观数据和客观数据。主观数据主要包括利益相关者对组织的看法和感觉，尽管他们带有强烈的主观性，但是由于这些主观数据往往能够反映现实，并且人们习惯于根据主观感觉来进行判断和做出相应的行为，所以要重点收集。客观数据来源于组织运行中的各种量化数据，为保证客观数据的全面性，需要基于战略确定组织诊断的量化指标体系，这也是一项很复杂的工作。

表 4-2　数据导向的 13 项组织诊断问题

调研项一：盈利模式管理诊断问题
1. 在所处的产业链中，组织处于哪一个环节？
2. 谁是组织的客户？
3. 为客户增加价值应采取什么措施？
4. 客户首选产品的策略是什么？
5. 组织盈利模式是什么？

续表

6. 真正的竞争对手是谁? 7. 竞争对手的盈利模式是什么? 8. 独有的市场价值或核心能力是什么? 9. 下一个盈利模式是怎样的?
调研项二：战略管理诊断问题 1. 是否已经制定了非常清晰的长期发展战略和具体的实施措施? 2. 影响战略实施的政策环境及行业发展趋势是什么? 3. 战略是否与成功要素很好地匹配? 4. 经营方针或战略目标员工是否认可和熟悉? 5. 在经营活动中是否存在重视财务业绩指标，忽略核心能力建设的情况? 6. 是否因战略规划存在不足，导致组织结构设置和调整随意性大，降低组织效率? 7. 对战略的理解和执行是否一致? 8. 现行战略是否发挥了组织的优势能力与资源? 9. 现行战略是否较好地防御了 5 种竞争力量? 包括行业新进入者的威胁、供应商的议价能力、购买商的议价能力、替代产品的威胁、同业竞争者的竞争强度。 10. 组织应付市场变动的策略与方法是什么?
调研项三：组织结构诊断问题 1. 企业组织结构设置是以什么为中心设置的? 2. 是否存在管理层级因日常管理授权不足而业务权限实际失控的现象? 3. 企业高层领导是否过多地陷入了事务性的工作? 4. 在日常管理中，上下级间的指令和汇报是否存在越级现象? 5. 职能部门能很好地服务企业运作吗? 6. 部门之间经常出现推诿或扯皮现象吗? 如果部门之间存在推诿或扯皮现象，其原因是什么? 7. 企业员工是否经常面临多个领导分派任务的情况? 8. 在某项工作中，员工是否能充分行使其建议权?

续表

9. 员工通过什么渠道了解公司的重要信息？ 10. 企业的管理制度能否得到严格执行？ 11. 您认为企业的组织结构是否臃肿、人员庞杂？
调研项四：制度体系与管理流程诊断问题 1. 企业是否具备完整的管理制度体系和标准的内部控制工作流程？ 2. 是否存在因标准化工作流程的缺失和部分程序执行不到位，无法通过标准化和量化的流程管理来积累管理经验？ 3. 是否存在因责任主体不明，时效性要求不高，导致决策 / 反馈效率低下的情况？ 4. 是否缺乏整合性的职能管理，部门、子企业之间协作不足，对内造成管理资源浪费，对外没有代表企业的统一标准？ 5. 是否存在部门之间工作流程职责划分不清，对于每个关键步骤的信息输入、产出及人物结构缺乏明确规范，导致绩效考核出现困难？ 6. 是否缺乏明确的流程规划和执行标准，员工缺乏遵循的依据，经常以个人经验为标准，事后难以评价绩效？ 7. 是否存在以部门或个人角度来考虑工作分配和实施，忽略整体资源共用的现象？
调研项五：企业文化诊断问题 1. 企业是否有明确的使命和目标？ 2. 是否对企业具有较强的归属感和自豪感？ 3. 组织如何更好地履行社会责任？ 4. 企业文化在基层是否能得到很好的贯彻落实，企业相关激励、考核、管理等制度是否与企业文化相衔接、统一？ 5. 如何更好地发挥企业文化的激励示范作用？ 6. 企业的危机防范与管理机制是否健全？是否建立了统一的信息对外发布制度和相应的发布机构？是否建立了突发事件处置工作机制？

续表

调研项六：技术研发能力诊断问题 1. 产品研发是否分为 3 个过程（即计划过程、实现过程和支撑过程）？（计划过程包括预研计划和开发规划；实现过程包括技术预研、产品平台开发、产品开发和市场导入；支撑过程包括项目管理、管理评审、方法工具、研发人力资源管理和产品维护）。 2. 技术研发计划是否与企业战略相匹配，是否作为投资管理？是否按集团相关要求逐步开展企业战略、主营业务、技术产品路标、研发预算、考核的一体化管理？ 3. 企业上马的技术研发项目的依据是什么？ 4. 企业今年和明年的研发经费是多少？研发费用占总收入的比例是多少？ 5. 对企业研发总体投入产出进行分析，如研发投入技术完成比例、商业化比例和最终获利比例怎么样？ （以研发总资源投入为基准，技术完成比例为能够产出技术成果的投入量所占比例，商业化比例为能够转化为商业化产品或服务的研发投入量所占比例，最终获利比例为企业带来持续盈利的研发投入量所占比例。）是否建立产品线核算体系？是否建立研发项目绩效评估机制？ 6. 企业研发项目技术档案是如何严格管理的，是否有严格的管理制度？ 7. 是否已推动建立技术模块化、产品平台化？是否建立内部研发成果复用机制？
调研项七：市场营销能力诊断问题 1. 是否存在营销管理的整体规划，是否能配合企业战略意图的实现？ 2. 各业务组织是否存在围绕销售展开，各自为战，缺乏资源共享与部门协调等情况？ 3. 是否存在市场职能弱化，为做产品而做产品、缺乏支撑强势品牌的主导产品系列，新产品开发能力弱的情况？ 4. 是否存在价格控制能力不强，定价因素以价格为主的情况？是否存在渠道覆盖面小，对渠道的控制力不强的情况？ 5. 是否存在售后服务不规范，不利于品牌建设的情况？

续表

6. 是否存在业务人员管理不善，导致流失严重的情况？ 7. 是否建立健全营销档案和销售合同管理制度？包括信用调查分析、合同管理、销售计划与记录。 8. 是否存在对客户的信息缺失，无法针对性制定政策，只能由业务员根据情况自由度量的情况？ 9. 是否存在现有业务体系中缺乏对产品的整体规划，仅就销售谈销售，所投入的资源在客户中无法沉积下来的情况？ 10. 是否存在市场的拓展手法单一，无系统、持续有效的市场推广计划情况？ 11. 是否存在诊断调研功能严重缺失，只能凭经验或印象推销的情况？ 12. 是否存在主导产品缺失，导致收入来源不稳定，也不能在既定产品上形成规模成本效应，影响盈利能力的情况？ 13. 企业的信用政策是什么？是否存在销售人员的指标是销售额而非利润，销售人员的提成也是和销售额而非利润挂钩的情况？
调研项目八：采购管理诊断问题 1. 采购工作中是否有相应的采购管理制度？采购管理制度是否符合采购内控管理要求？是否严格按照相应的制度执行？ 2. 是否依据企业战略、财务预算和生产经营计划规划采购管理？ 3. 是否有完备的供应商准入基准？是否经过严格的现场审核并存有记录？是否定期对供应商的各种资质进行重审？ 4. 是否制定了原材料本土化、国产化的目标和实施方案？方案执行结果如何？ 5. 同一类资材是否有多个供应商配套？ 6. 是否按年度制订资材降本计划和实施方案，并按季度审核完成情况？如未达成，是否分析原因并调整采购策略？ 7. 资材是否能够稳定不间断供应？是否存在因资材供应问题造成停产或者产能损失？如有，是否追究了供应商责任？ 8. 是否制定了库存管理目标？目标达成情况如何？采用了什么方法？ 9. 是否制定了主要资材的安全库存标准？依据是什么？

续表

10. 是否存在长期呆滞物料（超过 1 年未使用）？是否存在过期物料？产生的原因是什么？如何处理后续工作？ 11. 是否在采购管理中应用了较先进的信息化管理？供应链中上下游是否也采用了相应的信息化管理，是否有对接和信息共享？
调研项九：生产运营能力诊断问题 1. 生产运营管理制度和生产运营流程是否完备？ 2. 生产组织是否健全，是否存在权责不清的现象？ 3. 生产设备管理制度及设备管理维修档案是否健全？ 4. 生产的信息管理是否完善，生产车间原辅材料收发存统计是否健全，生产工时统计是否健全？ 5. 与生产相关的供应链管理制度和流程是否健全？ 6. 质量管理体系是否健全，是否发挥作用？ 7. 安全生产管理制度是否健全？
调研项十：人力资源管理诊断问题 1. 企业是否有明确的人力资源方针、政策？ 2. 人力资源管理组织是否适应企业特点和规模？ 3. 企业员工是否了解企业人力资源方针、政策？ 4. 人力资源管理制度是否健全？ 5. 有无完整的考核制度和严格的考核规程？ 6. 人力资源记录是否完整、实事求是？ 7. 人力资源考核方法、程序是否适应不同考核目的和不同考核对象？ 8. 人才培训是否在职务分析基础上进行？ 9. 人才培训是否与能力开发有机结合？ 10. 人才培训的重要作用是否被重视？ 11. 工资总额诊断，包括工资总额如何确定；工资总额是否反映员工意愿；是否考虑了人工费用的支付能力限度？ 12. 工资体系诊断，包括工资制度是否与企业经营方针、生产性质相一致；是否能吸引人才、调动员工积极性；存在的问题？

续表

13. 工资、奖金激励结果诊断，包括工资奖金结构；工资奖金能否体现职务差别；提薪、晋升的方法是否适合且制度化？ 14. 人员任用是否有计划依据职务要求进行？ 15. 对新进员工如何管理、评价？ 16. 能否做到因事择人，人适其职？ 17. 对能力不适者如何处置？ 18. 是否实行能力晋升制度？
调研项十一：财务、资产、金融管理诊断问题 （一）资产、金融管理诊断问题 1. 资产管理的核心目标是什么？ 2. 实现资产管理的核心目标，要重点做好哪些工作？ 3. 是否建立了相应的资产管理制度体系？ 4. 资产管理制度是否得到有效落实？ 5. 对于产业基金投资，是否有相应的人才储备？ 6. 对于产业基金投资，是否具备良好的行业研究能力，为投资项目提供充分的投前分析？ 7. 对于产业基金投资，是否具备完善的投资决策体系？ 8. 对于产业基金投资，是否具备完善的风险管控体系？ 9. 对于产业基金投资，是否具备有效的投后管理体系和手段？ 10. 是否建立产业基金投资项目退出机制？ 11. 是否具备完善的产权管理体系？ 12. 资金集中管理的目标是什么？ 13. 是否建立了完善的资金集中管理体系和资金集中管理制度？ 14. 当前资金集中管理的薄弱环节有哪些？ 15. 资金集中管理信息系统建设进度情况如何？已建设资金集中管理信息系统能否有效支撑业务发展，未来建设的重点有哪些？ 16. 是否实现资金链对产业链的深度覆盖，未来的工作重点有哪些？ 17. 是否建立了完善的短期投资管理制度？

续表

18. 是否建立了健全的短期投资决策体系与风险控制体系?
19. 是否建立了短期投资业务审计稽核制度?
20. 现行短期投资决策体系效率如何,能否适应市场环境的变化?
21. 现有的境外资产资金管理模式是否能适应业务发展的需要?
22. 是否具备境外资产资金管理的能力和专业人员?
23. 是否已经建立完整的境外资产资金管理体系和相关制度?
24. 境外资产资金管理业务流程是否清晰?
25. 是否对境外资产资金管理建立完善的风险管控机制?
(二)全面预算管理诊断问题
1. 是否已树立全面预算管理理念?
2. 是否已建立符合组织实际的全面预算管理体系?
(1)是否建立全面的预算管理组织体系?已有的全面预算管理组织体系是否包含决策机构、工作机构及执行机构,且分工明确;全面预算管理体系中各机构是否有明确的权责,并在实际预算管理工作开展中履行相关职责?
(2)是否建立全面的预算管理制度体系?已建立的全面预算管理制度体系是否符合相关法律法规的要求;全面预算管理制度是否涵盖全面预算管理工作的各环节,对全面预算管理工作是否起到规范及指导作用;全面预算管理制度是否得到了全面、切实的贯彻执行?
(3)是否引入对标管理?是否建立对标数据的收集整理机制;是否将对标管理应用于预算目标的制定及预算管控等工作中?
(4)是否对预算执行情况进行监控与分析?是否对预算执行监控进行动态监控;是否及时反馈预算执行的进度与效果;是否定期对预算执行情况进行分析;预算执行差异分析,是否能够深入分析原因并提出应对措施;是否能够及时修正预算执行偏差?
(5)是否进行预算执行结果考核?是否制定预算考核指标,考核指标对于促进全面预算管理工作是否有推动作用;是否建立预算执行结果非合理性偏差问责制;是否建立行之有效的预算考核评价模型?

续表

（三）财务管理诊断问题 1. 组织的存货周转率处于行业什么水平？存货是否存在跌价风险？ 2. 组织的应收账款处于行业什么水平？ 3. 组织的应收账款是否存在坏账风险，如何加强管理？ 4. 组织如何进行信用管理，是否采用了信用产品，采用了哪些信用产品？是否很好地利用了信用资源？ 5. 组织降本增效的措施主要有哪些，突出成绩主要有哪些？是否建立了成本考核激励机制？ 6. 组织是否合理利用了财税政策？如何评估税务风险？ 7. 组织管理制定涵盖经营管理的哪些方面，是否对原制度体系进行定期梳理完善？ 8. 组织财务分析主要分为哪些层面？是否建立了财务分析评价体系？ 9. 日常报表（月报、快报等）、年度决算报表及其他重大会计信息在对外报出之前，经过怎样的审批流程？ 10. 组织是否定期对采用的会计政策和会计估计合理性进行回顾和测试？
调研项十二：信息化能力诊断问题 1. 是否依据集团战略部署进行信息化建设？是否制定了组织的信息化规划？若有，信息化规划是否与企业战略和业务规划保持一致？ 2. 企业内部的主要管理流程、主要业务和决策分析等领域是否有相应信息系统的支撑？信息化系统与业务支撑需求的匹配度如何？ 3. 是否有专职的信息化管理机构或人员？信息化工作管理制度及相关流程是否健全？ 4. 企业已经建成的信息化工程有哪些？按照信息化规划还缺哪些？ 5. 企业母公司、子公司之间是否有基于互联网的信息沟通渠道建设，并形成一个有机结合的整体？ 6. 是否完成整个企业内的网络系统建设，实现基于网络的各种应用？如母公司、子公司之间的数据传输、视频会议、远程办公、远程考核培训和远程共享资源等。 7. 企业在信息安全管理方面的组织保障和技术手段是否健全？

续表

8. 是否存在企业和行业内外合作伙伴的信息共享与交换？ 9. 是否建立信息化项目绩效评估和成本效益分析机制？
调研项十三：法律及知识产权管理诊断问题 1. 就建立法律风险防范体系而言，企业法律事务管理制度和流程是否完善，包括但不限于法律文件审核、合同管理、诉讼管理等制度？企业各项重要制度、流程中是否都植入了法律风险防范环节？ 2. 企业是否有独立的法律事务机构和充实的法律管理人员？企业的法律管理人员是否具有良好的专业素质和经验？法律工作是否实现了“三个转变”？ 3. 合同管理是否做到了全过程监控？ 4. 法律人员在参与重大合同、项目、决策过程中，能否做到事前参与？ 5. 企业的合同、规章制度、重大决策是否能做到百分之百法律审核并有制度保证？ 6. 企业是否定期进行有针对性的普法宣传？是否全员都具有一定的法律风险防范意识？ 7. 企业是否根据自身经营情况制定了知识产权相关的管理制度、流程？主要有哪些？ 8. 涉及技术研发与产品开发的企业是否有明确的知识产权管理部门以及专业人员？人员专职化情况如何？ 9. 企业专利申请的内部审核制度与流程是否完善？ 10. 企业知识产权相关资料、信息的管理是否规范、完整？ 11. 企业是否设置了对聘请的专利代理机构的管理标准、管理方法？ 12. 企业是否定期关注竞争对手的专利态势？ 13. 企业是否定期关注国家和组织所在省市区的知识产权扶持政策？能否积极有效地运用上述政策？

很多问题的答案都是一种描述性语言，这就需要定性分析进行一定非数字数据的提炼。除采访记录和开放式调查问题的回答外，还有会议纪要、演讲、制度、笔记以及广告、新闻和社交媒体帖子等内容。

最基础的定性分析就是频度。除了基本的数据记录和存储之外，简单的文字处理程序也可用于一些基本的数据分析。例如，可以使用“查找”或“搜索”命令直接转到包含关键字的条目。高级一点的分析如调查响应、可视化的结果、检查数据、搜索长文本、研究单词频率、创建交叉标签，使用定量分析方法二度分析等。

当下，不仅是对文本进行分析很关键，对图像、音频、视频、网页、社交媒体帖子、电子邮件等综合采集数据进行高级分析也尤为重要。这无疑增加了数据分析的挑战。也有很多的定性分析程序软件让数据统计工作更加高效、系统、科学严谨、易于理解。调研平台的强大之处是会增加定性分析的样本量和算法，通过调查平台、社交媒体、电子邮件提供商和管理参考文献的软件导入。统计和可视化工具使模式和趋势易于查看和共享。并通过阐明数据中的连接以及可能无法看到的有关它的见解来进行分析。

对于这样的变化，组织发展管理者须具备 9 项基本要求：

- 会用一款或以上的数据分析工具；
- 经常浏览数据统计的网站；
- 在数据分析前先进行调研；
- 在分析数据的时候时刻明确诊断目的；
- 了解数据采集的方式以及数据内容和质量内容；
- 熟悉组织诊断的关键维度；
- 做一个饥渴的探索者；
- 在企业内部能够与其他同事有效沟通；
- 让大数据充分影响组织决策。

第二节 组织诊断问卷设计

移动互联网不仅减轻了组织诊断实施者的工作量，还让大家体会到了诊断调研的红利。但同时也存在弊端，对问卷的重视度大大降低。公司有微信公众号的话，在微信投票功能里发布投票，最多10个选择题，题干不能超过35个字，这就是一种问卷。或者应用一些外部链接，到专门调查平台上发布投票。而调查平台上的诸多模板和即时的数据生成，让很多人觉得诊断问卷不必设计。如果有这种印象存在，无论是问卷的设计者，还是问卷的答题者，都会将组织诊断推向一个误区，而且影响到后续决策，以及行动计划，乃至公司本身。

一、如何设计诊断问卷？

组织诊断的调研问卷首先要考虑的是设计定量问卷。定量调查是指选取一定数量的有代表性的样本来做以封闭式问题为主的问卷，调查结束后收集数据并进行分析最终撰写报告。

定性研究能让组织诊断实施者们洞察答题者在什么情景下，为什么会有这样的表现，感受如何。但是定性研究不会准确告诉这些特征和趋势在整个答题者群体的普遍性。只有定量研究才能确定答题者的量。问卷的终极目标：验证或提供某个问题的因果解释，即解决问题，其次才是描述情况。

以下是组织诊断调研问卷设计中常见的一些问题：

- 问卷不能反映实际人群，不具有代表性，问卷没有价值；
- 问卷设计的题目和选项有误，没有统计价值；
- 诱导性问题，诱导答题者迎合你的个人想法去做选择；
- 问卷逻辑问题，只局限于描述情况，不能解决问题，问卷价值不大。

调研问卷设计的内在逻辑是意图→假设→维度→题目。从调研意图出发，可以衍生出一些具体假设。如果条件允许，可以先对目标群体做个访谈，帮助我们拓展思路和形成假设。每一个具体的假设都揭示了应该测量哪些维度，而每个维度可能需要用多个题目去验证。“目的→假设→维度→题目”这个架构帮助组织诊断紧贴调研目标去思考应该提出哪些问题。

组织诊断问卷调研，每一个问题都需要有存在的绝对理由。因为 30 个题目的问卷大概就需要受访者花费 20 分钟去填写，如果超过 20 分钟，问卷的回应率和答题质量都会有所下降。

很多企业高层，甚至组织发展管理者都没有把问卷设计放到一个很重要的位置上。很多时候，组织诊断的问卷是由专员，甚至实习生完成的。他们一般都是在网上查找一些问题，拼凑一下，问卷也是全员下发，最后算个平均数就万事大吉。许多问卷调查，与其说是调查，不如说是制造数据来验证自己大脑中已有的判断。

组织诊断调研问卷一般由主题、导语、正文、结束语 4 个部分组成。

1. 主题

一般包括调研对象、调研内容等方面，主题一定要写清楚调查的范围和方向，避免用一些模棱两可的词语。主题是为了点出整个调研问卷的目的和内容。一定要一目了然，增加答题者的兴趣和责任感。例如，“新媒体对组织影响的调研问卷”这个标题，把调研对象和被调研对象以及调查内容直接表达出来，十分鲜明。

2. 导语

导语是调研问卷的目的以及意义，因为调研问卷一般是面向员工进行的，所以导语不仅要向大家介绍一下调研问卷的背景资料，而且还要宣传说服，使答题者认识到调研的意义，从而自愿接受调研，导语一般放在调研问卷的开头，篇幅不会太长，这样不仅能体现出调研的正规性，而且能消除答题者的疑虑。这一说明能够引起被调研者的重视与支持，对提高问卷回收率与可信度有非常重要的作用。例如，“我们是 ×× 诊断项目组，目前就组织效率的看法做一次调研，占用您 10 分钟时间帮忙填写问卷。本次调研采用不记名方式，请放心填写”。

3. 正文

正文是调研问卷的主体。正文主要是一些调研问题和答题者的基本信息。答题者的基本信息一般不会包括住址、电话等私人信息，只包括用于分析的性别、年龄、职务、教育程度等，这些内容可以了解不同年龄阶段、不同性别、不同文化程度的个体对待被调研项目的态度差异，在调研分析时能够提供重要的参考作用。

4. 结束语

在调研问卷的最后，一定要写上结束语，结束语一般包括本次调研活动的重要性以及对被调查者的感谢。例如，“本次调研问卷做完了，感谢您在百忙之中抽出时间配合调查工作的进行，谢谢您的积极参与！您的答案对我们非常重要，祝您工作和生活愉快”。结束语不仅能体现调查者的礼貌，而且会让答题者感受到温暖。

二、调研问卷设计的前期工作

做问卷，显然要划分问题的范围，如想知道哪些方面？想解决什么样的问题？获取哪些信息？这是问卷的总方向，如果这里出现偏差，那么之后的工作基本上是徒劳的。同时要有理论基础，有一定的组织诊断模式，可以阅读相关的行业研究报告或类似的可靠的问卷调查研究，这有助于避免错误的方向，同时也提供了新的思路。如果有条件的话，可以找到相关的数据并做一些数据分析，这对今后问卷的设计和分发以及数据分析都有很大的帮助。

1. 预判的定性研究

预判的定性研究的优势在于可以首先确定目标人群。以前的研究可以确定目标受访者，了解答题者需要满足的条件，以及采访目标受访者。定性研究的目的主要是了解他们想要了解的领域以及他们想解决的问题。他们怎么想？我们怎么看？

预判的定性研究可以保证选择的完整性和替代性：初步定性研究、焦点小组、深度访谈、观察方法可以提供详细、具体的价值和行为信息，涵盖普遍行为等信息，使答题者在填写问卷时能尽可能找到答案，从而测试他们的普遍性。此外还可以在答案选项中添加“其他”选项，允许答题者自己填写答案。

2. 提出组织诊断结果假设

在全面分析定性的资料报告和访谈之后，提出组织诊断的结果假设，如问卷是探讨企业受访者是否可以使用社交 App 来促进组织效率的行为。在定性访谈结束后，假设不同情景下的受访者在操作上存在差异，在应用程序的使用上存在一定的情景、特定的客户群体和有一定概率。在问卷调研中，提出的假设很容易被取代。

三、调研问卷逻辑设计

调研问卷逻辑设计是问卷的灵魂。各项工作都是前期围绕假设情况进行的推理演绎。

1. 围绕假设，根据影响因素形成问卷逻辑

一个普通答题者在组织内部的行为有较多的影响因素。不同的工作场景、工作中是否有同事、性别、年龄都会成为组织问卷调研结果的影响因素。形成逻辑的过程要模拟受众的情况，可能已婚有小孩，出行场景较多，意味着希望有生活和工作的平衡，更多地从生活的角度考虑组织建设，更有安全感和弹性。

2. 围绕假设，设置题目编写问卷

根据上述影响因素，问卷自然而然会偏重去了解性别、年龄、办公条件、工作场景、工作同伴。在这个环节，除以上领域外，最好能够多设置一些问题，以了解员工的其他方面，毕竟无法保证提的假设就一定是准确无误的，如果出现了假设以外的问题，还可以在一定程度上进行补救。

问卷逻辑设计时有一些原则和规律可循。

- 对问卷各个模块进行区分，比如甄别部分、重点部分、个人信息部分；
- 如果将重点问题放在问卷前半部分，受访者很快会感到疲惫，越到后面，问卷的信度、效度就越会下降；
- 先问受访者最近发生的事情，后问受访者以前发生的事情；先问

受访者行为方面的问题，后问受访者态度方面的问题；

• 问题设置要顺理成章，避免“跳跃式”提问，在实际调研中，受访者参与度和配合度较低，很容易丧失耐心，因此应顺着受访者的思维设计问题；

• 题干设置要通俗易懂，易于受访者理解；

• 题目选项设置三原则：选项分类在同一纬度，选项之间不包含、不交叉（MECE 原则），选项穷举；

• 需注意选项时间设置是时间段，不是时间点，且注意时间段的节点包含，时间段设置要符合人们的常识性与习惯性。比如，想了解受访者对工作的熟悉度，就需要一个时间段的概念，可以多设置 1 道题目。

四、调研问卷选项设计

在确定设计问卷整体逻辑之后，就需要细化每个问题的选项。在设计选项之前，要明确一个概念叫问题类型：问题类型直接关系到组织诊断者会不会收集到预期的数据。以下是具体类型：

• 封闭式问题。封闭式问题就是用“是或者不是”“有或者没有”进行回答。

• 开放式问题。需要答卷者把自己的答案写下来，组织诊断者可以在这类问题里得到更多的细节。

• 排序式问题。排序式问题是用来调查答卷者对所提供选项的有限排列顺序，此类问题的分析结果往往是百分比。

然后就是问卷的正文了，在设计问卷正文的时候要注意以下几点：

一是问卷的内容要精简。在设计问卷问题时要把问题分为 3 类：哪些问题是一定要问的、哪些问题是可以问的、哪些是不需要问的。不要为了显示工作量问一些可有可无的问题，否则答卷者回答的质量会下降。

二是用简单的语言和语法虽然可以圈定某一类特定的人，但是他们会有不一样的理解能力、教育背景等个人影响因素，一定要保证你问的问题大家都能不费力地看懂。如果无法避免使用专业词汇和单词缩写，要进行解释说明。

三是从有趣简单的问题开始问起。有趣简单的问题可以更好地吸引答卷者的注意，给答卷者带来这份问卷很有意思的感觉。问题的排列顺序要有梯度。

问卷选项设计的要求是选项清晰、易懂、易回答，同时能反映调查目的，便于总结、统计和分析答案。通常有以下方法：

1. 无限制陈述

无限制陈述也叫自由叙述，指的是并不需要设计可选择的答案，让答卷者可以自由表达自己的意见，并且不对他们的回答施加任何限制。

2. 完形填空

将问题设计成不完整的陈述语句，并由答卷者完成句子。组织诊断实施者审查，并确认其中存在的想法和观点。

3. 是非选择

是非选择也叫二元选择，只有两个答案，通常是两个相反的答案，要求答卷者只能选择其中一个回答。

4. 多项选择

多项选择的结构比较灵活，有多种答案。可以根据要求或限制选择一个答案或多个答案。在采用多种选择方法时，应注意多个答案必须预先编号，以便于数据的统计整理；答案应包括所有可能的情况，但不应重复；选择的答案不应该太多。

5. 价值排序

价值排序是指组织诊断实施者准备几个问题的答案，并要求答题者根据自己的喜好或者价值程度来排列出先后的次序。

6. 利克特量表

它是由伦斯·利克特（Lens Likert）按正规量表法设计的。它的设计目的是，让被调查者在“非常同意”“同意”“中立”“有点不同意”和“非常不同意”的 5 个层次上做出符合他们想法的选择。

7. 语义差异

语义差异量表使用极性修饰语来评价某事物。极性修饰语之间有 7 个层次，表示答题者的态度程度。

8. 数值分配量表

数值分配量表是指调查者规定总数值，由被调查者将数值进行分配，通过分配数值的不同来表明不同态度的测量表。数值分配量表常用于对某种商品不同规格、牌号的消费者态度调查。

调查研究，本来是市场学、社会学中的方法，引用到组织诊断上来，注定是一门交叉学科的技能。选项的设计要尊重方法论和模型，同时隐含在背后的思路以及思路的拓展应用才是最值得花时间和精力学习的地方。

五、确定调研问卷周边：测试、发放方式和发放量

问卷题目设计出来了，剩下的是一些发放前后的周边设计的工作。分别是问卷测试、发放数量、发放时长、回收检验和反思总结。

1. 问卷测试

在组织诊断问卷调研前，尝试性地发放一些问卷，找 5-10 个人试

做帮忙纠错，可以找同事、目标受访者等，及时修正问卷的错误并确定最终的投放问卷。在正式投放问卷前再问自己几个问题：

- 问题的完整性如何？
- 想了解的目的与实际问出的问题相匹配吗？
- 事后都是可统计 / 有意义的吗？
- 事后是否可整理？整理的成本多大？

2. 发放数量

在组织诊断问卷调研里，关注的是代表性，而非数量。一些调研经常会用样本数量来证明调查结果是真实的，比如全员都回答了问卷，这其实是错误的，样本再大，调查人数再多，如果是有偏颇的，那也是没有意义的。一份包含 15 个问题的有效问卷，数量要达到 200 份以上，这样的比例能够进行进一步分析。

3. 发放时长

组织诊断问卷在线投放时间一般为 1-14 天，取决于问卷回收的目标样本量。有时也会委托咨询公司等第三方调研机构投放问卷，以保证数据结果的客观中立。

4. 回收检验

回收时要做问卷有效性检验：将没有完全作答的题目、问题回答有逻辑冲突、回答时间短、选中无关选项等的无效问卷剔除。对回收的问卷，在剔除无效问卷的同时要统计有效问卷的回收率。保证有效问卷率，也是获得真实可靠资料的保证。一般来说，回收率如果仅有 30% 左右，资料只能作参考；50% 以上可以采纳建议；当回收率达到 70%-75% 时，方可作为研究结论的依据。因此，问卷的回收率一般不应少于 70%。

数据分析可以通过一些数据分析软件，如 SPSS 分析数据。用 Excel 也可以实现，输入公式，自动获取统计结果。

5. 反思总结

完成后，要进行反思和总结，只有积累更多的经验，才能获取更好的体验。

- 这份问卷在多大程度上达到了设计目的?
- 有哪些地方不尽如人意，为什么?
- 这些地方如果可以在下一次进行改进，应该怎么做?
- 如果不能改进，还有更好的解决方案吗?

第三节 组织问卷的有效性

一、问卷问题设计常存在的5个错误

在进行问卷设计时，人们通常会犯以下5个错误。

第一，问卷中的专业词汇过多，相对难懂、复杂。问卷设计者一方面可以将专业术语转化为通俗易懂的语言，比如涉及“BSC”的问题，可以改成“平衡计分卡”。另一方面在设计问题时尽可能减少使用复杂的长句子，比如“您同不同意一些办公场合禁止带酒水的规定？”这种含有双重否定结构的句子极有可能导致被调查者的理解障碍，从而产生回答偏差，如果改成“您同意办公场合不允许带酒水的规定吗？”那么问卷设计者想要表达的意图将更容易被读懂。

第二，问卷中的一些问题带有某种程度的倾向性，使得被调查者被引导着选定某个答案。比如“您认为办公格局怎么样？”就比“大多数人都认为办公格局十分合理，您怎么看？”要客观得多。再如，为了避免“主体诱导”的情况，可以把问卷中涉及专用名词的几个问题按类别分散在问卷的各个部分。

第三，问卷涉及被调查者不愿公开陈述或表态的敏感问题。比如，犯罪情况、偷税漏税、私人财产、办公室丑闻等问题。如果直接被问起就会导致被调查者出现敌对情绪，从而影响答案的可靠性。如果设计问卷的目的是调查这些问题，那么可以采取释疑法、转移法和假定法对其进行处理。释疑法是指在问卷的开头用解释性的语言亮明调查主体的身份，说明调查的目的，恳请被调查者积极配合和客观陈述，并强调被调查者的个人信息与回答会被严格保密，从而打消被调查者的顾虑。转移法是指在询问的过程中，把问题转移到别人的身上，让被调查者对他人的回答做出评价。假定法则是指询问被调查者对某类假定现象或情景的看法，比如“假定疫情期间政府对到某些低风险地区旅游的行为予以物质补贴，您会选择到该地旅游吗？”

第四，问卷中某些问题的表述可能存在歧义、含混不清的情况。一种情况是某些词汇本身表意就不明确，比如几乎、很多、相当多、很少、偶尔、经常等词，不同的人可能会有不同的理解，因此在问卷中这些表述最好都换成精确表达的数量词，比如“很少”换成“低于一次”，“偶尔”换成“三次到四次”。还有一种情况是某些词的指向不明，比如“您一般几点上班”中的“上班”到底是指何时在公司开始工作还是何时离家呢？最好改为：正常情况下，您几点离家去上班？

第五，当一个问句涉及两个及两个以上的问题时，被调查者给出的答案一般很难符合调查者的目的，比如“您认为出差时动车和飞机哪个更准时安全？”“您认为公司产品的原料和味道怎么样？”这些问题实际上都不只问了一件事，应该分开提问。

调查问卷是记载调查内容，设计出以问题的形式体现的调查表。问卷问题的语言和措辞都是非常关键的，要求简洁、易懂、不会被误解，并且被调查者能够乐于作答，这就需要掌握一些措辞语言技巧。

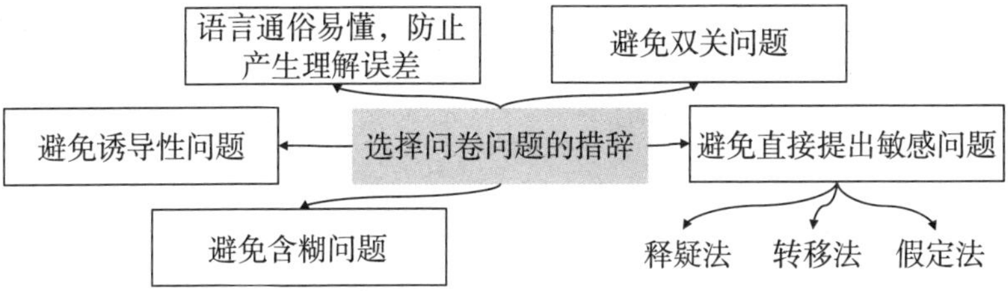

图 4-1　问卷措辞原则

二、如何判断设置的问题是有效的

当问卷设计好之后，可以从问卷的效度，也就是设置的问题和答案与理论变量的符合程度，以及问卷的信度，比如不同答题者对问题理解的一致性、答题者给出可靠答案的可能性这 2 个方面来检验其有效性。

要保证问卷的信度，问卷设计者可以先进行自我提问，问卷中的句子词汇是否通俗易懂？语义表达是否完整并陈述清楚？单独的问句里是否含有多个变量或多重语义？一个问题里的多个变量之间是否存在某种关系？比如，“您每个月出差消费超过 1000 元的次数是多少？”这样的问题对于调研对象而言就需要思考 2 轮，一轮是他每个月会出差几次，另一轮是消费超过 1000 元的次数。这些问题如果直接分开询问，就会大大提高问卷的信度。再如，“去年您向公司老师请教过几次？”答题者就会想请教的对象是指行政老师还是心理老师，是组织发展老师还是内训老师，请教的方式是当面询问还是写邮件或者打电话等，请教的内容是生活上还是绩效上……信度不高的问题会给答题者答题带来很大的干扰。总之，要提高问卷的信度就要尽可能让问卷中的每一个问题都能够得到所有被调查者的真实可靠的答案。

除了问卷的逻辑和措辞的信度，调查者还必须重点关注问卷的效度。保障问卷的效度除了通过调查者自检，还可以通过焦点小组讨论、问题分类、预调查的方式来进行。自检时最好暂时先将问卷放在一边，直到问卷内容忘得差不多时，再根据定义来判断问题的优劣，而要判断问题的质量，最重要的就是要明确态度和行为的含义，比如“我常常向部门内部人请教”，这种行为背后的观点不是“我的部门内部人员很好”，而是“向部门内部人员请教是个好主意”。另外，还可以通过修改近义词的办法来调整语义表达不明的情况。焦点小组讨论是指在大规模调查之前抽取 10 人左右的调查对象组成焦点小组对问卷展开讨论并各自分享对每个问题的理解，如果有理解困难的地方，调查者就要追问产生困难的原因，并根据反馈意见修改问卷。如果组织在展开的研究中急需效率，也可以采取专家评审法，即请有经验的学者来实现这个过程。问题分类法主要分为 2 步：第一步，调查者先把所有的问题一个一个地分别打印在不同的小卡片上，然后邀请 5 位左右的被调查者在没有得到任何问卷相关解释的前提下，对问题进行分类。调查对象得出的结果可能会与调查者最初的预想并不相同，需要记录造成差异的原因，并计算反映被调查者之间理解一致性的同意程度，同意系数越高，问卷的效度就越高。第二步，研究者根据之前的情况修改好问卷之后，再邀请同样数量的对象展开同样的调查。这样的步骤可以重复进行，从而不断降低误解问题的可能性，直到调查者满意为止。最后一种方法是预调查，即先抽取 100 人左右的调查对象展开调查，然后把收集到的数据计算聚合效度和区别效度，在根据统计结果修改调查工具的基础上，再展开大规模的调查。

在实际调查过程中，倘若专家不易请到，调查者自检和焦点小组法是相对常用的。倘若问卷中涉及难以理解的概念和相对复杂的问题，那么预调查和分类测度法更适用一些。

三、如何确认调研问卷的信度与效度?

在组织调查与问卷评价中有 2 个概念十分关键：一个是信度，另一个便是效度。信度和效度是设计组织调查的问卷设计与问卷评价的评估指标框架的理论基础。信度与效度的质量高低直接关系组织调查与问卷评价的最终效果。

信度是指数据的客观性与可靠程度，也就是说，所得的数据能否真实反映客观事实，而不是任意填报的。在进行数据分析之前，为了便于检验数据的信度，需要从同一问题的不同侧面涉及调查指标，同时要有意识地设计出某些检验项，并针对同一组样本展开多次测量，从而保证每一个指标项都经过精心设计。如果是基于小样本的调研数据来分析信度，那么准备工作则主要包括校验项的一致性检验、复本数据的一致性检验、总体属性和子属性的一致性检验和针对相关数据进行的一致性检验 4 个方面。

检验信度的方法主要有 3 种。

第一种是在调研指标体系的设计层面，通过设计针对调研问题的总评价项的子指标项来印证调研数据的可靠度，比如在对新成立的组织部门的评价中，可以先设计一个总体评价这个部门的问题：您对这个部门职能的总体评价是几分？然后再分别从工作反应度、部门建设能力、员工情况、职责履行质量等角度设计调研问题来核验之前得到的总体评价数据的信度。一般来说，如果问卷中的主要问题都是正向的，那么充当校验项的问题就可以设计为逆向问题。

第二种是采用逐步修正法和德尔菲法等方式从调研操作层面完善

调研指标体系，从而防止由调查信度不够而引起的调查结果偏差。逐步修正法是指把初步完成的调研指标体系在小范围内试用，然后将试用过程获得的数据进行分析，如果发现其中有覆盖面不够完善或者容易引发误解的地方，就及时予以修正。德尔菲法是指邀请相关领域的专家对已经完成的调研指标体系进行把关和指正，从而确保其科学性。另外，一定要重视调研过程的规范性，除谨慎挑选调研对象外，还要督促调研对象认真填写数据，尽可能保证数据的客观性和可靠度。

第三种是通过技术层面方法来检验数据的可靠性，目前通用的方法主要有检测由多次测量同一份问卷或评价指标体系获得的几组数据之间的相关系数的重测信度法、检测复本问卷测量数据与之前所得结果相关系数的复本信度法、检测把围绕某个问题设计的若干个测量项分成两组测量所获得的数据之间的相关系数的折半信度法和检测反映相同特点的若干个测量项之间的一致性水平的克朗巴哈系数法，这 4 种方法检验所得的调研数据的相关系数越高，就说明调研数据的信度越高。

效度指的是调研能够有效揭示调研问题的规律和本质的程度，它要求测量结果尽可能客观、全面地反映出调研目标的特质，从而保证相应的调查或评价项目的结论的价值和有效性。测量指标体系的覆盖度和区分度，即测量指标体系的质量与测量数据的信度，也就是调研对象所做出的回答的可靠性，共同体现出该项目效度的水平。可见，效度的实现离不开可靠的信度。

分析和检验调研指标体系的效度主要有 2 个思路：一个是德尔菲法，即借助行业专家保证研究指标体系的覆盖度和合理性；另一个是自检验法，即通过小范围测量已经初步形成的问卷，检验其中每个调研指标的可理解性。另外，为了避免多测量项的过度重叠，可以使用基于变量的差异性检验技术。

在展开具体的组织诊断调研时，为了确保调研数据的信度和效度，一般有3种选择。第一，直接使用所研究的问题对应的权威量表。第二，若权威量表不存在或者不能完全反映当前的研究问题，再另外设计新的调研指标体系或者基于已有的量表进行修改和补充从而构造完全满足当前调研目标的指标体系。第三，自行开发和设计的指标体系一般缺乏完备性和科学性，因此最好能够邀请相关专家修改和完善该指标体系，进而提升其信度和效度。

第四节　数据统计与最终呈现

一、11 个问卷数据可视化的设计技巧

在完成一项大型调查后，把研究结果传递给读者的最有效的方法是，通过分析调查结果找出数据的发展趋势，进而建立可视化调查报告，以加强读者的理解。

这里介绍 11 个设计可视化报告的技巧。

第一，挖掘出杂乱无章的数据背后潜藏的逻辑，按照清晰的逻辑顺序进行展示。

第二，数据有时并不能说明问题，因此最好能为读者提供可参考的背景信息，从而使读者能够在一个完整的上下文中理解特定的故事。

第三，除了必要的信息，其他那些花里胡哨的形式很容易分散读者的精力，反而会使读者难以准确获得数据背后的信息，因此设计者应该尽可能保持调查报告的简洁性。

第四，保持图表的简洁性并不意味着可以省略一些关键信息，最重要的是要帮助读者更好地理解数据，因此，设计者必须重视信息量与简洁性之间的平衡关系。

第五，不同的图表有着不同的表达重点，比如折线图主要是展示数据的发展趋势，而饼状图则主要是展示数据之间的比例关系，因此设计

者要根据数据信息的特点来选择图表，以免产生混淆。

第六，任何调查都可能存在误差，把调查结果可能存在的错误如实地告知读者，是设计者应尽的责任，这样才能最大限度地拉近合作双方之间的信任。

第七，样本总数往往决定了调查结果的效度，因此设计者必须在报告中注明样本数量。

第八，配色方案的简洁性和一致性有助于读者在理解数据时集中注意力，因此设计者最好不要在报告中使用过于鲜艳和复杂的颜色。

第九，先将构思好的故事在纸上画出来，这样才能帮助设计者更好地厘清思路，从而也可以减少使读者困惑的表达。

第十，庞大的数据往往会使读者失去耐心，如果设计者能适时地在调查报告中加入一些互动元素，如尝试用模式去展示某些数据，就能使读者更好地融入数据的理解中。

第十一，可以提前为读者准备一些必要的说明工具，这样才能更好地引导读者参与互动，从而更好地获取相关信息。

二、9 大常用数据分析方法汇总

一般来说，分析数据的常用方法主要有以下 9 种。

1. 描述性统计分析法

展示调查数据分布特点的一类统计分析方法，即描述性统计分析，它会对调查样本的所有变量的诸如集中趋势、频数、分布、离散程度等数据进行统计。其中数据的频数分析主要应用于数据的预处理，通过交叉频数分析和频数分析来检验缺失值和异常值；数据的集中趋势分析则主要用中位数、众数、平均值等常用指标来反映数据的一般水平；数据之间的差异程度则主要利用方差、标准差等指标进行离散程度分析来获取；而检验样本数据是否符合正太分布则需要利用峰度和偏度这 2 个指标；最后，利用 SPSS 等统计软件可以非常轻松地绘制出比文字表达更简明、更清晰的统计图，如饼图、折线图、条形图等。

2. 2 种以上变量的回归分析法

探索多种变量之间的影响关系的一种统计分析方法，即回归分析，它主要包括按照自变量的数量划分的一元回归分析和多元回归分析，按照涉及自变量的数量划分的回归和多重回归分析，按照因变量和自变量之间关系类型划分的线性回归分析和非线性回归分析。其中一元线性回归分析是指某关系中只存在一个自变量和一个因变量，且可用一条直线进行表示，它主要运用于经济领域的统计数据的分析预测和科学技术实验数据的处理。多元线性回归分析是指某关系中不只包含一个自变量，同时自变量和因变量之间是线性关系，另外自变量和因变量都必须是连续型变量，而且因变量或其残差需要满足正态分布的条件。在实际生活中，大多数现象都是互相联系的，同时分析多个因素来估计和预测结果往往比一元线性回归的统计分析方法更符合实际。Logistic 回归分析主要用于因变量是离散时的情况，它对因变量的分布没有要求。

3. 方差分析

由于不可控的随机因素或对结果形成影响的可控因素造成研究的数据呈现波状，分析不止一个样本均数之间的显著性检验，即方差分析，它所分析的对象必须是互不影响的随机样本，还得都来自正态分布的总体，且各总体方差相等。比如，某组织机构提出 3 类人员的培养方法供遴选。可以先把 30 多位人员随机分成 3 组，每组分别用一套培养方案，2 个月定期记录能力的变化。得到 3 组人员的能力数据后，就可以对其进行比较，看是否存在显著性差异。若差异较大，就应该选择更好的方案；若差异较小，则选择一般方案即可。同理，其他类似场景也可以运用这一统计分析方法。如果要研究多个因素对观测变量产生的影响，就可以使用多因素方差进行分析。这种方法不但可以分析几个控制变量对观测变量的独立影响，而且可以分析这几个因素相互作用产生的影响，从而找到最利于观测变量的组合。

4. 假设检验法

根据某个假设条件由样本推断总体的方法，即假设检验法，它要求先对所研究的总体做出某种假设 H0，接着在分布已知的情况下选择适宜的统计量，并根据实测的样本计算出统计量的值，然后使用之前定好的显著性水平进行检验，从而给出接受或拒绝 H0 的判断。比较常见的假设检验方法有 t 检验法、F- 检验法、χ^2 检验法（卡方检验）、U- 检验法以及秩和检验等。在已知总体分布形式的情况下，推断方差、均值等总体分布的参数的方法，叫参数检验。而使用非参数检验并不需要提前知晓总体的分布情况，它也不是为了计算总体参数，而是旨在检验总体是不是正太分布、总体的位置是否相同等一般性假设。常见方法包括秩和检验、游程检验、卡方检验、K- 量检验、二项检验等。

5. 相关分析法

在确定随机变量之间存在依存关系后探讨其相关方向与相关程度的一种统计方法，即相关分析，它所探讨的是一种非确定性的关系，也就是说，两个变量之间存在明显的关系，但是又无法根据其中一个变量去精确地推测另一个。相关分析主要可以运用在以下 5 个方面：第一，使用相关分析可以判断现象之间是否存在相关关系及其类型，如果变量之间存在同方向变动，无论是同增还是同减，都可以视为同方向运动；如果其运动方向相反，就是负相关关系。根据相关关系涉及的不同数量，相关关系可以分为简单相关或一元相关和复相关或多元相关关系；根据变量之间的表现形式，相关关系可以分为曲线相关和直线关系。第二，确定变量之间相关关系的密切程度，如果相关系数 R 及其绝对值在 0.8 以上就是高度相关，有需要的话也可以检验 R 的显著性。第三，如果变量之间的相关关系十分密切，就可以根据其关系类型，拟合回归方程来表达这种数量关系。第四，运用数理统计的方法检验回归方程，从而判断其可靠性，没经过检验的回归方程不能用于控制和预测。第五，通过回归方程展开控制和内插外推预测。

6. 聚类分析法

将对象或个体分类，使得同一类对象之间的相似性最大化，而异类之间的对象差异性最大化的方法被称为聚类分析，主要是通过数据建模从而简化数据。常见的聚类统计分析方法主要有分解法、有序样品聚类法、加入法、有重叠聚类法、系统聚类法、K- 均值聚类法、动态聚类法和模糊聚类法等。一般情况，聚类分析主要运用在以下 4 个方面：第一，它可以用于在商业上发现不同的客户群，通过购买行为确定不同客户群的特征，进而寻找潜在市场和实验市场。第二，它可以用于电子商务，挖掘网站建设所需的数据，把具有形似浏览行为的客户分组聚类，从而确定客户的相同特点，这样可以更好地了解客户的需求，也就可以提供更为适宜的服务。第三，它可以用于保险行业，如通过平均消费水平来判定汽车保险单持有者的分组，根据地理位置、价值和住宅类型来判定城市的房产分组。第四，它可以用于生物中的基因和动植物分类，从而了解种群固有结构的特点。

而在组织行为调研诊断过程中，聚类统计分析就非常值得应用。因为物以类聚，人以群分。比如，在一群销售人员进行分析的时候，虽然大家都能做一定量的销售，但是行为并不相同，很多销售手法都是因人而异，所以通过类聚分析，可以在一个大的销售组织中，知道各自的销售行为团队，进而做出更有效的激励。

7. 判别分析法

判断一个研究对象属于已知类型中的哪一类的方法被称作判别分析，也叫分辨法，其基本原理是首先用大量研究对象的资料确定按照一定准则建立的一个或多个判别函数中的待定系数和判别指标，然后再据此判断某一样本的类别。它主要应用于预报、依据整体补充丢失信息、找不到直接信息或在已经分好受访者类别的基础上给新受访者贴标签等方面。

8. 因子分析法

从各种变量中找出共性因子的方法叫作因子分析。因子分析法最早由英国心理学家斯皮尔曼提出。由于一科成绩好的学生往往别的科目也十分优秀，因此斯皮尔曼认为存在潜在的共性因子或一般智力条件决定学生的学习水平。因子分析不仅可以找出隐藏在众多变量中的代表性因子，也可以划归相同变量，从而减少变量，还可以检验变量间的假设关系。因子分析可以帮助管理者区分不同因子的重要性，从而决定优先处理哪些市场问题或产品问题。

9. 主成分分析

根据线性变化从多个变量中选出几个重要变量的多元统计分析方法，即主成分分析，也叫主分量分析。主成分分析的基本思路是降维，也就是把 m 维的特征映射到具有全新正交特征的 n 维上，其中 n<k，k 维被称作主元。主成分分析和因子分析存在一些区别，首先原始观察变量在两者中所处的位置不同，前者是把主要成分用原始观察变量的线性组合来表示，后者则需要把原始观察变量转换为新因子的线性组合。其次因子分析法需要重新构造一个简单模型，从而减少为数众多的变量。可见，因子分析法是主成分分析法的进一步拓展。主成分分析可以用于以下 5 个方面：第一，它可以用于降低所研究的数据空间的维度，并且只会损失很少的信息。第二，它可以通过因子负荷 aij 的结果，厘清变量之间的一些关系。第三，它可以更好地用图形表示多维数据。由于几何只能表达三维以内的图形，而事实上大多数多元统计研究的问题都不止三个变量，因此采取主成分分析提取研究对象的某两个主成分，然后再画出各样品在二维平面上的分布状况不失为一个好办法。这样既可以更直观地看到各样品在主成分中的分布，还可以对样本进行分类处理，从而发现远离样本点的离群点。第四，把获得的主成分作为新的自变量构造回归模型。第五，用主成分分析筛选回归变量，从而减少计算量，进而获取最佳变量子集合。

三、诊断数据分析模型和 6 种数据展现图表

在调研组织诊断问卷之后，会出现大量的数据，这个时候就需要进行分析、提取有用信息和形成结论。在组织诊断中，数据分析可帮助企业作出判断，以便采取适当的行动计划。

明确诊断数据分析的目的和思路

收集诊断数据

诊断数据处理：提取、清洗、转化

诊断数据分析：统计、建模、挖掘

数据展现：图表……

图 4-2 组织诊断数据分析步骤

1. 组织诊断数据分析的步骤

◆ 明确诊断数据分析的思路和目的

组织诊断是带着某种目的而做的，因此诊断后的数据分析一定也带着某种业务目的。它可能是要追踪一个部门成立之后不同人群对它运行情况的反馈；也可能是某类受访者在某段时间对组织的感知，这些都要用数据交叉分析，让数据形成罗列和对比。这些都是数据分析的目的。

◆ 诊断数据的收集

在确定了此次数据分析的核心指标后，就要针对数据指标做数据收集。有些诊断调研数据准备得非常充分，从设计题目就开始着手对答案进行分析、套表，甚至相应的小程序等早早就建设好，等得到答案时，可以自动形成图表。有一些企业在组织诊断数据分析上比较落后，那就需要自己做大量的前期数据收集工作。

◆ 诊断数据处理

诊断数据提取出来之后，要删除无效数据，进行最基本的数据汇总、聚合之后，就可以拿到比较简单的字段和相对丰富的数据宽表。

◆ 诊断数据分析

数据分析是用适当的分析方法及工具，对处理过的数据进行分析，提取有价值的信息，形成有效结论的过程。

2. 诊断数据展现

数据可视化是关于数据视觉表现形式的科学技术研究。图表是“数据可视化”的常用手段，如柱状图、折线图、饼图等。有人觉得基本图表太简单、太初级，因此追求更复杂的图表。但是，越简单的图表，越容易理解。

我们对这 6 个常用图进行比较就可以知道这 6 个图适用的场景。

表 4-3　6 个常用图比较

图表类型	数据维度	注意点
柱状图	二维	只需比较其中一维
折线图	二维	适用于较大的数据集
饼图	二维	只适用反映部分与整体的关系
散点图	二维或三维	有两个维度需要比较
气泡图	三维或四维	其中只有两维能精确辨识
雷达图	四维以上	数据点可以多个，但是会杂乱

四、组织诊断分析报告展示

组织诊断调研后的分析工作主要是发现问题、分析问题并为企业提出完善组织的解决方案。组织诊断调研报告的编写是一项非常艰苦而又考验智慧的工作：一方面要系统处理大量的数据信息和资料，另一方面要作出客观的评价并在此基础上提出组织整体解决方案。如果组织分析透彻合理，提出解决方案就能有效解决企业组织问题，促进企业进步，反之，则南辕北辙。

组织诊断分析一般包括：调研问卷数据分析、访谈记录分析、相关资料及数据查阅分析等，调研问卷数据分析、访谈记录分析、相关资料、数据查阅分析需要工作小组借助相关工具进行。

组织诊断调研分析报告是基于对收集到的各种信息充分分析而得出的，这些信息包括公司的内外部信息、问卷信息、访谈信息和相关资料等。组织诊断分析报告没有标准格式，编写组织诊断分析报告的人员可以根据需要设计诊断分析报告的结构，通常可以按照提出问题、分析问题、解决问题的步骤来编写。

一般编写步骤有 5 步。

◆ **讨论组织诊断分析报告结构**

组织诊断和建议报告是基于对公司信息的分析得出来的，这些信息包括员工提供的内部资料，访谈记录、调研问卷分析，以及外部的与组织相关的信息，如行业优秀企业、竞争对手的管理状况等。

◆ **讨论组织诊断分析报告假设**

撰写报告通常是先提出假设，即主要结论，这是撰写组织诊断分析报告的前提。

◆ **撰写报告**

报告的撰写可以指定一个人写，也可以通过小组内部分工来写，在组织诊断分析报告撰写的过程中通常需要与参与诊断的人员进行密切沟通，不但要提出问题，同时也要用数据证明问题的存在，并提出解决这些问题的建议。

◆ **报告评审**

组织诊断分析报告编写完成后，组织诊断负责人应召集所有的诊断人员对分析报告进行充分的讨论和沟通，以取得一致的意见。当项目组成员存在结论性的意见差异时，负责人应征求上级领导或专家的意见，分析报告对问题的查找、问题的分析是否精准，如果失之偏颇的话，应重新进行资料分析，并编写新的诊断分析报告。

◆ **报告发布**

为达到更好的汇报效果，组织诊断负责人应该事先就报告主要内容与领导沟通，达成一致意见。在撰写报告的过程中，要交流讨论，落实解决方案与思路。

最终的组织诊断分析报告一般会有“三确保、三不必”的原则。数据反馈是组织诊断的一个重要部分，但并非绝对部分，最终汇报结果面对对象的组成，心理预期也是组织诊断的识别项。最终汇报，要确保讲出完整的故事、有充足的论证、有一定的引发决策的信息。不必太在意信息的完整度、个体的需求、报告的大而全。

第五节 组织访谈方法与技巧

一个适当的组织发展诊断方法决定了诊断的最终质量。在“互联网+”时代，访谈法、问卷调研法、受访者反馈法、资料调阅等方法如果能和“互联网+”工具完美结合，诊断的信度和效度就会大大地提高。

首先来看受访者反馈法，当今时代，客户价值体验被视为市场的关键导向，一个公司组织唯有建立以客户为导向的管控体系，尽最大可能满足客户体系，才能真正立于不败之地。而客户需求的获取可以借助邮件调查或网络视频等实现受访者调查。

其次是执行人员与受访对象进行一对一或集体的互动沟通，从而深入探讨和沟通一些彼此都十分关心的问题，进而挖掘受访对象内心深处的真实想法，对澄清一些深层次的问题极有帮助。对于一些比较敏感的问题，为了避免访谈者不太敢或不愿意说出真实感受或想法，执行者可以聘请外部咨询顾问或结合无记名调查方式。在正式的访谈开始之前，一定要准备好结构化的访谈提纲，以免遗漏重要问题。此外，还需要提前安排好进行访谈的场所，尽可能把座位等布置得温馨舒适。另外，需要安排诊断人员记录谈话中的重点问题，并提前培训访谈人员倾听的技巧，尽量避免发表自己的观点，以免扰乱受访者的思路。

一、访谈提纲的设计要点

访谈提纲涉及的问题应该与被访谈者的职级相对应，同时将问题层层分类，做到细致无误，并且要注明与不同访谈对象交流内容的相关关系。要保证访谈的成功，访谈的每一个环节都要悉心准备。

第一，公司在开始访谈前要组织好三个人的专门的访谈小组，其中一个人负责与访谈对象衔接，另一个人负责提问，还有一个人负责记录。访谈者在访谈前必须做好了解公司相关文化现象、熟悉访谈提纲等准备工作。访谈时最好按照自下而上，先基层后高管的顺序进行。第二，在访谈过程中，访谈者最好可以通过一些幽默诙谐的开场白或简短的题外话营造一个亲切、融洽的访谈氛围，从而拉近与访谈对象之间的距离，引发他们的交流兴趣，进而更多地挖掘出公司历史上没有记载的轶事趣闻，对典型事例尤其要深入了解，与事件相关的时间、人物、地点等信息都要详细记录。在访谈时，访谈者要控制好访谈的时间和节奏，最好不少于或超过既定时间的 1/5。在访谈过程中，访谈者不用拘泥于提纲问题和顺序，对于一些提纲中没有写明的重要内容也可以适当地追问和调整，但是不能随意附和和强硬否定对方观点，至于一些十分荒唐的回答则可以委婉地予以质疑。第三，访谈记录者要尽可能忠实、不掺杂任何主观情绪，客观记录访谈过程的每一句话，尤其是涉及名称、数据、过程等更要精确记录，并且及时核实。另外，提问人也要尽可能记住所有问题的核心观点。在访谈结束后，访谈小组要一起整理访谈记录和录音并存入电脑。第四，访谈小组要及时进行访谈总结，每一次访谈结束后，提问人和记录人都可以彼此对照感觉；半天或一天的访谈结束后，访谈小组中的每个人都可以根据当天的访谈情况谈一谈自己的感受，并根据访谈总结合理地调整访谈提纲，然后在接下来的访谈中证实总结产生的疑问。第五，要做好访谈相关的保密工作。访谈之前，访谈人需要跟访谈对象申明保密原则，访谈者和访谈对象不得在任何谈话中泄露与访谈有关的信息，防止误导或传话。在访谈总结时要弱化访谈对象的个人信息，访谈小组成员要妥善保存笔记本和电脑，以免泄密和丢失。第六，访谈小组要及时整理和访谈相关的记录和资料，并在规定时间内上交到相关部门，形成内部资料，从而为组织提供分析诊断的依据和设计其他调研问卷或访谈提纲的参考依据。

二、成功的诊断访谈

在组织诊断过程中，访谈法是一个常用的方法。广义地来说，各种沟通都可以列入访谈的范畴。访谈在组织诊断中，是一种很重要的双向信息的沟通方式，而信息决定了诊断的质量与决策的质量。但是发现很多人做诊断访谈的时候，其实并不是特别重视，或者说并没有意识到访谈的重要作用。主要问题是在访谈前没有进行过充分的思考和准备，很多人认为访谈就是有一个大概的方向，聊聊而已，如果这样看待访谈法，对于被访谈者来说是比较疑惑的，同时也没有办法很好地进行配合。所以，访谈应该是一件被认真和严谨对待的事情，尽管访谈的方式最好是轻松的。因为一个人无法深度掌握所有知识，在快速获取其他领域的洞见时，一个有效的访谈就显得格外重要。

如果是一个组织诊断的新手，想要在短时间内快速对业务单元有所了解和熟悉工作关系，关键人员的一对一访谈肯定是很重要的一种方式。对于组织诊断来说，这种访谈是非常有价值的，但是对于受访谈者，也就是那些业务部门的人员来说，他们只是在熟悉的范畴里，再说一遍自己的工作，意义和价值有多大呢？所以，这个就是组织诊断访谈过程中总会碰到的一个场景，如果抱着单向价值的理念去做，一般就不会谈得太深入，认同感也不会太高。

所以访谈前，要思考的就是这个问题，这样单向价值的访谈对于业务部门的被访谈者的意义究竟何在？结论其实就是信息交互。信息交互并非单向价值传递，需要自身加强信息盘点。受访者可以从访谈过程中获得一些从其他途径无法获得的信息，比如决策者是怎么看待某个问题的，其他职能的同事是怎么看待某个问题的，通过访谈的形式带给受访者更全面的信息，这是很有价值的一件事。访谈在输出信息的同时也应该获得信息，这才是平等的交流。

所以，一般在组织诊断访谈前，经验丰富的 OD 们会梳理一份自身的资源罗盘，盘点有哪些资源是在自身职责范围内可以调动的，这个资源清单是可以给到被访谈者的。

完整的访谈整体上包括 3 个步骤，即访谈准备、访谈过程与成果共享。对这 3 个部分分别进行拆解，同时在最后提供比较好的做法以作为参考。

1. 组织诊断访谈准备

◆ **确定诊断访谈目的**

诊断问题的本质在于预期与现实之间的落差，诊断之后的行动计划就是在弥补落差。而就诊断访谈而言，解决什么样的问题就是最重要的目的。一般将访谈的目的归为以下几类：

- 收集信息 / 数据
- 了解企业文化
- 建立信誉和信任
- 进一步了解相关议题、领域和公司现状
- 找到阻碍前进的障碍
- 优化下一步工作

◆ **厘清访谈要点**

在组织诊断访谈中，很多访谈对象都会或多或少讲一些额外的话题，虽然会得到额外的收获，但是厘清访谈要点，才有可能确保在整个组织诊断访谈过程中不偏离重心。根据信息价值高低以及与被访者的关系价值高低，可以将组织诊断访谈重点分为 4 类，即一般性接触、初步建立关系、了解实质内容与建立长期信息交互关系。

◆ **预判访谈对象关心的问题，回复口径统一**

访谈的主要参与者是访谈者与被访谈者。为保证整个访谈过程按照预期发展，我们需要在准备时就被访谈者可能关心的问题进行充足的准备。

◆ **确定访谈整体氛围**

对于组织诊断访谈整体氛围，可以分为漏斗式与倒漏斗式 2 种。漏斗式是指从开放式问题开始逐渐收敛为封闭式问题，而倒漏斗式是从封闭式或者结构式问题开始，逐步到开放式问题。

开放式问题的好处有：

- 了解被访者认为的工作重点
- 了解被访者的观点 / 判断标准
- 给被访者更多的成就感
- 给被访者组织答案的自由
- 提供更广泛、更深入的答案
- 可能引出意料之外的信息
- 鼓励被访者畅所欲言
- 有助于了解被访者对议题深度的认知

开放式问题的弊端有：

- 耗费时间与精力
- 难以控制访谈节奏
- 更难核查结果
- 被访谈者很难把握回答的深度

封闭式问题的好处有：

- 节省时间和精力
- 最大限度地控制访谈节奏
- 在你知道自己想要什么样的具体信息时的最佳提问方式
- 更容易整理和归类
- 帮助缺乏经验的访谈者
- 有助于完善组织访谈结构
- 鼓励内向/不爱直截了当说话的被访谈者阐明自己的观点
- 用更少的时间完成更多的工作
- 在不需要解释时的最佳提问方式

封闭式问题的弊端有：

- 所获得的信息有限
- 被访谈者无法对自己的回答做进一步的解释或说明
- 较难辨别出虚假信息

◆ 确定问题的导向

组织诊断访谈前期，会准备各种各样的问题，但事实上对问题类型进行正确的归类，在访谈中问好问题极为重要。在访谈提纲中，可以补充说明问题的正向是什么，引导访谈双方在一个方向上进行交流。

比如，“对您来说：短期是指什么？”这样一个问题，可以加上括号，在括号里面备注：澄清概念，保证理解时间节点。因为短期这个模糊的时间单位容易对访谈的双方造成混淆。

◆ **避免落入典型的访谈陷阱**

组织诊断访谈的几种常见的访谈陷阱：

- 双重问题。“您为什么使用这个产品，对这个生产商有多深的了解？”
- 关联问题。“您怎样才能使客户感到满意，从而让他们买得更多？”
- 导向性问题。“您是不是非常认可这个品牌？”
- 尖锐问题。“难道您不应该停止……？”

这些问题通常会让被访谈者无从回答或者丧失真实的信息，甚至产生情绪上的抵触。我们需要规避上述问题。

◆ **访谈小组的利用**

在组织诊断访谈过程中，如果没有特别保密的情况，建议 2-3 个访谈人参与，可以将所有工作兼顾，不容易产生记录信息的遗漏；如果人数太多，容易给被访谈者压力，难以保证信息的真实度。

2. 组织诊断访谈过程

开展访谈的环节也有一些要点需要注意。

◆ **营造良好的访谈氛围**

一个好的氛围是由最开始的几句话决定的，这是奠定整个访谈过程的基调，需要在访谈开始之初就营造良好的氛围。需要提及的几点重要信息包含：

- 自我介绍
- 事先告诉被访者，我们将在采访时做记录，并说明记录的用途
- 向被访者重申我们将对访谈内容保密

- 态度友好

◆ **对不同行为的反应**

被访者的身份、性格不同，会在访谈中出现不同的访谈行为。在访谈前尽量列举常见的行为，并对不同行为给出行动建议。

◆ **悉心探索**

访谈的核心目的在于从被访谈者处获取自己希望获取的信息或关系，这就要求在访谈过程中足够专注并悉心探索。

- 尽可能少说，鼓励对方提供更多信息
- 通过点头或中性词表明自己的态度
- 明确：要求陈述真实案例或具体事实
- 逐字重复，检验理解是否正确
- 阶段性总结
- 理解被访者合理的顾虑
- 保证对一个问题充分讨论后再转向下一个问题

◆ **首尾呼应**

好的开始需要有一个好的结尾进行呼应，以建立良好的合作关系。同时，在结尾被访谈者精神轻松的状态下提问，更容易获得意外信息。

3. 成果共享

访谈过程的结束，对访谈者来说只是阶段性任务的完成，访谈成果的总结与共享才让整个访谈变得有实质性的意义。访谈结果的呈现主要是访谈纪要。做好一份结构完整的访谈纪要，并向受访者确认很关键。需要涉及 4 个方面，即背景介绍、总结关键成果、明确下一步工作、如需要附上其他文件。

- 及时记录谈话要点
- 一定要在 20 小时内写完访谈纪要
- 在访谈纪要中应提及被访谈者对问题的反应和态度，而不仅局限于回答
- 引用被访谈者原话，以此强调重要观点
- 对被访谈对象的观点和评论持必要的怀疑态度

组织诊断的访谈的思维和工具一样重要，问对了就解决了一半问题。访谈的技巧确实需要在实践中积累，那种应变和感觉不是靠理论就可以获得的。

三、访谈数据提取：8 种数据分析模型

常见的数据分析模型较多，列举其中常见的 8 种供参考：

1. 行为事件分析模型

行为事件分析是用来研究某行为事件的发生对企业组织价值的影响以及影响程度。企业借此来追踪或记录受访者的行为或业务过程，如受访者注册、浏览产品详情页、成功投资、提现等，通过研究与事件发生关联的所有因素来挖掘受访者行为事件背后的原因、交互影响等。

在日常工作中，运营、市场、产品、组织发展管理者根据实际工作情况而关注不同的事件指标。如最近 3 个月来自哪个渠道的受访者注册量最高？变化趋势如何？各时段的人均充值金额分别是多少？上周来北京购买的独立受访者数，按照年龄段的分布情况怎么样？在查看诸如此类的指标的过程中，行为事件分析起到重要作用。

行为事件分析具有强大的筛选、分组和聚合能力，逻辑清晰且使用

简单，已被广泛应用。行为事件分析一般经过事件定义与选择、下钻分析、解释与结论等环节。

2. 漏斗分析模型

漏斗分析是一套流程分析，它是能够科学反映受访者行为状态以及从起点到终点各阶段受访者转化率情况的重要分析模型。

漏斗分析模型已经被广泛应用于流量监控、产品目标转化等日常数据运营工作中。例如，在一款产品服务平台中，直播受访者从激活App开始到花费的过程，一般受访者的购物路径为激活App、注册账号、进入直播间、互动行为、礼物花费5个阶段，漏斗能够展现出各个阶段的转化率，通过漏斗各环节相关数据的比较，能够直观地发现和说明问题所在，从而找到优化方向。对于业务流程相对规范、周期较长、环节较多的流程分析，能够直观地发现和说明问题所在。

3. 留存分析模型

留存分析是一种用来分析受访者参与情况/活跃程度的分析模型，考察进行初始行为的受访者中，有多少人会进行后续行为。这是用来衡量产品对受访者价值高低的重要方法。留存分析可以帮助回答以下问题：

一个新客户在未来的一段时间内是否完成了您期许受访者完成的行为？如支付订单等；某个社交产品改进了新注册受访者的引导流程，期待改善受访者注册后的参与程度，如何验证？想判断某项产品改动是否奏效，如新增了一个邀请好友的功能，观察是否有人因新增功能而多使用产品几个月？

4. 分布分析模型

分布分析是受访者在特定指标下的频次、总额等的归类展现。它可以展现出受访者对产品的依赖程度，分析客户在不同地区、不同时段所购买的不同类型的产品数量、购买频次等，帮助运营人员了解当前的客户状态，以及客户的运转情况。如订单金额（100 元以下、100-200 元、200 元以上等）、购买次数（5 次以下、5-10 次、10 次以上）等受访者的分布情况。

分布分析模型的功能与价值：科学的分布分析模型支持按时间、次数、事件指标进行受访者条件筛选及数据统计。为不同角色的人员统计受访者在一天 / 周 / 月中，有多少个自然时间段（小时 / 天）进行了某项操作、进行某项操作的次数、进行事件指标。

5. 点击分析模型

即应用一种特殊高亮的颜色形式，显示页面或页面组（结构相同的页面，如商品详情页、官网博客等）区域中不同元素点击密度的图示。包括元素被点击的次数、占比、发生点击的受访者列表、按钮的当前与历史内容等因素。

点击图是点击分析方法的效果呈现。点击分析具有分析过程高效、灵活、易用、效果直观的特点。点击分析采用可视化的设计思想与架构，简洁直观的操作方式，直观呈现访客热衷的区域，帮助运营人员或管理者评估网页设计的科学性。

6. 受访者行为路径分析模型

受访者路径分析，顾名思义是受访者在 App 或网站中的访问行为路径。为了衡量网站优化的效果或营销推广的效果，以及了解受访者行为偏好，时常要对访问路径的转换数据进行分析。

以电商为例，买家从登录网站 / App 到支付成功要经过首页浏览、搜索商品、加入购物车、提交订单、支付订单等过程。而受访者真实的选购过程是一个交缠反复的过程，如提交订单后，受访者可能会返回首页继续搜索商品，也可能取消订单，每一个路径背后都有不同的动机。与其他分析模型配合进行深入分析后，能发现受访者背后的动机，从而引领受访者走向最优路径或者期望中的路径。

7. 受访者分群分析模型

受访者分群即受访者信息标签化，通过受访者的历史行为路径、行为特征、偏好等属性，将具有相同属性的受访者划分为一个群体，并进行后续分析。通过漏斗分析可以看到，受访者在不同阶段所表现出的行为是不同的，譬如新受访者的关注点在哪里？已购受访者什么情况下会再次付费？因为群体特征不同，行为会有很大差别，因此可以根据历史数据将受访者进行划分，进而再次观察该群体的具体行为。这就是受访者分群的原理。

8. 属性分析模型

顾名思义，根据受访者自身属性对受访者进行分类与统计分析，比如查看受访者数量在注册时间上的变化趋势、查看受访者按省份的分布情况。受访者属性会涉及受访者信息，如姓名、年龄、家庭、婚姻状况、性别、受教育程度等自然信息；也有产品相关属性，如受访者常驻省市、受访者等级、受访者首次访问渠道来源等。

属性分析模型的价值是什么？一座房子的面积无法全面衡量其价值大小，而房子的位置、风格、是否是学区、交通环境才是相关的属性。同样地，受访者各维度属性都是进行全面衡量受访者画像的不可或缺的内容。

属性分析的主要价值在于：丰富受访者画像维度，让受访者行为洞察粒度更细致。科学的属性分析方法，对所有类型的属性都可以将“去重数”作为分析指标，对于数值类型的属性可以将“总和”“均值”“最大值”“最小值”作为分析指标；可以添加多个维度，没有维度时无法展示图形，数字类型的维度可以自定义区间，方便进行更加精细化的分析。

Organizational Diagnosis

第五章 组织汇报线诊断

组织架构图中有这样一条线：从组织高层延伸到基层的持续的职权汇报线。它规范了谁向谁报告工作，帮助大家回答“我接受谁的任务”，或者“我对谁负责”这类问题。但是很多时候，企业忽视了对汇报线的诊断。汇报不清影响了组织中上下级之间的沟通。汇报工作不顺畅给管理带来混乱，破坏组织氛围，减少员工之间的信任。

在绘制组织架构图时，一般都会用一条实线把岗位连接起来，这条实线也只在组织架构图中展示了组织的一个单一关系，也就是直接汇报关系，所以也称组织汇报线或指挥线。

第一节 组织汇报线的 3 个主要问题

困扰众多企业的组织汇报线问题主要包括虚实汇报、越级汇报和多头管理 3 个方面。下面笔者将分别阐述并进行分析。

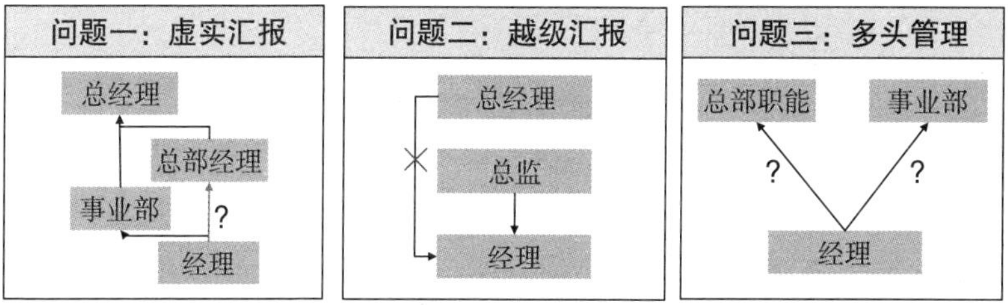

图 5-1 组织汇报线的 3 个主要问题

一、虚实汇报问题

汇报的好坏，可以展示一个职员工作能力的强弱。汇报工作包括以下基本方式：

1. 直接汇报

直接汇报，是指和领导当面直接汇报，通常包括以下 2 类。

一是单独汇报，随时、随机在工作实施过程中开展，时效性强。

二是小结汇报，阶段性地向领导汇报相关进展，包括目前发现的漏洞、解决方案、下一步工作如何开展等。

2. 间接汇报

间接汇报，是指需要利用媒介开展的工作汇报，通常包括以下 3 类。

一是电话汇报，利用电话等通信工具进行汇报，在紧急情况下随时开展并接受指示。

二是信息汇报，及时发现问题，利用各种沟通工具随时呈报、及时回复信息。

三是书面文字汇报，将汇报内容通过书面文字整理并利用电子邮件、传真等进行传递，当然也需要及时查收和回复。

3. 正式与非正式汇报

一是正式汇报，即公司通知并组织，在规定的时间、场所展开的口头和书面文字汇报。

二是非正式汇报，即在任意谈话的时机和场合，未固定内容的工作汇报。

了解和完成好大小类别的工作汇报方式，有利于领导知晓支援的工作情况、全程指引和监督职员工作。掌握汇报工作，对职员的工作开展和提升十分重要。

公司事业部模式通常存在于现代公司组织结构中。公司事业部包括区域结构、客户群结构和业务单元等。公司中，职能部门与业务部门中的相关职能部门是虚线关系，业务部门中的相关职能部门与业务单元经理是实线关系。业务部门中的相关职能部门向业务单元经理汇报，是实线汇报；其再向公司职能部门汇报，便是虚线汇报。

在组织设计者看来，怎样避免角色不清、接口紊乱，设计并解决双线汇报之间的关系，是极具挑战性的。

实线汇报与虚线汇报，实质上是对责任线、权力线的设计。组织设计者可以结合组织归属、考核、激励、任免等角度，从确定权责内容、平衡权力范围两方面来解决这个难题。以财务为例：

第一种方式：财务部负责人实线上向业务汇报，虚线上向职能汇报

- 组织归属：事业部
- 考核：事业部总经理建立考核标准，CFO 确定目标值，总经理评价确定考核结果，业务线内部统一排名
- 激励：薪酬与奖金由总经理决定，晋升由 CFO 决定
- 任免：事业部总经理决定内部人员任职 / 免职，总部职能负责人负责审查核定

第二种方式：财务部负责人实线上向职能汇报，虚线上向业务汇报

- 组织归属：总部
- 考核：CFO 建立考核标准，事业部总经理确定目标值，CFO 评价确定考核结果，职能线内部统一排名
- 激励：薪酬与奖金由 CFO 决定，晋升由总经理决定
- 任免：CFO 决定内部人员任职 / 免职，事业部总经理负责审查核定

当然，实践当中也可以设计得更加简便：实线领导决定工作内容和工作时间，虚线领导决定工作开展方式。虚线汇报指向地理位置上与下

层员工接近的领导，而实线汇报指向地理位置上与下层员工更远的领导，以此减少日常交流过少的不利影响。

二、越级汇报问题

之所以会存在越级汇报，是因为企业组织架构中存在“层级管理”现象。企业组织结构中的层级通常严格分明，每一个人在组织中的层级位置、上下级、对谁负责都很明晰。一个下级通常只由一个上级来指导管理，否则企业管理及组织关系就会混乱。

越级汇报，一直是职场当中不可触碰的禁区，因为极有可能得罪直线领导，也会给领导的上级留下不好的印象。尽管如此，在现实中仍然常常发生。有的人情理难容，是基于升职加薪的目的，跳过领导、向上级的上级汇报工作，表现自身能力并期望获得赏识；有的人情有可原，是为了解决问题，在紧急情况下寻求更高层领导的决策。如果更高层领导没有指出汇报者越级的问题，反而采用了其工作建议，极容易被误认成对越级汇报的认可，长此以往便会形成越级怪圈，将破坏公司原始工作秩序和工作氛围。这些都被认为是组织诊断中的重点审核现象。

越级汇报还会让领导措手不及并引起不必要的猜疑。也许领导对于存在的问题早已在考虑甄选解决方案，下属越级汇报会导致大领导关注或者干预，可能会打乱领导原本已在计划之中的方案实施。也许领导为了寻求更适宜的结局办法才刻意不提及某一情况，越级汇报则直截了当将这一情况向大领导展现，若该情况未经核实或者并不存在，则会致使大领导决策失误、处理不当。上述种种，会使各方被质疑：首先，使领导无比窘迫，其团队管理能力也会被质疑；其次，这种行为会被领导认为是爱表现、不好管理。

另外，越级汇报可能带来大领导的越级管理，信任危机在领导和大领导之间自此产生，和谐关系必将被破坏。现实中，许多大领导为制约中层，增加自己对公司的掌控力，喜欢暗示中层的下级员工向自己越级反馈公司各种情况。

越级汇报，是一把“双刃剑”。出现突发性问题、一定要越级汇报时，千万不能为了争取个人表现，在大领导面前大展经纶。此等情形下，应该在和大领导汇报后，及时向直属领导补充汇报。同理，若向领导提出方案未被认可时，也应在领导知道的基础上向领导的上级汇报，做到越级汇报涉及的三方都明确清晰。

三、多头管理问题

部门、企业、社会通过管理来进行计划、组织、协调和激励，有效整合人力、财力等资源，并获取经济、社会效益。但管理如何能够被细化和有效实施，如果各方未能达成一致，就会形成多头管理与无人管理等弊端。多头管理导致企业出现了更多的管理问题：第一，各方各行其是，缺乏行动的统一性；第二，各方管理标准不同，不利于工作开展；第三，虚耗公司管理资源，效率低下。

多头管理问题大多存在于创业型企业中，多个发起人合伙设立公司并共同管理，有许多发起人还会将熟悉的亲人朋友说服并参股，这便成了家族企业。家族企业的主要特性包括：成员目标与利益同企业保持高度统一、相互信任，决策中以家族发起人为核心、更熟悉核心技术和业务，经营管理更具人性化，创业成本较低等。但随着规模的不断扩大，家族企业的缺点也将逐渐显现，如吸引留住家族外的人才比较困难，人事安排因人设岗、混乱而成本虚耗，管理层权责混沌、下层员工不知如何应对。

可从以下几个方面解决家族企业中的弊端：

第一，建立健全企业管理体制，明确划分岗位权责；

第二，设专人专岗在公司日常经营中进行考核检查，及时纠正和汇报多头领导问题；

第三，就多头管理的问题和弊病，多和公司各部门负责人交流，使之清晰知晓此问题的负面影响；

第四，坚定不移地落地所有解决方案。

第二节　组织汇报线问题的两大解决思路

针对组织汇报线出现的问题，不少管理者认为可简单通过培训教育等方式来解决。其实，这些管理者并未抓住问题的实质。组织汇报线问题的实质在于职责配置和权责的划分。

一、诊断岗位职责分工

明确每一个岗位的职责可以最大限度地实现劳动用工的科学配置；还可以有效地防止因职务重叠而发生的工作扯皮现象。因此，诊断岗位职责是组织诊断的重要一环，诊断明确后，可以成为组织考核的依据之一，还能够提高工作效率与工作质量，规范操作行为。

诊断职责应该从哪几个方面考虑呢？

- 诊断企业的工作范围、服务范围；
- 诊断不同业务的层次、规模、范围；
- 诊断各部门在业务流程中的功能、职责；
- 诊断各岗位在业务流程中的位置和职责。

在企业开展系统、全面化的人力资源管理体系工作中，分析工作流程、明确岗位职责是其中必不可少的第一步，也是基础的一步。一般而言，当组织规模、结构发生变化，新的管理模式导入，岗位新增工作内容，企业涉足新的行业、外部客户的需求提高时都需要做工作分析。

RACI 工具就能处理这个问题。其中：R（Responsible），即落实并对某一事件负责；A（Accountable），即对某一事件负全责；C（Consultant），即负责对某一事件解答咨询；I（Inform），即被及时告知某一事件结果。

例如，一位分公司负责人被下达一个月完成 200 万元销售额的要求，助于理解 RACI 在一项工作中的角色。接到总部指示后，负责人便开会分配工作。完成该销售额的主要工作交与销售部部长，其扮演 R 的负责人角色。虽然分公司负责人没有直接落实相关工作，但由于该销售额是总部交给分公司负责人的，所以其扮演 A 的角色，对这项任务负全责。在落实任务的过程中，产品部、技术部在解答销售部咨询的问题时，扮演的便是 C 的角色。任务最终完成后，销售部要将相关信息和结果告知市场部和总部，这些被告知的角色便是 I。

每个部门及成员个体都应清楚其在一项任务从布置到完成过程中扮演的角色和履行的职责，领导还应分析该任务完成情况和存在的漏洞。在使用 RACI 工具时可借助表格等形式来列明不同岗位的角色和任务，同时还能清晰地展现角色是否有重复或遗漏的问题，以及潜藏在组织架构中的漏洞。

若某些岗位扮演 R 和 A 的角色过于频繁，需要其完成的工作任务太多，对于企业和组织风险极大，因为这表示过多权力汇集一身，应当查明其有无得到相应的授权。若某项工作分配的 C 或 I 过多，表明该项工作完成效率低下，应当适度精简人员。

RACI 表的建立可采取以下几步：

第一步：梳理程序，圈出各项工作，列在 RACI 表最左；传统 RACI 工具会列在 X 轴。

第二步：分析在程序和工作中的人员，列在 RACI 表最上；传统

RACI 工具会列在 Y 轴。

第三步：列出 RACI 表所有方格单元的角色（R、A、C、I）；传统 RACI 工具会列在交点。

RACI 的一般原则是一个程序有且只有一个“A”，找不到“A”角色便是有缺口，有多个“A”角色便是有重叠。出现缺口时，相关负全责的人应及时选任或出任“A”角色；出现重叠时，就要重新分解整个程序，最后再配置“A”角色。

利于企业建立健全细化安全生产责任制，亦是 RACI 工具的优点之一。这样的企业安全文化建设，才能够鼓励成员认同组织目标，调和各岗位成员的交流工作，强化个体学习对于组织学习的贡献。

企业安全管理体系功能的全面实现，需要依据生产实践的关键进行深入理解并确定要点：

第一，展开企业安全管理工作应在生产安全问题空间被确认的基础上，提高生产安全措施的针对性和有效性，以免目标和措施产生混乱。

第二，结合实践，针对生产安全问题空间的确认和解决，挑选有代表性的安全管理体系标准并汇集有效组成部分。

第三，结合大众的认知惯性，利用安全管理体系的学习循环模型厘清安全管理体系标准，系统实现体系功能。

第四，企业安全管理体系建设主要是确认和解决生产安全问题，使生产安全问题空间的状态和过程得到有效把控。

由此看出，传统的 RACI 工具具有许多弊端：

首先，依据工作任务和人员去划分职责，不符合对事不对人的理念，不如先划分职责再配置人员有效率；

其次，所有人员、角色全部在 Y 轴列明，会使 RACI 表过长；若有人员在某一活动中没有肩负任何责任，就会出现许多空白表格、空格，但将 RACI 放在 Y 轴就不会有这种情况；

最后，在看以 RACI 作为 Y 轴的表格时，应建立确认 R-A-C-I 职责配置的思维，便于统一管理团队、协调资源。

RACI 不仅是职责分解工具，也可以利用其科学性，对职责进行诊断。

二、诊断岗位权责划分

对权责的诊断前提是要做划分，即企业基于对工作内容的充分剖析，依照自身发展规划、组织结构设计、生产经营安排及内部控制需求等，清晰明了地确定所有部门或岗位的工作职责、内容和权限的过程。

1. 权责划分诊断的基本要点

（1）诊断运营中的权责

权责划分政策，对于运营中的企业，是与组织结构设计和人力资源政策同等重要的部分。其宗旨便是让不同的人员负责不能同时共存的事务，减少相互勾结、相互包庇的情况发生。权责明确，能够充分保障企业内部管控体制的构建。运营中权责分明主要体现在[①]：

- 交易权与财产保管权分明；
- 财产保管与会计职责分明；
- 业务与会计职责分明；

---

① 田林：《论内部控制环境中权责分配的影响及建议》，载《商业会计》2011 年第 5 期，第 26–27 页。

- 会计内部职能分明。

（2）诊断沟通渠道

沟通渠道，即各个主体用于传播和接收有效信息的通道和方式。往大了讲，是有效信息本身延续发扬，或不同主体有效传播接收信息且产生实质影响的行动方式。所以，企业所有部门和岗位人员须畅通沟通渠道进行有效沟通，确保不同部门和岗位职责得到充分执行，才能使组织结构得到有效管控。

（3）诊断授权方式

主管领导把部分岗位权责委托给下级职员负责，要求其开展管理性或日常性工作，便是授权。授权分为常规性授权和临时性授权：前者是企业依据已经明确的职责和流程对经营管理工作中发生的日常情况进行的授权；后者是企业对突发特殊状况进行的应急性授权。恰到好处的授权能够让管理层拥有更多的时间参与战略规划设立等具有战略意义的事项，摆脱常规性烦琐事务，更快实现组织目标。所以对于常规性授权，企业应尽量制定授权制度适当公告，使得各岗位、各人员权限更具透明度，有助于加强员工之间对权限行使相互监督、督促；对于临时性授权，企业应建立和完善临时性授权的范围、程序和记录等规范。

2. 诊断权责划分的环节

整个企业庞大的权责划分，可由工作分析、岗位划分、权责界定和建立岗位责任制等步骤组成。

（1）第一步：工作分析

权责划分的第一步，便是工作分析，要对所有工作需要的基本条件、任务、职责进行整体明确。工作分析的目标：确定工作所需要的劳动种类，工作完成所需要的条件、时间、地点、方式、意义、缘由等问题。

工作分析能使企业在了解变革的基础上调整工作、分析组织结构存在漏洞后采纳方案，同时也为人力资源管理职能的充分实现和人力资源管理工作奠定了基础，作用非同凡响。

工作分析通常包括准备阶段、调查阶段、分析阶段和完成阶段。

准备阶段，即针对工作分析提供组织上、思想上的准备：组织上设立工作分析专家、岗位在职人员、HR 经理和上级主管在内的工作分析小组；思想上保持统一，宣传企业进行工作分析的目标和作用等。

调查阶段，主要系统调查整个工作环境、工作人员、工作内容和工作过程的重点维度，包括结合国家和行业分类标准、企业现有组织结构图和岗位说明书等，对劳动环境、劳动安全保障、劳动强度、与其他工作的关联，人员相关经验、年龄、受教育程度、技能掌握程度，工作内容、工作职责、职位背景等展开调查了解。

分析阶段，即在调查阶段收集的资料基础上，整体深入地综合分析不同工作和不同人员特征。本阶段工作主要有：对调查获取的信息进行系统整理和仔细审核，对所有信息的用途进行分析并对有用信息进行采纳运用，对相关工作和人员的要点进行挖掘，对分析形成的必要资料进行归纳总结等。

完成阶段，最关键的便是编制工作规范和说明。工作规范应描写叙述担任相应职务人员应满足的基本要求、生理要求和心理要求等。而工作说明则要说明工作的特点，包括工作岗位、内容和特点、流程和规范、标准和要求、权责内容、目的和结果、时间和地点等。

（2）第二步：岗位划分

基于工作分析，企业进行工作岗位划分时，应着力于提供工作效率、有效配置企业资源，把企业各项工作划分到不同岗位，专岗专用，充分发挥人才优势和专业优势；此外，还要注意分离不能同时共存于一个岗位的职务，避免发生营私舞弊的恶性情况。

（3）第三步：权责界定

第三步是确定不同岗位的权责内容。企业可以通过编制“岗位职责说明”等形式，对岗位职责、所需职权、工作条件、与其他岗位的关系和具体工作内容等进行明确书面化呈现。

（4）第四步：建立岗位责任制

第四步，企业需要建立岗位责任制来确保不同岗位职责的实现。岗位责任制，是一项以现代化生产经营分工协作为原则，以提高企业经济效益为目的，把企业的各项工作按照性质、内容和特点细化分配到不同岗位上，对不同岗位权（权限）、责（职责）、利（利益）等的形成进行明确管理的制度。其能够使企业生产经营活动的连续性与效率得到有效提高，使经营决策的盲目状况得以减少，使员工主人翁意识和劳动积极性得以强化，具有不错的激励效果，是一项能够保障企业良性运转的良好设计。

当然，岗位责任制的实行，通常应当遵循以下原则①：

首先，诊断要遵循权责利一致原则，使不同岗位职责、权限和经济利益得以明确。“权”是开展生产经营活动时所应享有的决策权、指挥权，是核心；“责”是在开展生产经营活动时应承担的义务，是保证；“利”是各岗位开展生产经营活动能够获取的物质利益，是动力。领导

① 陈军民：《企业岗位职责管理研究》，载《内江科技》2005 年第 7 期，第 4-14 页。

者应注意以责定权、以权定利，避免出现有责无权、权力太小，或者有权无责、权力过大的情况。前者将会对员工工作的积极性造成不良影响，岗位责任制形同虚设；后者则可能导致职权被滥用，经营管理活动发生混乱。

其次，诊断要遵循制度约束和自我约束相结合的原则。岗位责任制好比一台把企业经营管理和组织结构设计得完美无缺的机器，在它面前只有规律和理性，是比较强硬的制度约束。而被其约束的，又相反是极具活力和主观能动性的人，所以此时需要辅以员工自我约束，才能更有效地实施岗位责任制。但同时，在企业生产经营活动正常开展的情况下，应尽可能缩小制度约束的范围，充分去发挥自律的作用。这样才能提高员工的积极性和创造性，提高员工对于公司的信任度和归属感，实现企业产值的最大化。

再次，诊断要遵循作业标准化原则。把企业常规的事务性活动，设定为合理的岗位工作标准，要求员工严格遵守标准并定时定额完成的作业行为，便是标准化作业。它能够保障企业生产经营按秩序开展且获取最佳效益，具有全员性、常规性和重复性。所以岗位责任制依据标准化作业确定每一岗位的作业内容和标准的话，可以很好地对每一岗位人员进行考核和监督。

最后，诊断要遵循稳定性与灵活性相结合的原则。和所有制度一样，一旦制定公布就要尽量稳定实施、不能朝令夕改，岗位责任制也不例外。因为如果无法保持稳定性，员工对制度就不会有信任和敬畏，制度的效率损失也是极大的。但是，企业经营方向制度设置势必要根据市场需求状况进行调整，才能顺应市场经济的高速发展、提高竞争力，因而岗位责任制还应保持一定的灵活性，做到事变岗变、岗变责变、责变薪变，留存一定的活力。

简言之，岗位责任制的成功实施需要对不同岗位的权、责、利进行科学划分，认真落实并长期坚持。细化而言，岗位责任制的有效落实，还应从以下几方面着手：

一是建立系统的监督考核体系。制定极具操作性的考核标准和实施细则，设置专门负责落实的职能机构，保证岗位责任制的公平性和权威性，不区分普通员工和管理人员，合规化管理生产和员工，奖惩分明。

二是严格实行目标责任管理。对企业经营目标进行细化分解、逐步逐级落实到岗位和个人；按照岗位要求和标准，包括工作内容、操作要求等，确定所有岗位应该干的内容、干的方式和标准。这样层层细化、分解，每个岗位和员工的具体责任自此形成。个人、部门、单位的具体目标实现了，企业的总目标也就实现了。

三是定期开展思想教育，加强企业文化建设。岗位责任制的制度设计如果是公平合理的，会正面激励员工，提高工作积极性，从而提高企业生产力，相反，则可能促使员工产生抵触和不满情绪，从而降低企业的正常生产经营活力、降低产值；这便是岗位责任制的两面性。因此，要保证岗位责任制的顺利实施，必须定期开展企业文化建设教育和培养员工，引导他们形成热爱岗位、对企业忠诚的思想；同时，在建立健全岗位责任制时，广泛征询各级员工的意见，使之取得多数员工的认可，构建活跃、和谐的企业文化。

3. 集团企业的权责划分

集团企业要想实现管理控制的目的，需要在总部功能明确后，通过权责划分，对组织结构进行配置。此等企业的权责划分分为以下两个层次①：

直接决策权，由经营决策权、投资决策权、预算审批权、财务审批权、人事决策权组成。本层次主要针对某一组织或部门，或其代表，也就是最高层领导。

在集团多级管控体系的分层管理决策下，对具体事务的权力分配，由建议权、决策权、审批权、告知权组成。本层次主要针对组织的具体角色。

一般情况下，集团企业权责划分会通过业绩合同、职责说明书、权责分配表等方式表达。所以，组织诊断的重点也是从这些文件入手。企业的权责划分，能够很好地体现该企业的管控模式，若权责划分是集权式，则体现的是经营型管控模式；若权责划分是半集权式，则体现的是战略型管控模式；若权责划分是分权式，则体现的是财务型管控模式。

① 赵静：《软件企业内部控制中的问题与完善措施分析》，载《企业改革与管理》2019 年第 4 期，第 31–32 页。

第三节　诊断组织间纵向上下关系

组织间的纵向关系，与岗位间的汇报问题不同，关键便是集团公司与分公司、子公司的管理控制问题。在经济全球化时代，许多企业在集团公司管控和运营上产生了不少成功案例。同时，现代经济发展快速，企业的生存环境在不断地发生变化。因此，集团公司管控的重要性不容忽视，新型集团公司管控问题必然也会不断涌现。不得不说，集团公司管控能力提升的空间还很大。

一、集团管控主要诊断的 10 个问题

目前，企业在集团公司管控方面一般存在以下 10 个问题。

1. 缺乏整体战略

许多企业缺乏集团整体战略，主要精力集中于集团各产业战略的打造，没有意识到集团战略的重要性。这是非常危险的，因为如果只有产业战略而没有整体战略，集团作为单纯成本中心，其设立就没有意义。

集团战略的价值在于，使集团不同产业得以整合并协同发生效应，从而使创造的利润大大高于单个产业、单个法人所创造的利润。投资者在设立集团企业时，必须认识到集团即战略意识的主体，集团的战略大于子公司、各产业战略的总和。

集团企业的经营是一门哲学，已经产生资源、管理和金融资本主义

等理论，它在不断发展，也在不断探索新的思路。

2. 层次间管控欠缺，控制力不足

集团企业层次间治理管控欠缺，主要表现在：

大量集团企业都有错误的认知，认为母公司仅仅是投资者，只需要制定一个大概的目标便可脱手，子公司负责自主经营。但是要想成为成功的单纯的投资人，必须具备巴菲特一般的投资天赋和能力才行。

也有不同投资人认为集团内部层级的治理不过是好人游戏，只要灵活把控子公司的股东会、董事会、监事会，并且建立近乎完美的议事规则和决策程序，管控起来便不费吹灰之力，还将忠诚度和品行作为下派子公司的董事会任职的标准。事实上，董事会成员应当是能力极强的，需要不断地在信息不对称的情况下尽量作出正确的决策。

或由于背景信息不对称，无法及时到位；或由于投资人不尽心经营，出现额外的代理成本；或由于治理时都是宏观决策，而实际运作中微观决策缺失。前述种种，均导致大量集团企业层次间的治理基础动摇，散乱不堪，治理管控措施流于形式。

3. 组织架构设计不合理，整合不恰当

组织管理的欠妥，由组织中的功能设计欠妥、架构安排欠妥、人员配置欠妥和越层管理欠妥组成。简言之，是组织结构和整合控制力的失当。综观全球，集团企业的组织管理，无非是母公司越管越强或者越管越弱这两种情形，达成平衡几乎不可能。这是由于，企业在实际运营过程中，多是依据企业内部的组织结构和重要岗位的人员来配置控制力，而没有按照公司的发展需要来设计和选择相关方案措施，只有相应的组织整合与结构必然会导致先天性失败。

4. 子公司内部人员控制，擅用独立人格

子公司内部全由自己人控制，势必导致整体运作和管控失效以及价值流失。在运作方面，还会带来管理体系不能建立、价值体系不能配合、长期绩效不能判断、重要决策不能达成一致和重大变革缺乏驱动力等问题。

同时，法律层面给予子公司独立法人主体资格而妨碍母子公司的管理架构由来已久。这样是极不利于母子公司协同创造最大化价值的，因为法律架构和管理架构是 2 个不同概念。母公司即使在管理架构上对子公司无限干预，以资产的名义掌握子公司资产经营权，通过管理制度、流程等深入子公司的运作，也不会影响子公司的独立地位，在法律层面，始终没有与法律架构产生实质冲突。

5. 总部缺乏宏观调控和价值创造能力，逐渐空壳化①

总部的空壳化、文职化、行政化，即总部设计的欠妥，总部本身缺乏价值创造能力，不能通过对内部资源的整合来实现高效收益、为子公司创造新的价值，慢慢地，也便丧失了对子公司的控制力。若在一个业界领先的集团企业中，聚集了高知分子的总部战略部门不能对子公司的有关战略规划和措施提供咨询、建议等服务，而仅仅流于形式，最终总部对于子公司战略规划的管理权也将流失。

所以，总部不仅是一个战略和责任中心，还应当是价值创造和宏观调控中心。

6. 管理模式缺乏可复制性

在集团企业飞速发展、规模不断扩大、业务领域不断扩大的背景

---

① 白万纲:《大国崛起呼唤母子公司管控》，载《董事会》2008 年第 3 期，第 86–89 页。

下，管理模式缺乏可复制性必然会导致管理效率下降、管理成本上升。所以管理模式必须同时具备能够指导实践和可复制的特性。

模式复制是集团型公司发展的驱动力，管控模式的作用就是服务于集团型的扩张，推动集团的集中创新与分散复制，还有将服务标准化。管控模式的复制也是将一个公司从经营型总部拉伸到模式输出型总部的唯一出路。管控模式的 5 个层次依次是：管住，制度化，形成集团利润，扩张管控，有效地支撑形成管控竞争力。

7. 风险管控能力差

随着企业规模的扩大，所面临的风险必然增加，因此风险管理便应运而生。目前集团企业出现无管控基础、无支撑决策与授权体系、无法高效运转等风险管控问题，主要是因为缺乏风险管控体系。

要把企业的风险管控做好，要有如下认识：首先，对风险形成有效认知并不断研究；其次，需有合适的风险管控组织；最后，确认建立风险管控体系的方式。此外，还要有效地形成风险经营能力和整个企业的风险意识。

8. 业绩管理能力差

业绩管理能力差在多元化企业和专业化公司中都存在，主要体现在以下 5 个方面：第一，一开始业绩目标的制定便是存在弊端的；第二，核心竞争力的发展方式不正确；第三，在多元化发展道路上没有指导；第四，缺乏行业和竞争研究的能力；第五，理念上的问题。如此，往往会导致边际效应的人为递减，并且多种商业模式共存，互利共赢的可能性也将被破坏。

要想改善和解决业绩管理弱的问题，需要通过建立健全多层次的集团型绩效管理体系来实现。在总部层面上建立以集团战略为基础的绩效管理，在子公司层面建立产业整合和产业板块的战略绩效管理。

9. 财务管控不力

财务管控首先要着眼于财务战略，考虑融资方式、投资方式、控制好所投资公司的财务体系等问题。预算管理体系薄弱、资金管理欠妥、资产管理欠妥、财务分析能力差、财务调节能力丧失、审计稽核能力弱、税收统筹失当等问题，经常在集团企业的财务管控当中出现，这 7 个方面的财务漏洞从不同的方面揭露了集团企业管控不好的原因，出现这些问题的关键还是财务战略出现了漏洞。①

利用财务管理手段约束子公司的财务功能，通过管理制度的边界输出控制子公司财务的运作，最后采用筹措资金、投资管理等方式管理子公司的重大财务功能上移，这便是强化财务管控的本质。只有有效的财务管控才有对集团模式的可复制性提供强有力支撑的可能性，才能提高集团决策的精准度。

10. 集团企业文化分散，缺乏凝聚力

集团企业一方面业务广泛、行业影响力广泛，另一方面企业文化也容易与分支机构亚文化发生冲突。企业文化散乱，势必导致集团运行效率受到掣肘，难以完美体现集团的优势效用。如果企业缺乏文化凝聚力，那么分支机构会慢慢去中心化，最终导致整个集团企业文化散乱、互相冲突，各自努力的目标和方向也开始背离。所以，通常会有大型企业集团重新设计它的文化体系，按照集团整体战略发展需要，拟定并积累管理型企业文化，将对企业文化的创造和管理纳入绩效考核

① 白万纲：《大国崛起呼唤母子公司管控》，载《董事会》2008 年第 3 期，第 86–89 页。

体系中。

在对集团中纵向关系进行诊断时，须充分理解集团管控体系，深入了解集团管控的现状，由此获取集团总部与分公司、子公司在战略与管控等方面的信息，如此才有利于把握现状和设计后期的变革方案。

集团管控在诊断调研时可从以下 4 个方面入手。

1. 集团战略规划

- 集团战略选择是否符合发展需要？
- 集团是否使用明晰、简单的描述战略方法？
- 战略是否仅仅“有目标，无计划”？
- 集团与分、子公司战略执行是否协同？

2. 集团管控模式现状

- 母公司与子公司的管控界面划分是否清晰？
- 集团母公司与子公司治理模式是否合理？
- 集团管控流程是否有详细的规划？
- 集团组织架构是否有效支持战略？

3. 集团管控模式

- 运作体系诊断母公司、子公司治理模式是否有有效流程的支持？
- 董事会建设是否合乎标准？
- 集团内控与风险控制体系是否符合要求？
- 集团战略管控的流程是否有效？
- 集团财务管控的流程是否有效？
- 集团品牌管控的流程是否有效？
- 集团供应链（研发、供应商、采购、生产、品质、营销等）流程是否有效？

4. 集团人力资源与企业文化

- 集团本部、分公司、子公司核心岗位设置是否合理?
- 岗位权责划分是否清晰?
- 集团本部、分公司、子公司核心岗位能力与任职资格管理是否健全?
- 集团核心人员（含分公司、子公司经理层）考核与激励是否科学?

二、子公司过于独立的原因

在对组织上下级关系诊断的过程中，笔者经常发现子公司过于独立，这导致诊断工作无法进行。子公司在法律意义上是具有独立法人地位的，可以独立开展商事经营活动、作出民事法律行为，拥有独立的财产、公司章程和股东会、董事会、监事会，同时对外独立承担一切后果和法律责任。母公司只需对涉及公司利益的重大决策或人事安排作出决定。

一定比例的股份被母公司持有或通过协议方式受到母公司实际支配和控制，便是子公司的特征。实际控制的含义，首先是指子公司的所有重要事项由母公司享有最终决定权，尤其是决定子公司董事会的组成；其次在法律上，母公司、子公司均是独立法人，应依法独立承担民事责任；最后母公司对子公司的控制，取决于股权的持有或控制协议。[①]

子公司太过独立，对于母公司和整个集团企业而言是缺陷。而对子

① 林敏文:《母子公司法律关系及其完善》，载《福建改革》1997 年第 4 期，第 19–20 页。

公司内部的组织架构而言，它也是一个主要问题。

1. 子公司太过独立的原因

◆ 拥有独立的业务市场

使企业得以生存的根基，便是市场。若子公司在开展经营活动时，仅仅是作为母公司的下游，分享母公司的业务，或者只是消化母公司的内部产品，在业务上完全依赖母公司，那么就只能事事听命于母公司了。

但是，若子公司生产经营和发展完全依靠自身努力和苦心经营，自行开拓业务市场，母公司只单纯进行出资的话，分红多，干活少，慢慢地，母公司可能成为子公司的负担和累赘，最终子公司就可能通过多种方式脱离母公司的管制。

◆ 母公司缺乏专业优势

一般说来，母公司是分支机构学习的标杆，是专业和技术标准的制定者，所以子公司的产业类型和业务范围与母公司息息相关。理想状态的母公司，应当拥有绝对优越的专业技术，可以为子公司提供专业支持、解决专业问题；相反，若母公司模棱两可，没有清晰的专业技术标准和高水平的专业技术，自然就无法引导和支持子公司发展，长此以往便丧失了专业技术的威望。

◆ 母公司放权过多

许多投资者都有花同样的钱、管得最少但是收益最高的想法，正如企业组织架构里的领导，虽然会负责管理经营，但多是要求定期汇报财务状况，来了解公司的收益水平。母公司作为投资人亦不例外。财务发生问题时，母公司想介入处理确实无法，因为权力全部下放到子公司，母公司不能再进行有效管控和决策。若子公司经营状况良好，便尽如人意；若子公司太过利己，损害母公司利益，而母公司掌权又过少、了解过少，待到发现时机已晚。

◆ **母公司管理落后，子公司无从学习**

母公司虽然对子公司有自然的控制权，在资金上享有绝对优势，但在其他方面尤其是管理模式方面，很有可能是存在弊病的。能直接影响母公司管理效果的，是母公司管理模式先进与否、满足子公司管理需求与否。母公司抱令守律、墨守成规慢慢会无法满足时代和市场需求。而许多子公司青出于蓝而胜于蓝，拥有强有力的领导班子，组织管理的科学性和先进性都高于母公司。管理水平差距拉开后，母子公司之间自然会出现管理反哺和倒挂的现象。

◆ **母公司控股程度低，话语权少**

一个公司的话语权取决于股权占比的多少。母公司为确保在子公司经营管理中的控制权，往往会选择持有 50% 以上的股权。若母公司持有股权低于 50%，则属于参股型母公司。股权多少决定话语权和影响力。

◆ **子公司发达，拥有良好的资金资源**

子公司经过长时间的成长和进步，利润越来越高，赚取利润的时机也越来越多，自身资金越来越充沛。对投资人的态度在不同阶段自然也会不同：当子公司缺钱时，母公司享有绝对话语权；当子公司不缺钱时，就会思虑是否要单干，股东更少的话，自身也能分吃更多蛋糕。

2. 子公司过度独立导致的管理问题

◆ **信息获取困难**

组织结构管理传递信息是依据路线进行的。子公司作为母公司的下级机构，彼此间应当相互交换信息。但是相互之间获取、传递信息是可以变换的。子公司拥有自己的立场，在没有被母公司有效管控的情况下，自我立场和意志会越发显著；若母公司作出不利于子公司的决策时，子公司就会隐瞒或虚报信息。自此，母公司获取信息的难度增大，传递信息速度降低，对子公司进行管理的难度也会加大。

◆ **投资收益难以保证**

母公司作为投资人，出发点都是要求投资回报。而投资回报需要依靠公司最终的盈利水平来支撑，公司盈利越多，净利润越高，投资回报也就越高；反之若出现亏损，投资便失败了。

子公司的建立本身就是为了获取利益，所以通常都会用心经营。但实际经营过程中，会出现个人获利、损坏公司利益的情况。这是因为母公司过多放权，导致控制、监管不力，滋生腐败。此外，由于管理模式错误、水平局限、方法错误、市场竞争恶劣等问题，子公司负责人纵然富有责任感和拼搏精神，对于干出一番事业亦是有心无力；这些问题带来的后果无非就是经济损失、投资失败。若母公司能在子公司经营过程中提供适当的专业支持、引导并整合各方面资源优势，可能会避免上述后果的发生。

◆ **人才管理失利**

企业之间的竞争无论如何都逃不过人才的竞争。企业要想占据行业主导地位，必须抢占行业内部的专业或高精技术人才。子公司要组建优质的人才队伍，母公司必须对其团队和人才建设与管理提出具体要求和标准。另外，若母公司没有干预子公司的人才管理，不了解其基础团队，也就很难凝聚子公司的人心。母公司对于子公司的管控首先应着眼于管人，不能放弃对人的考核权，否则会丧失母公司与子公司内部人员的人际关系和默契程度，也给子公司带来人才管理的风险。

◆ 流程管理失控

由于法律风险存在于企业的日常生产和经营中，所以子公司作为独立法人应谨小慎微，不管是在对外合作还是在内部管理方面，都要预先做好防范，从工作流程着手进行防控。否则流程管理不到位，法律风险随之产生，最后投资也会产生不可预计的损失。所以子公司过于独立，会造成流程管理上的法律风险。

3. 组织诊断措施

◆ 对股权结构进行重新整理

在母公司、子公司合作和管控上，股权比例直接决定话语权的大小。虽然是新成立的子公司，也可能享有绝对的话语权。所以重整股权比例，主要就看母公司是否是股权最多的股东：若是，母公司从法律上便具备了管控的主动性，处于绝对控股地位，其制定的规则子公司需遵守落实；若不是，母公司与子公司实际控制人之间有无其他利益上的羁绊，便是母公司主动管控的可能性，同时还可通过协商一致、达成协议，来约定母公司的管理模式和管控程度。

◆ 适度集中权力

前已述及，过度放权弊大于利，所以母公司需要对关键权力进行适度集中，不可放纵子公司的独立性。母公司可多方面在管理模式和权限上加强对子公司的管控：财务管控方面，应不定期监控财务报表，了解资金流和盈利状况；人力资源管控方面，有效介入子公司高管的任免、晋升、薪资调整、绩效考核等；经济效益和供应链方面，集中管控能产生资源集中优势的职能，采取战略供应的方式采购生产资料，保证质量的同时降低成本；管理经验和模式的传递方面，建立统一的可复制的先进管理模式，制定管理政策和标准，追求完美。

◆ 加强引导和管控专业技术

母公司之于子公司的优势，主要体现在专业技术方面拥有深厚的储备，在行业或产业中占据一席之地。母公司可通过发挥专业技术方面的优势，加强与子公司在专业技术方面的联系，使得子公司依赖母公司的专业技术，才能更好地对子公司进行管控。发挥优势，可采取诸如母公司周期性技术检查和培训、定期召开母公司和各分支机构之间的技术交流会、一起研发技术等方式。

一个集团企业的管理，从组织结构设立初期就要思虑方方面面的问题，既要着眼整体，也要考虑细节，自始便不是一件容易的事情。

第四节　组织汇报线诊断方法：职能管理控制线

组织结构作为企业落实战略目标、实现企业管理运作的基础，其核心在于通过建立有序的分工协作机制，实现责、权、利及各类企业资源的动态平衡。

对企业组织结构进行诊断时，首先需要明确战略导向，以战略导向为原则，明确企业的业务、职能、层级架构、职权，并因此实现企业各类管理资源的分配，发挥组织的系统作用。

一、组织结构诊断的 4 个维度

审视企业的组织结构时，通常需要先了解这个企业所属的行业、规模、经营模式，继而从业务结构、层次结构、职能结构和职权结构等方面开展分析。

1. 结构诊断之业务结构维度

对组织的业务体系进行诊断，往往需要从横向、纵向两个角度进行审视：横向是指业务体系基于业务种类 / 地区 / 客户等因素进行分布的合理性；纵向是指业务流程体系衔接是否合理有序、是否出现部分环节重叠、缺失等情况。根据斯蒂芬・罗宾斯的组织研究理论，不同的业务划分模式各有优劣：

◆ 按产品划分

优点：有利于分配产品所需的资源，实现高效的部门内运作；

缺点：跨部门沟通可能存在一定障碍，职能设置可能存在重叠；

适用组织类型：产品导向型，适用产品业务规模差异较大，经营规模较大的组织。

◆ 按地区划分

优点：区域资源协调能力强，提升区域业务效率；

缺点：各部门间沟通协作可能受到一定影响；

适用组织类型：市场导向型，业务或产品受距离影响较大的组织。

◆ 按客户划分

优点：能够根据特定的客户需求实现快速的响应；

缺点：可能因为产品差异较小，而造成内部的业务竞争；

适用组织类型：客户导向型，根据客户需求开展相近或相似业务。

2. 结构诊断之层次结构维度

层次结构是指组织的构成以及结构分布，主要包括组织的管理层级和管理幅度。

管理层级是随着组织规模的扩大和关系的复杂性而产生的，这与组织的规模和管理范围密切相关。管理范围是指主管能够直接有效管理的下属人数。管理的范围与水平成反比。一般来说，认为管理 3–20 个直接下属是合适的。其中，高层管理者管理 3–10 名下属；中层管理者管理 6–15 名下属；基层管理者管理 15–20 名下属，但不是绝对的。以下因素也会影响管理范围：如管理者的素质和能力、下属的素质和能力、工作的相似性、工资环境的稳定性、计划的完善程度、授权和人员空间分布、配备助手等。

3. 结构诊断之职能结构维度

在该维度中审视 2 个问题：一是是否存在职能重叠或缺失的现象，尤其是组织所需的关键职能是否具备；二是职能部门是否定位清晰，是否有明确的使命。

职能结构是指实现组织目标所需的业务工作、比例和关系。职能结构诊断是分析现有组织体系中各部门的作用，各部门的分工、隶属关系和合作关系，判断企业现有组织结构中各部门的职能是否缺失、重叠、冗余或错位。

职能结构的诊断可以与企业价值链相结合，对价值链中各个环节的职能进行逐一分析，这样就不会出现职能的遗漏和重复，思路也非常清晰。经过详细的诊断，可以确定主要的职能改善区域和关键点。

4. 结构诊断之职权结构维度

职权结构指各层级、部门的权、责分工及相互关系。通过对各级组织的职责、职务、职权进行分析，职权分为以下 3 种：

◆ 直线职权：上下级形成命令与指挥的关系；

◆ 参谋职权：向上级提供咨询、建议，所涉及的领域包括人事、财务、法律、运营管理等；

◆ 职能职权：提供参谋和建议的人员具有一定权力，并作为一种有限的指挥权，在专业领域的范围内发挥作用。

通过上述维度，通常可以对企业的组织结构进行系统的分析。当然，由于每个企业存在不同的特点和背景，所以问题也不同，需要我们在实际工作中灵活把握。

表 5-1　组织职能诊断

序号	诊断结果	诊断建议
1	组织机构庞大，部门设置臃肿，办事效率低 机构设置随意，职能分工过细，相近、相似职能分散	对组织架构进行精简
2	部门职责界定不清晰	重新厘清组织部门职责
3	因人设岗，人浮于事 职能部门管理幅度过小，管理人员过多	采用单一主管负责制，尽量不设副职，一专多能
4	企业存在多头指挥和越级管理等情况	梳理部门职责和岗位职责，明确直接负责人
5	企业内部沟通协调机制薄弱	明晰跨部门业务和管理流程
6	部分职能薄弱，或信息体系不完善，导致企业管理能力缺位	加强部门职能建设

二、组织汇报线诊断的目标是较好地控制职能

组织职能是组织诊断的重要诊断部分。组织职能包括建立管理机构、划分管理层级、建立组织结构、确定管理制度、确立各组织的分工协作关系、打通沟通渠道、选育用留管理、组织变革与创新等。明确工作的完成途径、完成主体及主要流程。管理者应根据组织的战略和经营目标，设计组织结构，配备人员，整合组织力量，以提高组织的适应性。

控制是管理最重要的功能之一，确保组织计划与实际运作相适应。控制是确保组织目标实现的必要措施。如果没有有效的控制体系，一个社会、一个组织就会乱象丛生，脱离正轨。通过控制，不仅可以检查工作是否按预定计划进行，检查计划的正确性和合理性，还可以调整行动

或计划，使它们协调一致。[1]

对于组织来讲，控制职能之所以有必要，主要原因如下：

环境变化的影响。在现代社会，竞争越来越激烈。组织的内外部环境复杂、多变、不稳定。如果一个组织没有一个有效的控制体系，就不可能适应环境的变化，从而导致原计划的失败和既定目标的失败。计划目标的时间跨度越长，控制就越重要。

组织成员素质对计划实施的影响。组织制订的计划由组织相应的员工实施。但是每个员工的工作动机、态度等人格特征都不一样，对计划的理解和态度也不一样，而且每个员工的工作能力也不一样，他们是否能够胜任自己的职责，这些都会影响计划的实施，可能会产生有利影响，但也可能会产生不利影响，从而导致偏差。因此，组织必须有一个监督和调节机制，以确保计划目标的完全实现。

组织活动的复杂性。一般来说，小企业可以简单地记录生产情况，而不需要对单个产品的生产进行详细的计划。当组织规模扩大，业务复杂化时，必须有周密的计划和严格的控制制度，否则可能无法正常工作。绝大多数组织都面临着复杂的内部业务活动和激烈的外部竞争。为了保证各方面的协调统一，少犯错误，或一旦犯了错，可以及时纠正，这与有效控制是分不开的。

---

① 张海荣：《财务管理是管理控制的核心》，载《新远见》2008 年第 1 期，第 96–99 页。

第五节　诊断集团人力资源管控问题

一、集团人力资源管控常见问题

在明确集团人力资源管控和个别公司人力资源管理的基础上，可以看到集团人力资源管控存在哪些挑战？换句话说，做好集团人力资源管理和控制工作必须克服和考虑哪些问题？主要问题总结如下：

1. 集团绩效管理失控

多元化集团公司绩效管理失控。没有人实施战略绩效管理，也没有人对子公司横向进行有效、科学的比较，只能看谁高谁低。而对于多元化企业的每个子行业，没有一个系统的方法来建立一个基准，只能将这些企业与自身的起点进行比较，其结果就会变得封闭而短视，无法在外部市场中实现竞争引领，以自己所获得的些许成就而沾沾自喜，从而缺少改进绩效的动力。最终结果将变为，只要不排在最后就可以。这样的不良心态占上风，整个集团的发展就会岌岌可危。

因此，多元化集团的战略绩效管理已成为一个亟待解决的问题。另外，很多企业在这个基础上，简单地认为平衡记分卡可以解决这个问题，并不是要在各个子公司之间建立科学的关系，而是把这套以财务为基础的传导关系和哲学关系引入集团公司时，就把它简单地放在了这套以财务为中心的传导关系和哲学关系上，并试图把它作为战略绩效的起点，这是非常失之偏颇的。

2. 人才培养体系失衡

在许多集团公司中，公司的规模越来越大，销售量不断增加，但是利润却没有同步增加，乃至下降。究其核心原因，是公司在扩张时未建立与规模相应的组织能力和人才团队，无法匹配未来的竞争环境。如果公司错误地认为，在业务发展时无须抓紧建设管理能力，仅需侧重于业务发展，在未来公司需要管理人员的时候，就只能通过外部人员空降，缺乏自有的人员储备。同时，外部人员空降需要较长的文化融合的时间，因此，空降人员可能会在很长一段时间内表现不好，而最终被公司抛弃。

当然，人力资源的缺乏也是因为，当集团培养了一些综合型人才时，由于集团认为子公司的快速发展更需要人才，因此会把他们送到子公司，使子公司的经营状况持续上升和快速发展，但自身的管理水平跟不上业务发展的步伐。

集团总部必须成为他们的后勤部门，并为他们提供所需的人力资源。但这使总部处于被动局面：总部没有推动子公司建立人力资源培养能力，没有让其建设梯队干部，被迫成为人才输送中心。

无论总部培养的人才素质有多高，都存在经验与专业能力不匹配的问题。下派后，能不能在子公司用好，或者子公司还没能培养出自己的人力资源团队，总部能派多少人？这是一个很严重的问题。即使总部可以培养，也要继续供应给以下部门，不断推动业务发展。但是，下面的公司不负责人力资源的培养，人力资源的缺乏无法缓解。

所以，当他们的业务发展太快，管理层跟不上时，他们要么向总部求助，要么急忙从外面找猎头或招聘人员。因此，不管你是猎头还是招聘人员，不管是否能够支付得起昂贵的薪水，事实上，人们发现这类人与企业文化和企业融合的程度并不理想。这样，人力资源的缺乏将长期持续下去。

3. 总部人员人浮于事

为什么集团人员的工作积极性无法提升？首先，从激励的角度，除管理层、核心业务部门负责人外，大多数总部人员的薪酬福利实际上都不如子公司相应职位的综合薪酬。因为子公司相应岗位的福利分配具有较大的影响因素，使业务部门超过了总部这样的单一管理部门。

其次，作为留在总部的人，虽然一开始可能在分公司有突出的表现，或者在招聘的时候展现出了非常高的个人素质，但是一旦到了总部后，这些人的职业发展道路可能会逐渐变窄，而非像想象那样充满机遇。国有企业会有机构任免人员，所以他们的职业发展不是直线的。民营企业更倾向于在子公司培养一些通事务且懂谋略的管理人员，成为总部的高级管理人员。所以事实上，在总部，多数人员仍将是发挥守成而非开拓的价值。

同时，总部有很多事务性工作，甚至很多总部主动为子公司提供服务。因此，子公司的一些杂乱无章的事情都交给了总部。总部的人忙得毫无闲暇。当总部的人总是从事看起来重复、无意义的事务性工作时，他们的积极性就不高，不知道自己的发展方向和未来。在这种情况下，很多公司总部的员工会觉得最好不要给自己多添麻烦。因此，总部这样一个相对单纯、与世隔绝的状态，实际上使总部工作人员的主动性变差。

4. 总部管理渐空心化

当总部不断向子公司输送优秀人才时，有人强调需要支持子公司的发展，但事实上，经过反复的单向人才输出，公司总部内部逐渐变得空心化。

优秀人才被送到子公司，这些人在子公司必然会与总部有一定的博弈，优秀人才在总部的成长需要很长时间。当子公司与总部博弈时，因为管理后置、沟通效率有限、信息不对称等情况的存在，总部此时显然处于劣势。因此，这种机制使得总部不得不迅速补充一些人才，而人员招聘时并非总能找到高素质、有经验的人才。

因此，总部本来就很难涉足子公司的具体业务，从而完全变成了红头文件的制造中心、各种系统的制造中心、各种会议的制造中心，而不是业务的指挥中心、支持中心。

5. 复合型人才的缺失

集团总部缺少一批能够坚定地站在总部位置上，与子公司既进行博弈同时又协同合作的工作平衡状态，并在总部与子公司层面积累的同时具备业务能力和管理能力的复合型干部队伍。

所谓博弈，就是在原则问题上不妥协，通过博弈从而实现综合价值的最大化，而合作则意味着总部应该尽力与子公司协调非原则性问题，帮助子公司在不合理的制度、流程设计、资源调配上做出一些调整。

因此，总部必须不断设计、完善和迭代调整机制，大力培养复合型人才，使总部子公司的发展能够得到更多的支持帮助。

6. 能力提升驱动业务转型

总部人员长期处于相对稳定、不变的模式下，人员的知识储备相对有限，如果将他们的认知领域组合在一起，他们的视野与广度已经无法完全覆盖所有多元化业务、所有的层级。换言之，对于许多企业来说，集团对于实际的业务开展状态、发展战略理解存在偏差，乃至完全无法覆盖风险。此时，集团的多元化面临危险。

当很多集团都在从事深度专业化的时候，比如汽车公司，当他们最终想做汽车金融和汽车服务时，发现传统制造型高管无法理解汽车金融和汽车服务，包括车队管理、二手车销售等，并发现在这里面有那么多的环节和复杂的故事，所以他们不得不和银联等金融机构打交道，那么这种技能和管理能力已经不适合公司的发展。

无论是集团公司的高级管理人员，还是子公司的高级管理人员，都会出现能力不适应发展的问题。例如，子公司突然发现这个板块是如何从原来的利润中心减少到成本中心的。但是，如果以前是利润中心，人、财、产、供、销都有相对独立的话语权，能够以市场化的方式控制利润、采购、营销、成本和费用。这是一种相对利润中心的方法，之后突然沦为成本中心，很多子公司突然发现自己不适合。为什么？当他们能够控制采购和营销时，他们发现利润还是可以实现的。但是，很多公司在既定的利润、一定的成本、一定的费用、一定的材料条件下，要想建立世界一流的成本控制体系是很难的。

当然，也存在由成本中心成长为利润中心，甚至投资中心的。那么，这种能力的挑战将面临更高的门槛。而组织的能力将是决定公司走向的重要“瓶颈”。

7. 管理差异妨碍战略协同

如果总部想把一家分公司的中层干部调到另一家分公司，发现新公司的工资水平要比原来高出很多，那么在调整后的职级上，要么令这个人吃亏，要么使这个人的薪酬激增，最终不仅导致原来公司的愤慨，也会引起现在新公司其他人的怨恨和不公。

如果恰恰相反，把一个薪水和福利都比较好的中层干部调到一个比较差的公司，除非有非常明确的目标许诺或强有力的组织文化，使员工坚信为公司付出终究会有好的回报。否则，这种调整终将导致人才的流失。

因此，很多人会想方设法通过各种关系和渠道调到集团公司福利待遇最好的子公司，而在不太好的子公司，人才缺乏。造成好的越来越好，差的越来越差的发展困局。

8. 总部管理的全局视角

当原来的中低薪企业开始想与高薪、行业薪酬水平普遍较高的企业进行竞争时，就会发现这两种体系之间的差异难以跨越。如果新公司仅仅因为行业平均水平较高，而获得了更高的薪酬水平，对老群体而言会显得尤为不公。但是，如果不这样做，他们就找不到具备市场竞争力的高水平人才，从而导致公司整体的发展形势堪忧。

对以上问题进行分析，可以明确一个概念。当子公司的管理层和人力资源总监们习惯于在子公司的层面选拔、培养和留用员工时，如被提升到总部的层面，来管理整个集团的人力资源时，他会发现自己原来的眼光、技能和见解，在集团公司的大格局中失去了原有的效用。

集团公司的问题显然比以前遇到的问题更高、更复杂。所有与人有关的工作和与管理者有关的工作都或多或少地被影响，事实上，集团公司的所有工作都具有这样一个边缘性和复杂性的特点。因此，集团公司的人力资源管理者必须开始思考如何适应复杂的工作，能否在复合型工作中获得窍门，把整个公司的人力资源管理工作推向更高的水平？

二、集团人力资源管控问题解决之道

集团人力资源管控、个别公司人力资源管理、总部实施的人力资源管控存在诸多问题的根本原因是什么？

首先，总部对子公司的人力资源管理应有统一的管辖权和制度约束，以促进各层级、各子公司人力资源管理的平衡。通过总部制定的框架、方向、标准、原则，确保各分公司、子公司的人力资源体系不偏差、不滞后、不矛盾，这是集团人力资源管控的意义所在。

而集团公司层面的人力资源问题之所以如此之多，根源在于很多公司都是用个别公司的人力资源管理方法来解决集团公司的人力资源管理问题。

母公司、子公司人力资源管理的冲突，一部分原因来自集团自身的人力资源和管理水平，总部对子公司人力资源管理工作的宏观管理和控制，能否包容跨行业的差异，跨区域的难点，不同的发展阶段，不同的业务组合等，这些具体的种种细节对集团与子公司间关系冲突等问题产生了深远的影响。

当然，由此问题可以推出，集团管控的诸多问题与此逻辑一致。比如，单个公司的财务营销、研发、供应链等技术应用到集团层面，但换汤不换药，工作范围扩大，造成了一些问题。集团公司通常是跨行业的多元化公司，而子公司是高度专业化的。

对于传统的人力资源管理者而言，其核心竞争力其实就是经验。他们有丰富的经验和判断力。可以通过很多隐性知识，形成一套结合客观规律的主观经验的判断。一般来说，这种判断是基于经验和科学，但它很难复制和学习，必须通过相当长时间的摸索和了解，知晓公司的业务和文化，才能够构建超常的认知能力。

同样，对于跨行业问题，如果一个人在化学工业、服装和奢侈品等领域中都有广泛的涉猎，就有可能建立一套经验，并准确识别出员工在该领域的能力和潜力。假设一个人可以跨越几个专业，并在每个专业都建立自己丰富的经验体系，那一定是胡说八道，这样一个无所不能的人是不存在的。同理，当子公司跨越多个行业时，总部的人力资源总监会突然发现自己以前的技能失效了。

事实上，当总部不能与子公司对话，子公司完全独立负责时，就会出现子公司自理的局面。因为没有子公司会愚蠢到去主动约束自己，这是其所处位置决定的。子公司管理层会有意识地甚至无意识地进行抵制，以屏蔽总部的一些干扰。相反，如果是总部的话，他们会怀疑各子公司，去进行封锁和干涉。这种双向运动是由角色决定的，而不是一个人品质的好坏。

可以说，从以经验为导向的单一公司，转变成为需要体系化、集团化的众多实体，对子公司管理指标体系的建立，包括关键绩效指标、平衡记分卡等工具，统一子公司关键成功因素之间的逻辑关系，使子公司的绩效提升不再是一套摸不着的经验，而是可以分解和细化成可执行、可落实的行动点。

通过建立集团管控的指标体系，可以更易于分析和把握子公司，相当于为一个人建立基因图谱。通过了解基因图谱，就可以通过经验积累和现状趋势进行判断，比如为什么人患有哮喘，严重程度怎样？如何解决？

作为将指标体系进行具象化的工具，可通过知识地图梳理导出正确的因素，代替主观判断。子公司根据战略进行绘制，公司应该具备什么样的能力，需要掌握的程度如何，甚至还有一些定量或定性的描述，凸显整个子公司完成战略的知识和能力。同时，不同层级的管理人员、关键核心岗位，同样需要厘清标准，根据能力标准判断现有组织、人员的能力差异，需要补充什么样的人力资源。

基于此，可以将公司、产业、个人的特点、经验、趋势进行整合，通过更全面的视角建立认知体系，才能摆脱单一的人力资源管理误区。

集团公司已经非常庞大，为了谋求更好更大的发展，不得不进行变革。快速的发展和变革过程中所带来的弊病浮现出来，成为影响企业持续提升的牢笼。此时，对集团公司进行人力资源管理诊断就成为当务之急。如何对集团公司进行专业深入的人力资源管理诊断就成了管理人员和组织发展管理者关注的焦点。

Organizational Diagnosis

第六章 组织生命周期诊断

“朝菌不知晦朔，蟪蛄不知春秋，此小年也。……上古有大椿者，以八千岁为春，八千岁为秋，此大年也。”组织与《逍遥游》中描述的一样，也有着生命演变规律。很多小企业想做大，很多大企业又想做小，如果不能有效识别组织发展的规律，不理解组织发展周期，不诊断各组织周期的特征，就很难让大象起舞、让小船变大舰。

当今，时代发展充满了不确定性，并没有把组织生命周期给打乱，反而加快了每一个周期的发展速度，本来通过生命周期理论可预测每一个组织的下一步发展情况时，变得来不及应对，组织生命周期的诊断方式是未雨绸缪的一种方式，不同时期的不同诊断方式，才能让组织应用不同管理策略应对不同危机，延续组织生命力，达到成长的目的。

第一节 企业组织生命周期阶段特征

组织管理学界普遍认为，组织和人一样，有生命周期。每个周期在组织架构、领导方式、员工心态、授权集权等方面都有不同的特征，而且每一个阶段最初和最后都面临不同的发展和危机问题。如果想要更好地诊断组织，就需要识别这些特征。因为不同时期的诊断方法和方式也不同。

一、企业生命周期及其阶段性特征

伊查克·爱迪斯提出的企业生命周期理论是指企业从创办开始，到成长、成熟、衰退所经历的自然时间。企业受资源周期、产业生命周期、经济周期、人的生命周期和管理周期等因素的影响，其发展过程会随着盈利状况的起伏而呈现出周期性特征。

第一个阶段是初创时期，这一时期的企业要么是刚刚获得个人、集体或国家投资的新技术企业，要么是被其他企业接管以后转变而成的新企业。初创时期的企业组织结构相对简单，还处于管理者兼职生产经营者的集权模式；其生产设备相对简陋，生产规模小，所占的市场份额也不高；其资本来源主要还是依靠投资者和借贷。由于此时的企业一般盈利水平较低，加之现金流时断时续，因此很有可能出现经常性的财务困难。这一时期企业的优势主要有两点：其一，企业规模小，调整方向相对容易，因此能够快速地找到符合市场需求的产品和服务并付诸行动；其二，企业的管理机制还没有完全建立起来，因此相对灵活且富有弹性。

第二个阶段是成长时期，成长时期又可以细分为迅速成长阶段和稳定成长阶段。在迅速成长阶段，企业的产品和服务已经基本定型，市场竞争能力逐渐增强，业绩增长速度加快，产品市场份额稳步提高。随着市场竞争者的逐步增多，其产品市场份额增长速度也会随之减缓，企业也进入了稳步成长阶段。这一时期，企业已经相对成熟，马上就会过渡到成熟期。为了维持已有的增长速度，企业会不断开拓新的业务和市场，从而建立新的利润增长点。经过前段时间的磨砺，企业高层的风险与决策管理能力都已大大加强。[①] 随着越来越多的优质职业经理人加入领导团队，企业的经营管理模式也会逐渐得到完善。

第三个阶段是成熟时期，由成熟前期和成熟后期 2 个阶段组成。处于成熟前期的企业尚未形成成熟的经理阶层，主要还是依靠企业家

---

① 郭云：《论企业生命周期的财务特征及管理策略》，载《山东工商学院学报》2005 年第 3 期，第 84–87 页。

个人的能力，而且大多还是单厂形式。此时的企业有着较高的管理水平和雄厚的资金，掌握了先进技术和大量优秀人才，其竞争能力和生存能力不断提高，慢慢地就会获得销售和原料的控制权，并逐渐形成完整的产业链，向大型企业迈进。成熟后期的企业已经建立起内部的多单位和职业经理阶层，可以更有效地协调日常业务流程和配置资源，从而促进企业的持续成长，进一步向超级大企业发展。当然这一时期企业也很有可能出现生产能力过剩、市场饱和、成本上升、企业僵化等问题，为了更好地应对这些问题，企业要及时进行管理创新或技术创新。

第四个阶段是衰退时期，企业在成熟前期未能实现蜕变就会衰退下来，实现蜕变后也有可能进入自然衰退期。处于衰退期的企业管理可能存在相当严重的问题：一方面各部门之间经常互推责任，员工士气低落；另一方面固化的管理阶层容易导致官僚主义和本位主义。而且这一时期的企业很可能由于产品试制失败或尚未被市场完全接受而逐渐丢失市场份额，甚至出现亏损，股票价格一再下跌的局面。此时企业被对手兼并、接管的可能性增大，企业的生存遭到威胁。

二、4 大阶段的重大经营事项及诊断方法

在初创期、成长期、成熟期、衰退期的企业，由于人才、规模和资源配置状态的不同，其面对的重大经营和诊断方法侧重点也是不同的。那么，不同阶段的企业在发展中会遇到什么样的重大经营事项，又该用什么样的诊断方法呢?

1. 创业阶段的 3 大经营事项和团队诊断

公司初创的时候，主要是面对公司注册、资金筹措和团队搭建 3 大事项。

◆ **注册公司流程**

公司注册是开始创业的第一步。一般来说，公司注册的流程包括：企业核名、提交材料、领取执照、刻章，做到就可以完成公司注册，进行运营了。

◆ **初创公司资金筹集渠道**

资金是创业的第一大难题。筹集资金渠道可以分为内部筹资渠道和外部筹资渠道。企业内部筹资渠道是指从企业内部开辟资金来源。初创企业都会选择这一渠道，因为这种方式保密性好，企业不必向外支付借款成本，因而风险很小。[①] 外部筹资渠道是指企业从外部所开辟的资金来源。如表 6-1 所示。

表 6-1　初创公司资金筹集渠道

经营事项	具体释义
银行贷款	指银行根据国家政策以一定的利率将资金贷放给资金需要者，并约定期限归还的一种经济行为。
合伙融资	按照共同投资、共同经营、共担风险、共享利润的原则，直接吸收单位或个人投资、合伙创业的一种筹资途径和方法。
风险投资	是一种高风险、高回报的投资，风险投资家以参股的形式进入创业企业。
民间资本	民营企业的流动资产和家庭的金融资产，投资操作程序较为简单，融资速度快，门槛低。
互联网融资	投融资信息服务、众筹模式等互联网融资渠道。
融资租赁	指出租人根据承租人对租赁物件的特定要求和对供货人的选择，出资向供货人购买租赁物件，并租给承租人使用，承租人则分期向出租人支付租金。

① 方芳:《浅谈企业并购策略》，载《价格月刊》2005 年第 1 期，第 38–39 页。

◆ 创业公司组建团队

创业初期除了资金，最困难的当属如何组建团队。找资源能力互补，并有共同理念的人才加入并非易事。

表 6-2 创业公司组建团队

经营事项	具体释义
创业团队组建模式	公司制、合伙制。
创业团队组建原则	目标明确合理原则、互补原则、精简高效原则、动态开放原则。
创业团队组建注意事项	选择合理的团队成员、确定清晰的创业目标、制定有效的激励机制。
创业团队合伙人选择	目标一致、品行端正、吃苦耐劳、心胸大度、心理强大、抗压性强。
创业办公场地选择	科技公司应当在以科技公司为主的园区选址；创业型的公司宜选择创业孵化类园区，如创业基地、创业小镇、创业科技园等。确定了租赁办公场所类型后，再考虑租赁方式的选择，资金充足，可以考虑直租；资金不是很充足，可以考虑合租、联合办公等。

创业初期成功的关键因素包括资金、能力、定位、人才与团队、心理状态。创业失败的原因一般是没有规划、创业过程中没有耐心、执行力不强、错误决策、用人和管理不当。因此，这个时候的组织诊断可以选择团队诊断。

很多企业在团队诊断的理解问题上存在 2 个误区。首先诊断对象是团队整体而非个人，团队问题是大家共同造成的结果。其次是团队领导不属于团队诊断的内容，因为团队领导地位比较重要，出了问题的主要责任也在团队领导。其实不是这样，可以通过诊断，优化一些措施之后判定团队诊断是否有效，比如团队在一定时期内有起色，体现在绩效、沟通、团队士气等方面有所改善。但是仍然需要不断调整，分析原因并研究解决方法。这应该是一个周期性、持续性的工作，在这一层面上，诊断更像是为创业团队开一条先河，为管理者提供团队建设和发展的宝贵经验。

2. 成长阶段的经营事项和业务诊断

公司进入成长阶段的特征有 4 点（见表 6-3）。

表 6-3　公司成长阶段的特征

经营事项	具体释义
生存问题已基本解决	企业在资金、人员数量、技术水平方面较创立阶段都有显著提高，但对资源的管理和利用成为企业中的新问题。
转业率低	转业率要比创立阶段低 60% 以上。
专业化水平提高	企业开始注重发展与其他企业的联合关系，加强企业之间的协作能力。
投入资金较多	在财务方面，企业表现为投入较大，收入颇丰，现金流可正可负。

成长阶段公司面临的问题是企业业务快速发展，由单一产品转向多个产品线；人员大量增加，跨部门的协调越来越多，并越来越复杂和困难；企业面临的主要问题是组织均衡成长和跨部门协同。因此此时可以采用业务诊断工具和方法。

3. 成熟阶段的经营事项和文化诊断

处于成熟稳定阶段是企业发展到一个鼎盛时期，规模较以前明显增大，人员稳定，技术成熟，有自己的管理风格，有一定的竞争实力。这个时候想持续稳定发展，一般会选择规模效应、多元化经营战略。具体事项表现为分公司的开设、并购和上市。

◆ 分公司开设流程

表 6-4 分公司开设流程

序号	具体流程
1	名称核定。
2	凭工商局签发的函件刻公司公章。
3	工商登记注册。
4	办理企业法人代码证书。
5	开设银行账户。
6	办理税务登记证。

◆ 公司并购流程

表 6-5 公司并购流程

经营事项	具体释义
战略决策	明确并购动机和目的并且进行市场观察和调查。
并购准备	从财务、市场、经营、法律、IT、税务和人力资源等方面对目标公司进行调查。
提出最终评估报告	将调查结果加入最终评估报告，制订对目标企业并购后的业务计划书。
谈判、签约	买卖双方就并购合同进行谈判，达成一致后，即可安排签署合同。
资产移交	并购合同应对资产移交手续有明确的规定。

◆ 公司上市条件和程序

表 6-6　公司上市条件和程序

经营事项	具体释义
公司上市条件	①股份公司；②经营满 3 年以上；③发行人无重大权属纠纷；④发行人 3 年内主营业务和高级管理人员无重大变化；⑤股权清晰；⑥已依法建立股东大会、董事会、监事会等。
成立股份公司	公司上市程序确定成立途径（股份改革）；制订改制方案；聘请验资、资产评估、审计等中介；申请设立资料；召开创立大会。
上市前辅导	聘请券商（主承销资格）；辅导期≥ 1 年，有效期 3 年；上市方案与可研报告（董事会）。
股票发行筹备	确定发行结构、发行规模、发行目的、分销架构、投资者兴趣、估值、草拟招股书、准备法律和会计文件。
申报和审核	申报材料制作、开始审议程序、估值 / 定位、准备对监管部门的意见提出回应、刊登招股书。
促销和发行	审核通过后决定发行、推出研究报告、准备分析员说明会和路演、向研究分析员作公司和发行的介绍、询价、促销、确定规模和定价范围。
股票上市及后续	定价、股份配置、交易和稳定估价、发行结束、研究报道、后市支持。

然而，就在成熟阶段，几乎所有的企业都会不知不觉地患上大企业文化病。这些病症会在重大转型或环境急剧变化时更加恶化，危及企业再发展。因此，加强对企业现有文化建设，对存在的问题进行及时准确的诊断，有十分重要的意义。[①] 企业文化是企业经过长期发展逐渐形成

① 赵方：《关于企业文化诊断的几点思考》，载《求知》2007 年第 8 期，第 20–21 页。

的独特文化，良好的企业文化是企业发展的直接推动力，对提高企业凝聚力，保持生命力、市场竞争力和实现企业可持续发展方面发挥着至关重要的作用。因此，企业管理人员必须充分认识到企业文化诊断的重要性，通过企业文化诊断，了解企业文化的现状，找到企业文化进一步发展的关键所在，指明强化企业文化建设力度的途径和方法。①

4. 衰退期的企业策略和绩效诊断

企业处于衰退期时，通常有 3 种策略可供选择，即保持、收缩和放弃。

表 6-7　衰退期的企业策略

经营策略	具体释义
保持策略	如果企业仍能获取足够的现金流，则继续沿用过去的策略，投资维持现状，目标是保持现有的市场占有率，以使它们尽可能产生更多的收益。
收缩策略	抛弃无希望的顾客群体，大幅度降低促销水平，尽量减少促销费用，以增加利润。这样可能导致产品在市场上的衰退加速，但也能从忠实于这种产品的顾客中得到利润。
放弃战略	对于无利可图的“瘦狗”类及“问题”类企业，必须当机立断，果断放弃经营。

这个时候可以采取绩效诊断。所谓绩效诊断是分析引起各种绩效问题的原因，并通过沟通寻求支持与了解的过程。绩效诊断包括直接绩效诊断与间接绩效诊断。直接绩效诊断是指对绩效管理活动中的各个环节以及相关因素进行全面分析判断的过程；间接绩效诊断是在绩效诊断活

① 冯鹤鸣：《关于企业文化诊断》，载《中外企业文化》1996 年第 9 期，第 37-39 页。

动中，找出绩效管理存在的问题的同时，及时发现企业组织上存在的各种各样的问题。绩效诊断无论是对企业还是对员工个人都是十分重要的，通过诊断分析，既有利于改进企业总体系统，也有利于提高员工的素质和工作质量。[①]

一是对企业绩效管理制度的诊断，如现行的绩效管理制度在执行的过程中，哪些条款得到了落实，哪些条款遇到了障碍难以贯彻，绩效管理制度存在哪些明显不科学、不合理、不现实的地方需要修改调整。

二是对企业管理体系的诊断，如绩效管理体系在运行中存在哪些问题，各个子系统之间健全完善的程度如何，各个子系统相互配合协调的情况如何，目前亟待解决的问题是什么等。

三是对绩效考评指标和标准体系的诊断，如绩效考评指标与评价标准体系是否全面完整、科学合理、切实可行，有哪些指标和标准需要修改调整等。

四是对考评者全过程的诊断，如在执行绩效管理的规章制度以及实施考评的各个环节中，有哪些成功的经验可以推行，有哪些问题亟待解决，考评者自身的职业品质、管理素质、专业技能存在哪些不足，有哪些亟待提高等。

五是对被考评者全过程的诊断，如在企业绩效管理的各项活动中，员工持有何种态度，通过参与绩效管理活动，员工有何转变，在实际工作中取得何种成果，职业品质和素养有哪些提高等。

---

① 安鸿章：《浅议现代人力资源管理的三大基石和两大技术》，载《中国经贸导刊》2002 年第 22 期，第 36–37 页。

在一个漫长的或者短暂的组织发展周期中，组织的发展如图 6-1 所示，要经历不同的问题和不同的经营重点。此时需要有不同的诊断方式进行应对，才能有效地开展下一步。

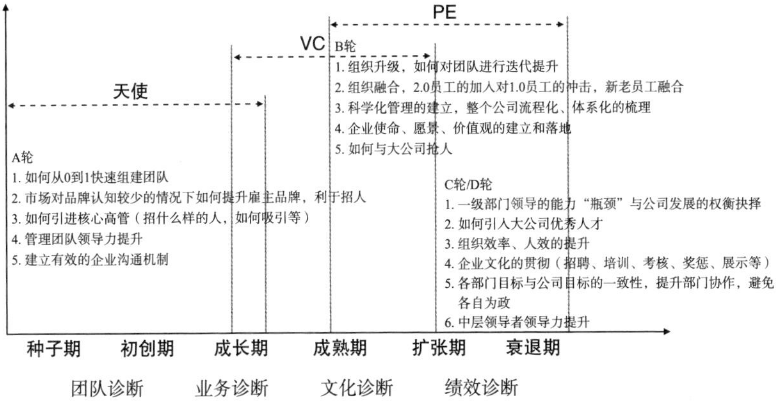

图 6-1 组织发展不同阶段的不同诊断方式

第二节　创业阶段的团队诊断要点

创业阶段变化不定是主要特征，如何诊断一个变化的组织？也是组织诊断中要面对的难题。其实，无论创业阶段如何，终归是有特征、有规律的。从特征和规律出发，就是组织诊断的起点。

一、创业企业发展阶段及特点

创业企业一般具有 2 个共同的特征：一是它们都不能在贷款市场和证券公开市场上筹集资金，只能求助于创业资本市场；二是它们的发展具有阶段性，通常可以划分为 5 个阶段，即种子期、创建期（启动期）、成长期（发展期）、扩张期和成熟期。创业企业在不同的发展阶段处于不同的发展状态，每一阶段在企业规模、资金需求、投资风险、市场开拓以及公司成长等方面都有明显差别。

1. 种子期

这一阶段基本上处于实验和开发技术、产品的阶段，即试验与发展的中后期，产生的是实验室成果、样品和专利，而不是产品。企业可能刚刚组建或正在筹建，基本上没有管理队伍。

这一阶段的投资成功率最低，但单项资金要求最少，成功后的获利最高。这一阶段的主要投资形式为政府专项拨款、科研机构和大学的科研基金、社会捐赠和被称作精灵投资者的个人创业投资家提供的股本金等。由于投资风险太高，专业的创业投资机构基本不涉足这一阶段。

2. 创建期

这一阶段，企业已经有了一个处于初级阶段的产品，而且拥有了一份较为粗糙的经营计划，一个不太完整的管理队伍。没有任何收入，开销也极低。据统计，创建阶段一般在一年左右。至该阶段末期，企业已有经营计划，管理队伍也已组建完毕。

这一阶段的技术风险与种子阶段相比，有较大幅度的下降，但投资成功率依然较低。虽然单项资金要求较种子阶段高出不少，但成功后的获利依然很高。这一阶段，那些非营利性的投资，由于法律的限制将不再适宜，所以创业投资将是其主要投入形式。一般来说，创业投资从这一阶段才真正介入创业企业的发展。

3. 成长期

这一阶段的技术风险大幅度下降，产品或服务进入开发阶段，并由数量有限的顾客试用，费用在增加，但仍没有销售收入。至该阶段末期，企业完成产品定型，着手实施其市场开拓计划。这一阶段，资金需求量迅速上升，由于创业企业很难靠自我积累和债权融资等方式解决这一阶段的资金需求，所以创业投资依然是其主要投入形式。

4. 扩张期

这一阶段的企业开始出售产品和服务，但支出仍大于收入。在最初的试销阶段获得成功后，企业需要投资以提高生产和销售能力。在这一阶段，企业的生产、销售、服务已具备成功的把握，企业可能希望组建自己的销售队伍，扩大生产线、增强其研究发展的后劲，进一步开拓市场，或拓展其生产能力或服务能力。这一阶段，企业逐步形成经济规模，开始达到市场占有率目标，此时成功率已接近 70%，企业开始考虑上市计划。

这一阶段的融资活动理解为“承上启下”的资金，是拓展资金或是公开上市前的拓展资金。这一阶段意味着企业介于创业投资和股票市场投资之间。这一阶段的创业投资通常有 2 个目的：

一是基于以前的业绩，风险性大大降低。企业的管理与运作基本到位，已具有的成功业绩，使风险显著降低。

二是一两年以后便可迅速成长壮大走向成熟。这个阶段之所以对创业投资家有一定的吸引力，是因为企业能够很快成熟，并接近于达到公开上市的水平。如果企业有这种意向，在这一阶段介入的创业投资，将会帮助其完成进入公开上市的飞跃。公开上市后创业投资家便完成了自己的使命从而撤出企业。因此，“承上启下”阶段的投资对创业投资家来讲可以“快进、快出”，流动性较强。

这一阶段资金需求量更大。比较保守或规模较大的创业投资机构往往希望在这一阶段提供创业资本。在股本金增加的同时，企业还可争取各种形式的资金，包括私募资金、有担保的负债，或无担保的可转换债，以及优先股等。

5. 成熟期

在这一阶段，企业的销售收入高于支出，产生净收入，创业投资家开始考虑撤出。对于企业来讲，在这一阶段筹集资金的最佳方法之一是通过发行股票上市。成功上市得到的资金一方面为企业发展增添了后劲，拓宽了运作的范围和规模；另一方面也为创业资本家的撤出创造了条件。创业投资家通常通过公开上市而撤出，但有时也通过并购方式撤出。

综上所述，创业投资一般主要投资于创建阶段、成长阶段和扩张阶段。规模较小、运作较为灵活的创业投资机构主要投资于前两个阶段，规模较大、相对保守的创业投资机构往往投资于后一个阶段。

二、创业阶段所面临的 6 个问题

大多数创业者们在创业阶段会遇到 6 个关键问题。

1. 让客户得到初步认可

在创业初期，业务层面要考虑的最大问题是拥有客户。这就需要拥有上乘的产品和服务，从大型企业中抢占一方先机。很多创业初期企业都会用价格来获取客户芳心，但显然这不是长久之策。除非你的企业拥有良好的记录，否则没有人会轻易相信一个新产品。创业者们都希望在产品上市之际得到源源不断的客户，而客户则需要证明创业公司是可靠的，不会遭到质量差、无后续服务之嫌。

2. 打造有责任心的团队

对于创业早期阶段，产品的服务与质量很大程度上由团队所有成员的责任心所决定。很多人说最初的团队最难打造，但是一旦打造成功，这支团队将不可估量，因为初创企业不仅要求大家高质量地完成工作，还需要具备在同一时间兼顾多项目运作的能力。

3. 选择合适的人才

小米最初的 200 人团队都是雷军亲自参与面试和选择的。初创企业既然已经实现了产品与市场的初步契合，就应该更加重视部门的专业性角色人才。在资源并不丰富的初期，拥有高阶人才是一件非常有挑战性的任务。然而这正是大多数初创企业必然要经历的一个过程，其实选择更合适的人才比更高级的人才更有效，让合适的人才多方学习，与企业一起成长更重要。

4. 拥有一个优秀的决策机制

创业初期会有很多选择，创业团队也会有一些意见、分歧。每个人都有自己的看法是好事。但是，悬而未决对于管理来说，并非好事。因此，在团队磨合之初就应该设计一个合适的决策机制。

5. 为未来打造一个有效的管理团队

很多人在创业中会关注薪酬回报，其实一个有效的管理团队并不是以工资为核心的。一个目标明确、定位清晰、相互信任的团队能让初创企业用最少的时间和金钱，做出最正确的选择，这是非常关键的。一个高明的领导者，其高明之处就在于懂得从心理学的角度出发，明确各方必须承担的各项责任之后，再授予相应的权力，从而使每一个层次的人员都能各司其职、各尽其责。如果在初创阶段不采取相应的管理措施，那么后期产生的一系列问题就会阻碍企业的正常发展。

6. 注重业务高效和相对稳定

仅仅拥有一个高效能的团队是不够的。要让公司快速摆脱生存挣扎期，得让产品或服务更好地发展，尤其是在扩大公司规模的时候，必须有一个稳定且高效的创业过程。

三、创业企业解决关于资金难和人才难的问题

初创企业的核心人员一旦离开，团队的剩余价值便所剩无几，很难再存活于市场当中，其创始人自然也不得不去找工作，这种事情在创业企业里无时无刻不在发生。所以，企业要想在市场竞争中取得一席之地、获得丰厚利润的重点是人才。诚然，每年在各大招聘网站中求职者数以万计，但真正取得企业认可的少之又少。企业想要通过招聘来选拔合适的人才十分困难，“人才难求”“英才难留”已成为普遍现象。企业在市场竞争中提升核心竞争力，关键在于解决人才引进与储备的问题，保障重点人才结构的稳定性。

对于资源紧缺这一类问题，极具普适性的解决之道便是开源节流，人才资源也不例外。与外资企业的福利丰厚、制度健全相比，创业企业资金短缺，其优势便是入职门槛低，有利于吸纳部分有潜力的新生力量进入并留下。创业企业在招纳贤士时不宜盲目求精，而应结合自身的实际情况和需求。对于创业企业，资金和人才问题需要一起探讨。

1. 做好规划，先募集资金，再招募团队

企业初创时，募集到的资金应尽可能比计划所需要的数量更大。并且从设立最初，就尽量保证企业盈利、不断生产运作，保障强有力的人才支撑，这样即使创业失败，能被大公司收购也未尝不可。

2. 增强团队凝聚力

许多初创企业都出现过创始人内讧、员工奸佞、公司僵局等情况，不理想的团队合作导致公司发展方向不够明确，内部斗争不断，最终分崩离析。所以，作为创业企业的创始人，首先应当保证创始人内部能够明确职责，同时有人享有决定性话语权进行最终拍板；其次创始人之间应当保持沟通顺畅、公开透明，同时对企业的发展方向观点一致；最后招聘员工不论是在初期还是后期，都应当高标准、严要求，招聘中出现的问题也应及时处理。

3. 审慎选任董事会和投资者

创业企业中，能力欠缺的董事会成员或投资者往往会认为，募集并花费不必要的现金会致使企业估价过高、后期转手艰难；他们常常否定合乎情理的企业被收购计划，致使最终被行业巨头彻底击垮；他们甚至会认为创始人不够专业，改为雇用“专业 CEO”，将企业和产品引入末路。由此可见，创业企业的创始人应当谨慎选择投资者，在确定吸纳投资前充分了解投资者的背景及能力，这一点对于董事会成员也不例外。董事会成员还应尽可能选任熟悉的人，并保证董事会的稳定性。

4. 明晰定位业务模式

对于创业企业来说，定位业务发展目标和模式是十分重要的，这决定企业业绩的好与坏。从风险投资者的角度来看，如果一个企业设立初期没有取得喜人的成绩，说明其没有明晰定位，与其这样不如将精力投向其他希望产业，让企业尽早消亡。另外，企业为持续经营，还需募集资金支付员工薪酬，但这对于利润微薄的初创企业来说障碍重重。企业创始人若未及时放弃，则是对风投商时间和精力的虚耗。

所以初创企业时，第一步应当选择具有广阔前景的市场以快速成长；第二步应当不断思考业务增长的途径。在创办企业的整个过程中，需要有拿得起放得下的稳重心态，宁愿忍痛割舍坏的发展机会，也不要苟延残喘。

四、创业企业的团队诊断

创业初期组建一支优秀的团队不可能是“1+1=2”这样的过程。一个理想的团队就像一台运转良好的电脑，必须由高质量的硬件和优秀的软件组成。团队的硬件是指团队成员和团队领导等，决定团队的起跑速度；团队的软件是指团队目标和团队文化等，影响团队的耐力。

这给组织管理者带来的挑战：如何客观评价并发挥每位团队成员的优势，在遇到困难时相互补位并使团队的整体效能最大化？

很多人会看团队各成员的管理经验和技术能力，但是整体性却无法估量。可以从个体行为的底层逻辑开始，在进行团队诊断时可以以测评的方式进行。

比如，团队成员的性格特质对团队合作的风格和效能有多方面的影响，这个时候可以诊断测评团队成员的 3 个方面：

一是责任感。它对于团队效能有着普遍的积极影响。团队整体的责任感越高，团队绩效表现就越好。

二是士气。士气偏低会对团队效能产生消极影响。士气偏低的团队成员容易产生自我否定和自我怀疑，并对压力较为敏感，这不仅对构建高效团队无益，且在团队内可能具有传染性。

三是人际敏感度。即对关系和他人福祉的关注，对于团队效能的积极影响，则需在具备尽责、外向和情绪稳定的特质前提下才能充分体现。

还可以应用组织的六个盒子理论。虽然该工具应用在组织上比较多，但是大致初评自己团队的问题还是适合的。

1. 团队愿景、目标清晰与否

团队梦想允许无法达成，允许半途改变，但绝不允许没有。团队目标是在一定期限内应当完成的成果，是当年、当季度、当月在战略方向上需要达成的预期结果。一个团队是否有梦想、有目标，只要看它的团队成员能否将其所在岗位工作的价值和当期企业的发展目标实现统一。

2. 团队结构完善与否

考察团队的协调，应当从团队的架构完善程度衡量。初始团队每一步的构建和分工都很重要，其中还包括团队约定俗成的规矩和强化的流程和确立的制度。团队架构完善，成员彼此互补，足以支撑初创企业现有业务的高效运转，既不会出现累赘流程、浪费时间和资源的情况，又不会出现管理混乱的现象。

3. 团队领导力及管理水平的高低

团队直接领导长期带领和接触团队成员，其管理风格和工作态度能够直接影响团队成员。若团队领导工作畏手畏脚，其团队成员做起事来必定战战兢兢。此外，团队领导者作为制定团队策略的人，应当拥有远见卓识，如此才能引领初创企业走向未来。

4. 团队待遇和奖励恰当与否

待遇是员工付出工作理应获得的报酬，包括金钱、假期、培训等；奖励是企业激发员工工作积极性，使其不断为企业作出贡献的激励。评定团队的优劣，可考察其待遇在市场上的水平，和团队成员作出贡献后得到的奖励是否具有吸引力，如此可看出团队对人才的重视程度。

5. 团队支持和协助充分与否

企业对外业务开展的同时有无充分的支持，此处不限于软性支持和硬性支持，是评估团队优劣的又一标准。团队支持与帮助不但体现了团队文化，还体现了人文情怀。如果团队开展业务发生了阻碍，领导和同事能实时提供软性、硬性的支持，便能大力促成专业能力的形成和发挥。

6. 团队成员合作顺畅与否

欠佳的团队，员工开展工作时经常会出现流程无法推进和其他成员不配合的现象，甚至会有多个成员为了争取各自利益而争相负责一个项目，导致最后项目搁置，极大地影响企业工作的持续开展。

优秀团队的组建，第一步要有领导者，担任统筹的角色，制定企业发展的重大战略决策，定期听取各部门的工作总结汇报。第二步要有各部门的管理者，负责协调安置部门员工的工作，制订具体战略计划，定期听取员工的工作总结汇报，并将相关事务按级向上层层汇报。第三步便是各部门员工，承担履行工作职责、做好分内事务的义务：销售部，负责推广产品和服务，联系和维护新老客户；人事部，负责招录和调整公司人员；财务部，负责公司预结算等工作；行政部，负责公司后勤管理和政治方向等工作。

此外，一个企业还应有其独特的企业文化，如团队文化。各部门内部员工一方面要各司其职、做好本职工作，另一方面要能够在整个组织当中协同作战，一个企业生产部的生产队伍和销售部的销售队伍之间相辅相成，便是很好的例子。

第三节 成长阶段的业务诊断要点

企业的成长阶段，是指企业设立过后，存续5-10年的时间，已通过创新变革和强化管理等手段积累整合并促进资源的增值，发展速度快，具有高增值、高回报的特征，处于当代经济和生产领域的前沿。

一、成长型企业的特征

持续发展空间大、具有无限潜力，是成长型企业的优势所在，但其初期只关注发展速度带来的许多遗留问题。综观国内外成长阶段取得成功突破的企业，其不乏如下特质：

1. 所处的行业极具增长潜力，多为朝阳行业或新兴行业。这是高成长企业能够快速发展的成长背景。

2. 卓越的企业战略实施能力和市场开发能力，通过多渠道的融资和再融资，保证企业实现可持续发展，为企业的高成长提供了有力资金支持，并抢占市场占有率。

3. 完善的公司治理结构，从企业系统制度方面保障企业的快速成长；合理的资本结构，分散产权、防止一股独大，避免大股东过分操纵企业而扭曲企业发展方向。

4. 拥有优秀的管理团队，一级的管理加二级的产品或服务优于一级的产品或服务加二级的管理；具有卓越的激励和约束机制、优良的企业文化及员工高度认同。

5. 完整的创新体制和强大的创新开发能力，技术是企业高速成长的必要支持，创新能为企业提供新的发展源泉，使其永葆生命力。

6. 专业化的主营业务，这样企业的核心竞争力才更易于塑造。

二、成长型集团的特点

多个独立的企业，通过不断扩展业务，形成功能不全的集团表象，最后逐渐将企业集团化，便形成了成长型集团。初期成长型集团十分复杂，有如下特征：

1. 试错性强

集团化初期，还处于摸索阶段，应有的规章制度流程等都不完善，所以试错的特征十分突出。

2. 人员缺乏

企业集团化需要经验丰富的人才来支撑集团运作，提示集团建立过程当中要经历的、应注重防范的点。但现实中许多企业集团均是匆忙组建的集团总部，人手不够和能力欠佳是两大问题。此时企业便要靠独特的手段，去处理子公司过分独立、内部管理黑洞、信息不对称等短期内无法解决的难题。

3. 管控关系还未形成

集团化之前，母公司希望减弱子公司和出资人之间的联系，故会让子公司在财务、产供销等各方面独立；但集团化之后，母公司又察觉出子公司在管控大框架下运作的必要性。但在集团化初期，母公司、子公司之间尚未形成成熟的汇报、决策、监督和审计等关系方面，母公司对子公司无法进行完善的管控，管控关系需要经过多次管控与反管控的博弈和调整才能建立形成。

4. 管控无章法可依，业务两极化严重

成长型集团初期，要么是主业以外其他产业的子公司做不好，要么是总部以外地方的子公司管不好，对于基本面、管理对象和管理要点还未摸索清楚。总部老总大多干主业出身，熟悉主业的来龙去脉、运作特点和关键要素等，所以即使主业公司销售或产品方面、管理制度等出现混乱，经营层临渴掘井，主业公司也能够盈利；但主业以外其他产业的子公司，经营层没有相应的经验来解决新问题，所以无法盈利。

5. 惯用模式难以适用

面对集团管控中的种种不足，许多集团通常会采用世界上成功设立的集团企业的惯用模式来处理问题，但忽略了不同企业以及集团化过程中的差异性，也忽略了该等惯用模式的可参照、复制性。确实，企业直接适用惯用的管控模式，这样可以更好地成长。

三、成长型企业主要面对的问题

正如前文所述，资金和人才是大多数企业不管在创业阶段还是成长阶段都会面临的问题，其中成为成长型企业发展最大“瓶颈”的是人才问题。

1. 人力资源问题

人力资源问题包括人力资源成本较高，劳资纠纷众多，人力资源部的角色和地位模糊，制度差漏、管理混乱，以及内部员工本身缺点：沟通能力、执行力、工作能力差，缺乏责任心、主动性和专业技能等。

其实挖掘开发人力资源是人力资源管理的第一要务，打造工作环境，提炼团队精神，积累知识数据并搭建企业内部的信息沟通渠道，使

得企业的无形资产化为竞争“利器”。

2. 人力资源部的工作

- 制作拟定企业战略规划
- 制定落实员工职业生涯发展规划
- 管理员工培训计划
- 对接专业公司服务管理
- 对员工进行考核
- 打造维护企业文化

3. 做好人才规划，突破人才“瓶颈”

◆ 人才需求

确立人才需求，需要精准把握需求的时机，若企业的运作和发展没有因为某一职位长期空缺而遭受负面影响，这一职位的人才则是不被需要的。

◆ 人才定位

若想人才定位精准无误，则需要清晰明确空缺职位需要履行的职责和工作的主要内容。

◆ 人才标准

从理想角度看，人才标准只需由职位说明书中的任职资格决定。但实务不比理想状态，需要综合理想标准、合格标准和最低标准，考察人才对该职位的关键职责履行能力，再考虑是否选任。在选择标准时，还要依据企业的优势，来斟酌发展潜质型和经验型平衡的问题：若企业制度完善，专业度强，则应选择发展潜质型人才，相反，则应选择经验型人才；对于各方面尚在摸索完善中的成长型企业来说，相比高校毕业生，应选择经验丰富、拥有杰出企业工作经历的人才。

◆ 人才来源

成长型企业在进行人才规划时，应明确：区域负责人、综合管理职位不需要高度的专业性，所以应从内部培养获得；专业技术职位因为要求专业知识和能力，所以应从外部获得。

内部获得相关人才时，应在高绩效和高能力的人选中有所侧重。因为成长型企业已经度过了早期生存的艰难，要想进一步发展就迫切需要提高企业的能力，所以高能力的人才更为重要。成长型企业应尽早根据不同的职位对于能力的需求，构建评定能力高低的标准、参考或考核制度，来对“能力”这一抽象词汇进行较为客观、公正、科学的评价和判断。

外部获得相关人才时，应在本行业或相关行业和市场成熟、企业运作领先、竞争有序的行业的人选中有所侧重。若成长型企业本身已在领先于其他行业的本行业中领先，则可考虑招收应届毕业生进行内部培养和战略性人才储备；若企业本身在领先于其他行业的本行业中落后，可考虑从本行业领先的企业中获取人才；若企业在落后于其他行业的本行业中领先，则应重点考虑从其他行业获取人才；如果企业在落后于其他行业的本行业中落后，业务性强的职位，销售、生产、技术研发等职位应优先从本行业先进的企业中获取人才，市场职位、保障性职位应优先从更先进的行业中获取人才。[①]

如今，许多企业对人才难寻这一问题连连叫苦，并始终认为之所以难是由于客观因素的约束，如人才基数小、企业知名度、工作地点和待

---

① 晓立：《成长型企业需突破人才瓶颈》，载《科技与企业》2011 年第 11 期，第 24–28 页。

遇等，而忽略了企业内部环境对于吸引人才的重要性。之所以会存在人才“瓶颈”，其根本还是因为人力资源各要素，比如规划、招聘、培训、绩效、待遇、交流和组织各要素，比如系统、结构、文化等未能得到充分有效的协调。

首先，应建立合理的治理结构，明确股东会、董事会、监事会和各专业委员会的权责和各成员的分工，确定经营管理层的责任，为上述角色人才的选聘、考核和激励提供结构基础。其次，建立健全重要制度和流程，包括核心业务管理、关键支持保障制度和战略、核心业务和关键支持保障流程等，为职位设计提供依据，提高企业的专业度和规范度，吸引和挖掘人才，同时也为人才迅速适应工作并进行有效工作指导提供了极大的便利。最后，相应的组织机构设置和职位分配便应随着重要制度和流程的完善而调整，使得职责及岗位工作与相应的流程节点和顺序完美契合。

四、成长型企业组织结构的构建

企业就像每一个自然人一样，从设立的那天起就有着持续壮大、千古流传的美好愿望，即使躲不过走向衰败的命运，也要保持自我约束和不断进步。企业的组织结构构成其内部职责分配的基础，要想保障工作高效化、降低失败风险度，必须明晰确定组织战略发展中企业任一成员的职责和角色。缠绕企业家们的难题之一，便是如何构建一个恰到好处的组织结构及如何随着企业发展战略和市场形势调整组织结构。组织结构在调整时，可能有着裂变式的发展，走过生存困境的企业，在向精益管理大步跨入时，需要展开相应有效的组织变革并大力进行人才建设。

1. 实施垂直管理

所有相关的工作职责依据职能进行划分，都可以归为一个团队。所以团队的建立，需先定义工作职责，再要求团队输出与职责有关的产品和服务，保证价值输出成为团队的职责。同时，团队中各个职责角色需尽力防止重复设岗、降低整个组织的工作效率，在同一地方不断分配分立工作职责，也有助于明细职责内容。

2. 初创企业的扁平化

组织结构的所有成员经过职责定义后，便应当对其在具体工作中的具体职责领域指向的工作清单和任务承担责任，通过这种组织责任制，形成一个扁平又精简的结构。同样，这对于实施撰写报告、导入改进措施等工作任务时自我管理的团队来说同样适用。

缩短与用户的距离，是扁平结构的另一长处，所有成员可以通过工作中的用户反馈来调整和改进工作流程，甚至还可以不断进行自主创新。

3. 信息公开透明

出色地开展工作，需要消除信息传达中的障碍，保证所有人能便捷地获取所有信息，避免对企业和工作的认知局限。这当然不是说企业内部所有信息壁垒都应被打破，像人力资源、财务核算等具有专业和秘密性质的部门，建立一定壁垒是必要的，应当受到保护。

4. 灵活调整工作职能

当一项任务可由多个部门完成时，可依据不同个人和团队的长处来构建工作职能。若一个企业在打造市场团队时，致力于将其打造成最优秀的部门，其职能可能存在于销售和运营当中，但目前，市场团队完全由极具亲和力的开发部经理负责。前述假设旨在表示组织的整体结构可以灵活多变，通过对小变动的迅速适应来提升整体运营策略。一个稳健的企业组织结构，是能够承受、消除工作职能调整带来的影响的。

5. 随时诊断架构合理性

员工的离职，是重新考察组织结构合理性的绝佳时机，尤其是在企业迅速发展时，员工突然增加的工作任务并非来自企业工作体系的划分。企业内部员工固定化、流动少时，组织结构调整的难度极大，所以依据存续时间和发展状况建立更有效率的组织架构是企业的必修课，一旦有员工离职，企业便可趁机调整工作流程，提升工作效率。

此时，还可根据工作的价值来变更岗位说明书，尤其应注意不断调整操作指南和部门协调的流程等，一个简洁、扁平化的组织结构将会使企业大获裨益。这样能够使得企业成员完整地了解并有效落实对最终结果输出具有贡献价值的工作职责，进而提升工作积极性。

在诊断架构合理性时，专业经验和知识将会在恰当的地方得到汇合整理，不同部门基于自身的独特性开发出运营机制也能与其他部门展开交流和沟通，大家相互学习、一同提升。

架构合理的组织结构能够提高整个企业的运作效率，外部组织如服务商、供应商和客户接触的部门等和内部团队，比如人事部、财务部等职能部门都不例外，都能够使其问题得到更为迅速的解决、最终达成美满结果，进一步促使企业顺畅运营。

五、企业成长阶段组织业务诊断

OD 从业者必须具备组织诊断这一专业技能，而在进行组织诊断时也应该顾全各个方面，必须让业务发展与组织建设做到齐头并进，准确把握两者之间的相互联系与其内在矛盾，应在业务发展之上去理解组织建设，通过不同视角的结合，方能真正找到其核心点，找到组织层干预的撬动点。

作为一位 OD 从业者，对业务的快速、深入、全面理解应是必要的一项技能。而业务价值链这个工具可以帮助我们更简单地进行理解分析。对于业务价值链的定义，应是将企业在进行设计、生产、销售等各环节中进行种种活动的集合体用一个价值链加以表明。

通过基本活动与支持性活动可以构成企业的价值创造。其中，企业生产销售、后勤售后服务属于基本活动。人事、财务、开发采购等则属于支持性活动。这些生产经营活动之间的各种联系形成了一个创造价值的完整动态过程，即价值链。

企业作为作业链，通过消耗资源进行作业产出，同时又形成一定价值并且进行依次转移，直至最终产品的产出，供给外部客户。

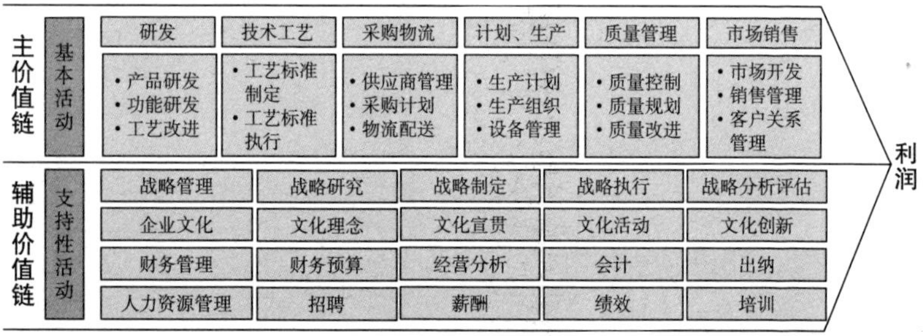

图 6-2　组织价值链

企业通过活动创造价值，在其中需要通过成本信息等方式对各项价值活动进行鉴定，选出其中的增值作业，并采取外包、战略联盟的方式处理非增值作业，从而发挥增值作业的价值，将企业核心能力与竞争优势重点突出。企业活动实现价值最大化需要通过不断的分析与关联，而这也是价值链分析的作用之处。

目前，互联网业务价值链在逻辑与内容中已与以往传统的业务价值链模式有了较大的差异。其中，在传统逻辑上客户属于最后的流向，是通过进行前面的各项活动来满足客户的积累。而新型互联网业务中的价值链的起点就是客户，整条价值链的核心首先就放在了对客户需求的分析判断上，其次才是各项业务活动的进行，最后形成资产与核心能力，互联网业内更会将衡量核心能力的标准放于客户积累、市场份额中。

企业内部的各项作业不是价值链的全部，供应商、销售商与顾客等与企业间的联系也归属在整个链条之中。企业相互间也能构建起一个资源共享平台，以实现企业间的合作共赢。那么，如何利用业务价值链进行业务分析呢?

第一步，应确定支持活动和主要活动。价值链由主要活动和支持活动共同构成，包括产品或服务开发过程中的每一步。企业的基本增值活动，即一般意义上的“生产经营环节”，如与商品实体的加工流转相联系的材料供应、成品开发、生产运行、成品储运、市场营销和售后服务等活动。而组织建设、人事管理、技术开发和采购管理等活动则属于辅助性增值活动。技术和采购同时包含了生产性技术和非生产性的开发管理，如决策、信息、计划技术等；生产原材料与其他资源投入同属于采购管理，如企业通过对相关咨询公司聘请进行广告策划、市场预测、法律咨询、信息系统设计和长期战略计划等活动。①

第二步，便是对活动成本与价值进行分析。价值链分析的负责团队在讨论各项活动对客户产生的价值时应将每项活动进行竞争优势的比

① 刘长江、黄建祥:《基于价值链基础上企业竞争优势的构建》，载《中小企业科技》2007 年第 5 期，第 19–20 页。

较，不断提出各种问题并进行各项优化，通过价值分析查看成本，确定活动的成本效益，从而进行逐步完善。

成本优势：有 2 种主要方法能使企业在成本上取得领先优势：

第一，控制战略成本驱动因素上相较于竞争对手进行更好的控制，因为这是在总成本中占有重大比例的价值活动（企业规模、生产能力利用模式、经验与技术、产品结构等）；

第二，对企业价值链与主要活动进行重构，采用高效率方式进行设计生产与销售。

差异化：经营差异化其中之一的潜在来源是企业的各种价值活动。取得差异化优势需要通过进行不同的价值活动从而构造差异化价值，控制独特性驱动因素从而在企业的价值活动中增进其独特性，这也要求企业对时间性、政策选择、企业内部的价值链联系、学习和模仿、一体化程度、规模等有较好的控制。

企业活动的最终判断标准是买方能够对所创造价值的认同；控制实现差异化经营的成本是经营差异化的前提，这样效益才会显著转化。决定竞争优势的差异所在就是企业与竞争对手的价值链比较。价值链分析方法，通过将一个企业分解为各种活动，并采取深入全面分析这些活动及影响这些活动的动因，得到相关结果后，通过对非增值作业进行最大化的消除，对企业差异化作业进行增强，降低作业成本，达到企业竞争力不断提升的目标。

第三，找出获得竞争优势的机会。由小及大，对改动小、回报高的项目进行改进。企业必须通过价值链分析明确如何对行为、流程进行调整，为公司增加利润率的同时也为目标市场提供最大价值。

价值链分析可以让公司业务的组成部分及核心优势领域得到更简

单明了的理解。业务价值链绘制可采取如下途径:

- 通过行业通用内容，选取参考，以此构建价值链框架结构;
- 咨询公司相关业务中的专业人士，听取其意见，并接受审核;
- 对业务价值链进行逐级细分，从而细化业务项目，使其中的细节与核心竞争力得到展示。

业务诊断的逻辑与模型:

业务诊断的逻辑从表到里、从果到因来分析，有3个层次，分别是业绩结果、驱动因素及业务诊断。

业绩结果是第一个层次，市场份额、净利率、投资回报率以及自由现金流是相当常用的分析抓手。

市场份额是某项业务在市场中所占的销售份额。管理者应通过对市场份额演变的考察，进行推测，该份额与具有竞争力的垄断业务相差多少。

净利率是衡量业务盈利能力的绝对指标。净利润的计算是在营业收入基础上，调整营业费用、折旧、利息、税收和其他费用。

投资回报率是衡量业务盈利能力的相对数指标。投资回报率的计算是以税前年利润除以投资总额，是指企业从事投资性商业活动所得的经济回报。

自由现金流的存在表明公司有现金来进行扩张、开发新产品、回购股票、支付股息或减少债务等各项活动。公司健康的标志之一就表现于自由现金流较高或不断上升。

驱动因素是第二个层次，对企业业务价值起到较大增值作用的是驱动因素。驱动因素会因为商业模式、资源和能力的不同而产生差异。具有铁军精神的销售团队、强有力的客户管理系统可能是销售导向型公司的驱动因素；而一流的产品经理团队、丰富的知识和诀窍沉淀应是产品导向型公司的驱动因素。

第三个层次是比较适合中小企业方便快捷进行业务扫描的业务诊断模型。其存在 3 个核心流程：战略流程包括市场目标、定位、战略规划及验证；运营流程主要包括营销以及产品服务模块；管理流程包括人力、财务资源、信息与诀窍、网络与关系、有形资产等。

业务诊断的流程：

业务诊断有 4 个流程：诊断、预后、治疗、实践。OD 在执行业务诊断时，首要应是识别症状，如此 OD 才能建立因果联系，从而确定原因所在。

可测量的偏离预期标准的现象被称为症状，它本身并不是问题，只是潜在问题存在的迹象。问题是导致症状出现的原因。管理决策不足往往产生问题（如资源规划、执行和监控决策），这些决策导致的后果与预期绩效水平产生了偏差。而症状仅是指业务流程表现不佳（如员工流动率高、产品到达市场数量多、交货延迟等）或业务目标未能实现（如市场份额减少、盈利能力不足等）。

诊断是指将业务表现中不佳的地方与战略、产品服务、市场或是资源管理的问题联系起来。对业务模型知识掌握程度越深，以及提出问题、观察现实、解释结果的能力和在业务流程的绩效水平与产生确定结果的管理决策之间建立正确联系的能力等越强，诊断的准确度也就越高。

预后是将问题与业绩目标联系起来，预测判断后续业绩目标达成。OD 需要说明如果当前的情况继续下去会发生何种情况。顾问应在此阶段将目前的情况与一项或多项已确定的管理失当联系起来，并明确导致无法达到销售目标并会阻碍生产目标的实现的是这些错误。

治疗是决定解决问题。在这个阶段，做出专业性结论治疗。OD 在此阶段会面临着三个选择，所以需要运用自己的专业智慧在不相互排斥的三个选择中做出最合适的决定。这些选择分别是解决问题、治疗症状或者两者结合使用。三个选择会导致三种截然不同的结果。第一个是建议通过对某些资源决策领域采取步骤，来提高管理人员做出明智和合理决策的能力。第二个会直接导致治疗任务情况；而第三个会帮助他理解症状，以及学会如何在第一时间预防这类问题的产生。

因为很少有不理想的结果或症状，所以这个过程并不像最初看起来那么简单。可以为每一个流程编写一个清晰的说明。基于操作流程是互斥的情况，将排斥的业务状态与管理决策中可能出现的错误联系起来。管理过程既不相互排斥，也不全面或重叠，这与操作过程不同。因此，需要对业务的诊断有清晰有力的模型，来解决不容易找到罪魁祸首的问题。

第四节　成熟阶段的文化诊断要点

各个生命阶段的企业，有着各自不同的特征。为了达到企业战略支撑的目的，人力资源管理工作需要具备针对性，第一步要做的就是探究企业在成熟阶段的特点。

一、成熟组织的基本特征

发展前景开阔，经营状态平稳，资金足是成熟阶段企业的普遍特征。有的企业甚至为了成功取得利润，提高知名度，顺利完成风险投资，会吸引知名机构和企业资金的进入，进而为下一步股票上市、合并分立等作准备。企业的经营业绩、经营规模和新产品的市场认同度都随着企业慢慢发展初具一定的规模。

1. 利润相对稳定

成熟企业的产品在市场上抛头露面的机会多时，同类或替代性产品等竞争者已经大量出现。市场竞争激烈致使产品价格下降速度加剧，本企业产品的市场份额同时又被抢夺。本企业再也不能依靠其现有产品获取高额利润，所以利润水平相对稳定。

2. 谋求技术创新

成熟阶段的企业，需要提高企业组织应对外部环境的能力。在选用战略进行技术创新时，有合营战略、名牌战略及国际化战略等多重选择。同时，还要对客户的需求进行学习和把握，保障企业组织架构和相关程序能在需求的基础上正常运营。

3. 大量员工流出

步入成熟期的企业，组织结构大致固定平稳。对员工而言，其已成长为老员工，向上晋升的空间普遍较小，他们通常会利用多年积累的经验，谋求横向发展，去寻找更好的发展。此外，处于成熟期的企业，通常会因为新产品开发出现障碍而走向衰落，员工想要离开的愿望在此等情形下会更强烈。在成熟期的中后阶段，员工跳槽的现象会更普遍。

4. 管理窘境出现

企业组织结构走过举步维艰的初创期和快速发展的成长期后，已渐趋规范化和成熟化，所有程序化、模式化的工作基本都已进入正轨，这时企业的管理困境也慢慢出现。在企业内部，同为创始人的朋友会因为权、责、利分配不均而分离，高层领导随着威信的不断树立思维逐渐死板，中下层管理者也对某些客观情况刻意隐瞒，顺之者昌、官僚主义、多头管理、看重经验等频频出现。企业的封闭化远超于开放度，排斥倾向也大于吸收倾向，企业发展受到严重制约。

将关注度汇集在企业当前生命阶段出现的问题上，着眼当下，是管理成功的重点所在，也是让企业不断成熟、着眼应对下一阶段疑难问题的解决之道。

二、成熟型组织企业文化的诊断

企业发展到鼎盛阶段，企业家们喜闻乐见的便是文化管理这一种现象，这样员工会因对企业文化的认同而自觉开展工作。企业文化是从老板到员工所有行为具象的体现，但行为现象必然会随社会发展而改变，企业文化也会不断自我调整与发展，基本不会受人为控制，能被人为控制的仅是基于文化而体现的各种载体。所以，文化诊断也只能是对文化依附的载体，简单来说，一般指的是企业文化手册，复杂地说，是企业经营管理的全面展现元素：经营战略、组织结构、制度体系、人力资源、管理流程、业务流程、后勤保障等。

一朝天子，一朝臣。不同的掌权者会产生风格迥异的企业文化。企业的形势发生变化，企业文化的属性也就随之而变。

诊断企业文化，可以辨认成熟型组织企业文化的特点，看出企业文化与企业发展之间的适应度。

运用活动参与、访问探讨、问卷调查等科学恰当的方式搜罗受访者的看法和建议，并透过现象看本质、深入整合探索，通过掌握企业文化的真实情况，为建设企业文化提供有力的决策依据、正确的改进方向。这便是所谓的企业文化诊断。新优势企业文化创造模型，突出调研评估是企业文化创造基础的关键性，在创造企业文化时首先就从本质开始调研诊断，这样才能迅速深入企业、掌握相关资讯材料。

1. 企业文化诊断原则

一是确定目的，调研前明确调研的原因和调研结果的价值；围绕经营，调研过程中须完全围绕企业经营，不能形式主义；

二是以访谈为主，问卷为辅，争取掌握真实直观的信息；

三是以定性为主，定量为辅，不能一味地追求数量。

以上 3 项便是企业文化调研诊断前需要把握的原则。

2. 企业文化调研

◆ **企业文化调研的内容**

企业文化调研的内容通常包括：企业发展前景及先进文化元素、企业成长历史和典型人物、企业发展战略规划、企业经营管理现状及问题、企业文化管理体系的建设与执行状况、领导团队精神特质、员工工作作风及价值观取向、企业氛围与员工认同度、上下游客户满意度与社会公众认知状况、企业及分支机构所在地方的地域文化特点等内容。

◆ **企业文化调研的常用方法**

问卷调查、资料收集、活动参与、现场观察、深度访谈和专题座谈 6 种方法是新优势企业在开展文化调查时经常采用的。

◆ **企业文化调查工具的创造原则**

结合实际：依据企业在经营管理中出现的漏洞，切忌形式主义、“为文化而文化”。

语言通俗易懂：调查工具的表述应使用企业常用术语和规范，使得员工能够确切把握调查题目的意思，避免产生误解或歧义，以便得到贴近事实的调查答案。

可操作性强：为避免干扰员工日常工作和企业正常经营，调查工具尽量易操作、易落实，不要太过复杂。

3. 企业文化诊断的基本步骤

主要包括：拟订诊断方案、组织调查实施、分析调研数据、出具诊断报告 4 个步骤。同时还需弄清如下议题：

第一，文化诊断的意义、目的以及诊断结果的价值取向。

企业在面对一些经营管理问题时，会希望通过文化诊断来解决，并研究问题出现的文化层面的原因。同时希望通过文化诊断，探索出企业文化融入企业经营实践的渠道和文化改进的方向，挖掘出企业文化的优势、推动企业发展。

第二，文化诊断的实施周期及组织者。

文化诊断通常建议 2 年为一个周期，除企业重大变革时期外。组织者可以是企业自己，由于熟悉了解企业流程和存在的问题，能够节省时间成本；也可以是外部专家，专业度相对较高，诊断结果有可比性；企业可据实选择。

第三，文化诊断的方法和常用工具。

文化诊断一般会采用讨论法（组织各层次员工对文化的预期及现状进行讨论和评价）、观察法（深入员工内部进行访问交谈，观察了解其言行）、调查法（对整理好的量表进行评析）等。

文化诊断使用的工具通常有：OCQ 量表，即通过使命感、参与性、适应性、一致性等方面对企业文化和业绩的结合度进行考察，确定文化对业绩的影响度；MMOC 量表，即以价值观、制度、实践等维度为考量点，考察文化行为的各层面；OCAI 量表，即从灵活度、内外部等维度，对企业整体特征、领导风格、员工管理、企业凝聚力、战略侧重等进行考察；OCP 量表，即诊断组织文化的相符性；VOCS 量表，即诊断外部适应及内部整合程度。

第四，文化诊断的流程。

其一是对企业概况、发展历程、文化层面的真实情况进行现状分析，指出问题所在；其二是构建诊断模型，包括考察维度、方法和指标等；其三是改进量表，分析量表的信度、效度，确定量度方法，修改并调整问题栏目；其四是确定量表分发层级、范围、数量后展开调查、讨论及观测并邀请作答；其五是通过人口学维度的分类评析和对各维度高低分项的提取对问卷数据展开整理；其六是分析优劣势和高低分维度，找出问题发生的位置；其七是从管理者行为、认知层级、制度落实等方面分析问题发生的文化因素；其八是从物质、行为、制度、精神等角度对相应原则、程序、反馈、措施提出优化方案，尤其是梳理、完善制度并推动落地实施。

企业文化的诊断，和人体健康体检无须对身体所有细胞和部位进行检查一样，无须对所有文化载体的每一元素都进行全面诊断。企业的许多先天元素是不可更改的，但后天设置的规章制度、战略流程等大多可以调整，所以在进行文化诊断时只需要对可变的且存疑的进行调研评估即可。

三、丹尼森组织文化模型的运用

丹尼尔·丹尼森（Daniel Denison）教授建立的“丹尼森组织文化模型”，是衡量组织文化模型中最有效、最实用的工具之一。该模型是丹尼森对大量企业展开探索研究后，得出的理想组织文化的 4 个特点：参与性、一致性、适应性和使命。

1. 丹尼森的组织文化模型内容

◆ 参与性

参与性包括对员工归属感、责任感和工作能力的培育养成。企业越重视培养员工、与员工交流及使员工参与工作，那么它在这一特点的得分就越高。

本特点应考虑这 3 个维度：授权，即员工有无得到授权并担责，是否有归属感和主人翁意识；团队导向，即企业是否重视员工为实现目标而相互合作以及对团队的依赖性；能力发展，即企业有无依据发展需要和员工学习的希冀，持续培训员工、提高其竞争力。

◆ 一致性

一致性也即内部整合性，以此可考量企业内部文化是否强大而富有凝聚力。

本特点应考虑这3个维度：价值观，即企业有无能让员工认同并尊奉的价值观，使其不会感到企业前路渺茫；协调合作，即企业内部职能部门和业务部门能否协调合作，部门划分是否会产生交流阻碍；配合，即领导者有无使部属保持一致以及调节异议的能力。

◆ 适应性

外部适应性大致是说公司面对客户和市场等外部环境发出的不同指示时能敏捷地进行反馈的能力。

本特点应考虑这3个维度：敢于变革，即企业有无观察外部环境、及时实施变革并承担变革带来风险的能力；组织学习，即企业有无依据外界信号持续创新并学习新知识；客户至上，即企业是否了解客户、事事考虑客户且能够把握客户需求。

◆ 使命

可以此评定企业更注重当前利益，还是更注重打造整体战略行动计划。

本特点应考虑这3个维度：愿景，即员工有无对企业将来理想状态的共识以及完全认同度；目标，即企业有无详尽的与使命、愿景有关的目标，使所有员工将其作为工作动力；战略导向和意图，即企业有无明确地想要在行业崭露头角的战略意图，让全体员工知道应为之作出贡献。

以上12个维度其实分别对企业市场份额和销售额的增长、产品和服务的创新、资产收益率、投资和销售回报率等指标有着巨大影响。

2. 丹尼森组织文化模型内容分析

适应性和参与性侧重的是变化与灵活性；一致性和使命表现的是企业保持可预测性和稳定性的能力。

适应性和使命与企业对外部环境的适应性相关；参与性和一致性则注重企业内部系统、组织结构以及流程的整合问题。

不同的文化特征影响企业各个方面的业绩指标，如关注外部通常会致使市场份额和销售额的增长受到影响，而关注内部则较大地影响员工满意度和投资回报率。又如，产品和服务的创新同灵活性息息相关，而投资回报率、资产收益率和利润率等财务指标则与稳定性直接关联。

3. 丹尼森组织文化模型的运用

该模型可运用于一般性商业公司、新任的 CEO、新成立的企业、处于衰落的企业、产业调整中的企业、战略调整中的企业、面临顾客服务挑战的企业、团队和个人。通过运用该模型，将某一企业文化同经营业绩更好的企业文化和更差的企业文化做对比，能够明确该企业文化建设的优势和劣势；考察业务部门，能够掌握该组织的亚文化；把握现有的企业文化，考察其有助于提高经营业绩的特性，进而提出企业文化优化即业绩提高的方案；能够为企业发展和文化调整提供决策支撑，促进更好地开展合并及重组过程；能够使领导者认同企业文化，建立整个企业认可的文化体系，并进一步使之发挥企业文化应有的作用。[①]

模型还可在企业合并及并购工作中得到普遍应用，能够推动企业合并及并购迅速完成。通过对该模型的应用，能够辨析两个企业的异同之处，并探索接下来发展的合力和建设合并后企业的文化；能够将双方注意力从内部竞争和担忧转移到创造共同文化上，拟定合并后企业管理层的选拔和发展计划，推动双方均认可的企业文化的进步。

---

① 参见张慧玲：《德尼森企业文化调查模型》，载《中外企业文化》2004 年第 1 期，第 43–45 页。

第五节　衰退阶段企业组织的诊断要点

衰退期的判断，从企业发展的时间来看是绝对的，判断标准关键是看企业的产品有无广阔的市场和核心竞争力。从行业角度来衡量的话，成长期大多都是新型行业，如互联网、尖端科技、新型能源等。成熟阶段一般是吃穿住行等行业，比如家电行业等。而衰退阶段的企业都是逐渐要淘汰的行业，比如一些传统加工业。

从公开资料能看到各个阶段的企业，国内中小板和科创板，都是近年成长起来的公司，是成长阶段优秀的企业。而要找成熟阶段企业可以看主板上市企业，业绩排名靠前企业基本都是成熟阶段企业。处于衰退期的企业就是那些业绩不好的企业。

一、企业进入衰退阶段的预兆

产品销售的市场占有率下降，市场萎缩，并且经营活动现金流入小于流出，同时企业不得不大规模收回投资以弥补现金的不足应对债务，以上是衰退阶段企业的主要特点。而在组织人才方面有如下特征。[①]

① 雷永军：《企业衰败前的五个特征》，载《中国乳业》2012 年第 9 期，第 83–84 页。

1. 频繁开会，缺乏决策

决策力是作为有激情的企业家都有的共同特征。并且决策既快准狠又能抓住事物的本质和重点。大多没有激情的企业家天天主持会议，天天研究同样的问题，且没有结论。更有甚者，在中层会议上给下属读报纸浪费时间。正在衰败的企业通常都沉浸在文山会海中。

2. 杰出人才缺乏

“千军易得，一将难求。”当企业做大了，若是没有大将之才为其所用，公司中缺少具有真才实干，具有前瞻性、指挥力的真正人才可用的话，距离失败就不远了。

“蜀中无大将，廖化作先锋”不只是一个故事，这种现象普遍存在于很多市值 10 亿 -50 亿元的中型企业中。故事中当司马懿看到廖化做先锋的时候，就知道蜀国已走向了衰败，不久就会灭亡。现今许多公司中很多老板还沾沾自喜说自己年轻能干，却不知道企业发展的最大障碍正是自己，因为这样的老板虽然自身能力强，本事过硬，但是在手底下没有大将的情况下，往往只会是战略清晰，而在实际落实过程中却是失误不断。

3. 中层无能

企业的中层无法表达思想和能力是比没有大将更可怕的现象，最终表现为中层十分无能。中国多数企业之所以只存续三四年，其衰败的原因主要是中层无能。

中层无能有 2 种表现：第一种是组织性的中层无能。在很多企业的组织中，没有中层的发展空间，所以一旦形成稳定的组织生态之后，中层无法得到成长。有的企业存在如下情况：不合格的中层走不下来，而有能力有抱负的中层得不到晋升、走不上去。第二种是文化性的中层无能。其是因为企业缺乏创新的文化造成中层能力缺失，企业没有理解组织外部竞争的含义，而是一味地自说自话或自我欣赏，最终导致中层没有自我思想与独立决策的能力，只按照老板的意思行事。这样的中层其实就是基层，而非中层。

中层是执行和解决市场问题的核心力量，是整个公司的连接带，属于公司中极为重要的一大层级。如果这个层级出现问题，可以说，企业距离关门的日子就不远了。

4. 前线腐败扩散化

腐败似乎已经是中国企业生态之中的一个普遍问题了。在销售领域，腐败现象已成为常态，甚至已逐渐成为潜规则，蚕食公司资源。

5. 战略框架约束

企业的战略框架构筑了企业的经营理念和发展方向，是整个企业的支柱点与基础所在。然而，战略框架在帮助管理者认清形势和问题的同时，往往也是一种束缚，成为迷惑管理者注意力的“烟雾弹”，使他们的思维和视野受到局限，只关注个别问题。

6. 工作流程死板

企业成员总能在实践中摸索出它的程序。在一个企业确定了经营管理模式之后，并逐渐习惯地运用这套程序解决各种问题。在实践中管理者与员工会因为习惯很少思考这些方法是否仍然有效、合理。这种情况下必然会出现上下级之间、平级之间沟通不畅的状况。

7. 关系网束缚和价值取向陷阱

企业与顾客、雇员和供应商及投资者等利益群体间的良好关系是企业成功的关键原因。但企业通常会发现拘泥于现有的关系网会很难适应变化的环境，会成为其适应变化、开发新产品和开拓新市场的阻碍。此时，原有的良好关系便会转变为发展的羁绊。

企业生存和发展的信念与动力是价值取向。企业应当思考过去的价值取向是否应更新或摒弃，随着企业的不断成熟和竞争环境的不断变化，一味地固执己见，坚持往日的“经典”，就会很快坠入教条主义的陷阱。

8. 人力资源管理守旧

组织惯性实质上是人的思维、行为惯性的集中表现。企业需要具备系统的思维，以创新能力打破组织惯性从而赢得竞争优势。要在培养员工的忠诚度与服务意识的基础上，引导他们参与变革，并在这个创新的过程中，充分调动员工的积极性和创造性激活他们的智力资本。激活人力资源是企业摆脱组织惯性的关键。

二、衰退期组织的绩效诊断

绩效诊断是通过分析引发绩效问题的原因，准确定义组织、流程、团队和个人层面的现实绩效和期望绩效，并形成对症的绩效改进措施。企业在运营中，可能会出现各类问题与挑战，所以管理层必须在恰当的时候，通过对其进行轻重缓急的判断，正确妥善地解决问题，适时纠正企业这艘轮船航行的方向，不断进行调整。

绩效问题主要源自对企业的目标有无达成和企业的目的与市场环境是否匹配的疑问。在市场环境中生存并不断发展，是企业作为一个组织的目标，通过内部的生产过程，将材料输入，产品或服务输出。为此企业会设定一个愿景，同时，为了实现该目的，会不断地设定各个阶段性的经营目标，包括在组织之内的目标，需要组织持续达成并且转而又为组织提供动力；在组织之外的某种待实现的状态的目的是为企业标示出前进的方向。

正是“目标”和“目的”，不断为企业的经营状况提供反馈，让企业知晓其是否仍然处在正确的方向上。当目标没有达成，或者企业目的与环境不匹配的时候，就需要绩效诊断来发现和诊断问题，进行及时纠正，为企业的健康存续提供支持。

绩效诊断并非对问题见招拆招，也不是包治百病的锦囊妙计。在做绩效诊断时，首先需要深入挖掘问题，找到核心问题，其次对症下药，并在治疗过程中不断地得到反馈并进行适时的方案调整。绩效诊断通常按以下步骤开展：

第一，确定初始目标，其中包括以下 3 个方面：一是确定绩效问题的预兆。组织的负责人是最关注绩效问题预兆的人，通常来说一个事件、个人或外部条件的变化会带来较小影响的预兆。二是按时间顺序，即目前的、当前需改进的、以后需求的 3 个层次来明确绩效问题的类型。这样分类，在多重问题出现时有助于有条不紊地处理，且利于分解多维度的绩效问题。三是确定绩效目标的层级。

第二，评估绩效变量。绩效变量是真正影响绩效的因素，评估绩效变量应对使命目标、系统设计、专业技能、产能、激励 5 个变量进行考量观察。

第三，细化绩效考评工作。明确绩效衡量，需要确定组织、团队、流程和个人 4 个方面相应的绩效产出单位，包括时间、数量、质量、成本等。

第四，制定绩效需求和改进措施。应从理解、操作、排障、改进、创新 5 个方面着手。

第五，评析绩效诊断的成果。在我国的企业绩效评价体系中，将评价指标分为工商企业和金融企业两大类，其中工商企业又分为竞争性企业和非竞争性企业。工商类竞争性企业绩效评价应用较为广泛。工商类竞争性企业绩效评价包括财务效益状况、资产营运状况、偿债能力状况和发展能力状况 4 个方面。评价指标体系由基本指标、修正指标、评议指标 3 个层次构成。基本指标反映绩效评价的基本情况，依据基本指标可形成初步的评价结论；修正指标是根据企业的实际情况对基本指标评价结果的逐一修正，并据此形成企业绩效评价的基本定量分析结论。评议指标是对影响企业经营绩效的非定量因素进行判断，并形成对企业绩效评价的定性分析结论。

另外，由于每项指标在企业绩效评价中的重要性和影响性程度不同，因而需要对不同的评价指标赋予不同的权数。该绩效评价体系按照多层次评价指标体系的特点，采用德尔菲法和相关性权重法分层次确定每个指标的权数。评价指标体系的总权数设定为 100（其中定量指标为 80，定性指标为 20），同时为便于各层次指标的评价计分，可先将 3 个层次的指标权重均设定为 100，再通过一定的方法还原为百分制。企业绩效评价指标体系构成及权重如表 6-8 所示。①

① 参见刘国林：《我国现行企业绩效评价体系简介及分析》，载《现代商业》2007 年第 16 期，第 150–151 页。

表 6–8　企业绩效评价指标体系构成及权重示意

评价内容（100）	基本指标（100）	修正指标（100）	评议指标（100）
财务效益状况（38）	净资产收益率（25）	资本保值增值率（12）	经营者基本素质（18） 产品市场占有能力（16） 基础管理水平（12） 发展创新能力（14） 经营发展战略（12）
	总资产报酬率（13）	主营业务利润率（8）	
		盈余现金保障倍数（8）	
		成本费用利润率（10）	
资产营运状况（18）	总资产周转率（9）	存货周转率（5）	
	流动资产周转率（9）	应收账款周转率（5）	
		不良资产比率（8）	
偿债能力状况（20）	资产负债率（12）	现金流动负债比率（10）	在岗员工素质（10） 技术装备更新水平（10） 综合社会贡献（8）
	已获利息倍数（8）	速动比率（10）	
发展能力状况（24）	销售增长率（12）	3 年资本平均增长率（9）	
	资本积累率（12）	3 年销售平均增长率（8）	
		技术投入比率（7）	

注：括号里是权重分配。

还有一部分绩效评价指标是通过职位价值、业绩和能力提炼。

1. 职位价值中的绩效评价指标

职位价值中的绩效评价指标通常是指某个岗位在组织体系中因其所承担的责任和对组织的贡献所形成的其价值的大小。这种价值是一种相对价值，是与其他岗位在同一评价标准下的比较所得到的排序。对职位价值的这种评价是建立公平的薪酬绩效制度的基础。绩效的评价指标依托职位价值评估方法和维度进行提炼。有以下几类方法。

一是岗位参照法。即参考已有工资等级的岗位去制定新岗位的价值。

二是分类法。分类法的特点是能快速处理大量岗位。分类法主要是将所有岗位按工作内容、工作职责的不同分类，一般可分为管理工作类、事务工作类、技术工作类及营销工作类等。然后给每一类一个职位价值的范围，并且对每一类里的工作岗位进行排序。

三是排序法。根据岗位对组织作出的贡献价值从高到低进行排序。该法适用于企业规模较小，岗位数量较少且岗位较稳定的企业。

四是评分法。评分法是目前运用最广泛的一种方法，对每个岗位采用定量的方法进行评价。

五是要素比较法。要素比较法无须关心具体岗位的任职资格和工作职责，而是将所有岗位抽象为各个要素，一般抽象为智力、技能、体力、责任及工作条件 5 种要素，并将要素分为不同等级，根据岗位对应要素和等级进行价值赋值。

2. 业绩管理中的绩效评价指标

业绩导向体现的是一种多劳多得，工作饱和度的增加、效率的提升及成本降低等，短期一般采用 KPI（关键绩效指标），长期主要是 EVA（经济增加值）、BSC（平衡记分卡）。职能人员要想采用这种评价方式，应明确其真正的业绩是什么、明确价值所在。

3. 能力导向中的绩效评价指标

能力是驱动一个人产生优秀绩效的各种个性特征的集合，不同的能力有其具体的行为表现，尽管能力本身是抽象的，但其行为表现却是可以观察到的，能力导向主要体现出企业组织发展需要的能力，企业根据岗位需要的能力去寻找人才，再加以辅导和培训，在满足人岗匹配的基础上激发员工潜力，可达到事半功倍的效果。此外，企业应该建立起配套的任职资格制度、让员工得到晋升，其晋升方向和组织核心提升方向相同，符合组织发展需要。如谷歌应用的是 OKR（Objectives and Key Results）来做评价，意思是“目标和主要成果”。这个制度源自英特尔，谷歌创立不到 1 年就已引入，沿用至今。在 OKR 系统下，员工制定一个目标（O），然后设定一系列“主要结果”（KR），用来衡量目标是否达成。

总体而言，生产制造型企业多以职位价值导向为主，业务、销售类企业多采用业绩导向评价系统，而创新性企业多以能力导向进行绩效诊断评估。

Organizational Diagnosis

第七章
组织行为诊断

1924 年到 1932 年，在美国芝加哥城外的霍桑工厂进行了一个长达 8 年的著名实验。霍桑实验的进行与结论是组织行为学在研究方法上的一次重大突破。这个实验让管理者清晰地认识到，管理方法能改变员工态度和提高产量。这种实验式诊断方法在组织行为学中得以固化并传承下来。

第一节　关于“组织行为学”书籍的核心

组织诊断是组织管理优化的起点，也是组织发展的起点。组织诊断就是通过企业管理现象看管理本质，界定制约组织发展的诸多痛点，重新思考有效提升企业核心竞争力和发展效能的过程。在研究组织的过程中，有一个重要的细分学科，就是组织行为学。要想研究和诊断企业人员的行为，就必须阅读《组织行为学》这本书。

组织行为学作为一门交叉学科，涉及内容较多，因此也出现了不尽相同的理论体系。例如，罗宾斯的《组织行为学》，鲁森斯的《组织行为学》，杜布林的《组织行为基础——应用前景》等。但是，毕竟组织行为学是按照系统分析的方法，探究变动环境下组织当中群体和个人的行为特征及其管理，提高引导、管理和预测人的行为的能力，从而更好地实现组织目标的一门学科。关于“组织行为学”相关书籍的核心，总结起来，包括“三个探寻”。

一、探寻组织与个体

组织是由多个因子围绕同一个目标的实现而自发组成的一个有序团体，这些因子便是个体，所谓的有序指的是在组织内部约定俗成的行为习惯或规章制度。组织行为学的研究任务在于通过探索个体对组织的影响来提升团队的工作效率。传统的组织行为学强调建立适用于所有组织和管理工作的普遍原则，其发展历程中影响最大的 3 个代表是泰勒、法约尔和巴纳德。泰勒强调只有在对工人工作过程进行科学观察和实验的基础上得出的原则才能使操作过程实现效益最大化。法约尔则十分重视管理过程的系统化，他认为管理的首要任务就是建立一个正规的机构来开展控制、协调、组织和领导等活动。巴纳德认为，管理人员需要非常清楚组织的计划、目标以及各级岗位的责任，并且指派合适的人担任相应的职位，而且还应该在恰当的时机通过控制、鼓励、训练、教育及监督等手段来维持员工们的士气。此外，巴纳德还认为非正式的比正式的信息沟通渠道在畅通组织中的信息交流上所起到的作用更为显著。

二、探寻沟通与激励

沟通是个体之间、组织之间、个体与组织之间互相传递信息、交流思想的过程，能否实现真正的沟通是工作能否顺利进行的基础。信息在从一个部门传递到另一个部门的过程中，受各方面环境影响，很容易出现传达或接收的失误。销售的订单处理也就十分容易出现问题，其中的关键就在于订货清单是否准确无误，如果服务顾问在填写订货清单的时候出现了错误，那么这个错误就会传到配件人员那里，而如果配件人员没有核检订单直接订货，这个错误就会一直持续下去，这个流程所体现的沟通机制就是不完善的或者错误的。在日常工作中，要想实现简单有效的沟通需要参与的各方及时进行自查与互查，做到问题的三不，即不制造、不传递、不接受问题。

激励是指通过金钱等物质层面或嘉奖等精神层面来满足个体的需求，如果个体对这个组织已经无欲无求，就到了他脱离组织的时候，组织行为管理的关键就在于识别个体的真正需求。组织一旦开始正常运行，就会无限接近其目标，但是在这个过程中，个体的规划可能逐渐远离组织目标。一般来说，售后工作主要是通过客户满意度来提高产值，但是有的员工会为了赚取薪酬而违背客户的需求，如果此时管理者不能及时将客户满意度纳入员工绩效考核中，虽然能实现员工的目的但却会损害组织的目的。怎样引导员工把个人规划纳入组织规划里是管理者的首要任务。能够集中关键性目标、定期召开会议并让员工参与决策和解决问题、让员工有成就感，是杰出的管理者首先需要关注的行为，而避免冲突、密切监督、面面俱到等则最不需要管理者予以关注。

三、探寻情感与行为

认知是指人对周遭一切事物的看法。情感是指人在体验外在事物的基础上产生的如爱、恨、喜、怒等情绪，这些情绪之间有着相互影响、相互制约的关系，共同决定了一个人的生活状态。

认知会在塑造个体感受事物的方式基础上决定其行为方式，可能有益，也可能有害。一方面，认知可以激励人们做解决问题、培养业余爱好或坚持锻炼等与目标一致的事情；另一方面，认知也可能导致人们做一些自我挫败的行为，比如做事拖拉、孤立自己或忽视自己的健康。情感也是如此，热爱、兴奋、快乐等积极的情感能明显地提高人的活动能力，鼓励人们勇敢行动，而郁闷、悲伤、惆怅等消极的情感则会削弱人的活动积极性，使其精神不振，怠慢懒散。认知、情感与行为是互为前提，共同发展的，一个人要想生活得健康快乐，他的认知、情感与行为之间就必须互相协调。一旦这三者失调，他的幸福感就会大大降低，比如一个人明知沉迷打麻将不对，但还是每天打到天昏地暗，结果事后心中又涌出许多愧疚情绪。

第二节　组织行为 4 个常用的诊断变量

因为组织行为学运用社会学、人类学、心理学、生物学、经济学、生理学和政治学等综合性知识，所以研究方法比较多样和复杂，很多人感到组织行为学很抽象，很难理解。不仅组织行为学尤其显著，组织行为学家也一样，组织行为学家热衷于做企业管理实验，用大量的实验来检验组织有效性和系统整合性。因此，组织行为学的特征有实验的公开性、资料的客观性、观察和实验条件的可控性、分析方法的系统性、所得结论的再现性、对未来的预见性的特征。

所以，提炼组织行为学研究过程的关键字的时候，应该是四组五词：观察和实验、分析和评价、预测和推断、检查和验证。当把这些关键字放在企业员工行为下的时候，就会发现与组织经营有密切的联系，这个发现的过程就是基于组织行为学的组织诊断的过程。所以，通过员工行为和组织行为的研究可以发现当前企业员工在工作过程中存在的价值取向问题，提升员工的工作水平。最常见的企业员工行为中，公认为能反映组织行为的 4 个常用的诊断变量是工作绩效、离职率、缺勤率、满意度。

一、工作绩效：实现组织目标的有效策略

工作绩效指的是为了提高员工工作绩效的一系列导向性的目标计划。确立目标不仅可以明确岗位责任，而且能够指明员工努力的方向，

是提升工作绩效的有效策略。主观性因素如员工的技能与激励和客观性因素如机会与环境都会对工作绩效产生影响。鲍曼等人认为工作绩效可以分为任务绩效和周边绩效两种，前者指完成某一工作任务的工作质量、数量和效率，后者包括保持良好的工作关系、坦然面对逆境等人际因素和意志动机因素。

考核工作绩效的方法主要有以下 6 种。

第一种方法是考察员工在完成工作任务过程中所采取的有效或无效的工作行为，即关键事件法，也叫重要事件法。关键事件法的核心在于对事不对人，考察者在考察员工所采取的关键行为时，不仅要关注行为本身，还要注重该行为发生的具体条件，这样员工就可以明确地知道自己哪里做得很好，哪里做得不好。值得注意的是，关键事件法考察的是员工特定的行为，而不是亲和力、忠诚性、依赖性和果断性等个性特征和品质。一旦选定了最能代表某个员工最好或最差行为的典型事件，考评的具体方法也就确定了。关键事件法的优点在于它有较大的时间跨度，考察的是员工一年内的整体表现，因此可以贯穿考评期的始终，而且它主要关注事实，保存了员工关键时间的动态记录，因此可以更全面地了解一个员工。关键事件法的缺点是它不能做定量分析，而且还费时费力，最重要的是，这个方法很难确定具体工作行为的重要性程度，所以无法在员工之间展开比较。

第二种方法是考察者从几个反映员工表现行为的项目中选出一项到两项内容作为考察结果，即强迫选择法，也叫强制选择业绩法。考评者使用强迫选择法时会用相对中性的语言来描述员工在某项工作中的表现，因此很难从考评结果中看出这个员工的表现是优还是劣。这种考评办法是定量化的，不仅可以适用于多种类别人员的绩效描述，还可以用来考察一些特殊的工作行为表现，更重要的是强迫选择法可以避免考评者出现晕轮效应或趋中、过宽等常见偏误。但是这种办法很难在开发企业人力资源上起作用，因为最终的考评结果是直接交给员工上级或人力资源管理部门，不会反馈给员工个人。

第三种方法是关键事件法的进一步发展，它通过行为等级评价表把关键事件和评价有效地结合起来，即行为定位法，也叫行为决定性等级量表法、行为锚定等级评价法或行为定位等级法。这种方法把一系列行为放在同一个绩效维度中进行比较，可以将绩效等级量化，从而使得考评的结果更公平、有效。行为定位法的工作步骤是首先由主管人员明确描述岗位的关键事件；然后在此基础上建立五级到九级绩效评价等级，并把关键事件合并为若干绩效指标；紧接着由一组管理人员重新分配关键事件，把它们放进最恰当的绩效要素和指标位置中，从而确定绩效考评指标体系；接下来另一组管理人员在审核绩效考评指标体系正确性的基础上把绩效指标中包含的重要事件从高到低进行排列；最后行为定位法的考评体系就建立起来了。这种办法的优点是绩效考评标准更加明确、绩效考核更加精准、考评维度清晰、反馈功能良好、连贯性良好、信度较高，而且各绩效要素独立性强，综合评价方便，不过行为定位法比其他方法在设计和实施上都更加费时、费力、费钱。

第四种方法是行为观察法，也叫行为观察量表评价法、行为观察评价法、行为观察量表法，其与行为定位法在量表的结构上存在些微差异，其他的都大致相同。这种方法要求考评者根据员工某种工作行为发生的频率［总是（5分）、经常（4分）、有时（3分）、偶尔（2分）、从不（1分）］，或参照工作绩效的重要性程度进行加权之后再计算总分来给某位员工打分。这样就可以利用总分来比较不同员工的表现。另外，在计算总分时，应先排除频率过高或过低的工作行为。行为观察法最大的优点就是可以区分工作行为的重要性，从而可以作为不同员工间比较的依据，不过完全从行为发生的次数来考核员工可能会使考评双方忽略行为发生的背景和过程，而且一份行为观察表的编制十分耗费人力、物力。

第五种方法与行为观察法大致相同，即加权选择法。这种方法首先需要通过岗位调查和分析收集相关员工的具体工作表现，并用简洁的语言做出描述；其次合并类似的项目，只保留具有代表性和一致性的事项，并对选中的行为项目进行五级到九级的评定；最后计算出选中项目得分的加权平均分，这个分数就是该项目的最终等级分值。这种方法的优点是便于反馈、核算方便、打分简单，但是只能适用于某一具体岗位的工作内容，在考评别的工作岗位上的员工时就需要重新设计一份不同内容的加权选择考评量表。

第六种方法是评价中心法，这种方法会通过多种技术来广泛考察员工的行为和特质，从而提供更为真实可靠的绩效考评依据。其一是套餐式练习或实务作业，这种技术是让员工在拟定的工作环境和时间里，解决工作中可能出现的各种问题，并参与所有相关文书、文件的处理和起草，然后再由考评者评判这位员工的分析判断能力、决策能力、应变能力以及授权技巧。其二是自主式小组讨论，这种技术要求员工参加一个有领导或无领导的团体讨论会议，与会者围绕人事决策、组织变革和组织发展、薪酬福利政策等专题进行讨论，最终形成一个整体决策，然后由考评者根据与会者的表现评定这位员工分析诊断问题的能力、团队合作精神、人际关系技巧、领导能力。其三是个人测验，这种技术要求员工完成人格、智力、对督导与管理的态度等测验。然后是面谈评价，这种技术要求员工接受多人或单人主持的涉及其以往经验、成长背景、兴趣目标、工作表现和未来期待等内容的面谈。其四是管理游戏，这种技术要求员工在模拟的条件和环境下通过团体讨论或角色扮演对生产计划与组织、作业流程与优化、市场竞争策略、仓储调运与管理和商品推广与营销等领域的问题进行解答。其五是员工需要在众人面前作一份针对特定管理题目的分析报告，然后考评者根据这次个人陈述来考察其雄辩能力和表达能力。

二、离职率：说明组织留存与冲突的关键利器

离职率是衡量企业内部人力资源流动状况的重要指标之一，它可以反映员工对企业的满意状况。离职率过高说明公司的劳资关系存在一定矛盾，员工的工作情绪也不够稳定，团队的向心力下降，这会影响组织的工作效率，增加人力资源成本。当然，这并不意味着员工的离职率低就是一件好事，维持一定的员工流动率可以通过人才竞争保持企业的创新意识和活力。员工的离职率过高或过低都可能出现问题，如果一个企业年员工离职率低于 2%，就说明该企业人力资源的竞争力偏低；如果年员工离职率高于 10%，那么这个企业在管理上可能存在较大的问题，企业员工已经处于动荡之中。一个运行良好的企业会关心应聘者是否跳槽过于频繁，而一个出色的应聘者也会关注应聘岗位的稳定性，若这个岗位的离职率过高，那么自己很有可能跳入“离职陷阱”。另外，就像业绩持续增长的阿里巴巴同样也有着很高的离职率一样，企业在衡量人力资源运营的优劣时不能单纯依据离职率的高低。

以下几类人员的离职会给公司带来极大的风险，必须予以重视。

第一类是公司高层，公司高层离职不仅会在一定程度上损害公司的

形象，而且还可能会带走一个团队，造成一个部门的瘫痪。在处理高层员工离职时，要把以下 3 个方面的工作做足，从而尽可能地减少风险：其一，尽可能地保留高层员工的面子，通过聊天引导他主动辞职并且尽可能满足他提出的条件。其二，为了降低同业竞争风险，公司可以对高层员工支付足够的赔偿并签订《同业禁止协议》。其三，进行工作隔离或关系隔离。工作隔离指的是利用派遣高层员工参加培训学习的时间（不能少于两个月），把他手中的权力移交到其他人手上，从而把他原有的工作隔离开；关系隔离指的是重新派人联络那位高层员工负责联络的重要人物。

第二类是营销人员，营销人员离职会带走自己的客户，而且一旦这位员工跳槽到对手公司，会给原公司造成极大的威胁。因此在辞退营销人员的时候，公司一定要针对相关风险签订协议。另外，公司在将其辞退之前，可以通过调换岗位的方式对其进行工作隔离，如从销售调到市场，这样就可以逐渐降低风险发生的可能性。

第三类是财务人员，财务人员离职可能会带来以下风险：其一，公司在进行财务管理时或多或少都会有一些不规范的行为，比如报销在不能开发票的饭店吃饭的费用时用收据入账，这原本是一件小事，但财务人员一旦泄露给相关部门，公司面临的风险就会呈指数级增长。其二，财务人员负责管理支票或发票等，如果离职的财务人员和其他部门联合故意让货款无法收回或把公司的账款划出，公司就会瞬间陷入险境。其三，财务人员一般负责与税务监察和财务审计等部门的人员联络，这些人对公司的发展至关重要，一旦财务人员离职，公司和政府的这些关系就可能会断掉。因此，公司在财务人员离开之前就要跟政府相关部门协调好，避免社会关系方面的风险。

三、缺勤率：扰乱组织正常秩序的根源

缺勤率是指职工缺勤时间与制度工作时间在一定时间内所占的百分比，一般由工日缺勤率（缺勤人数与应出勤人数之比）和工时缺勤率（实际出勤人数与应出勤人数之比）来表示，它体现了工作时间没被利用的情况。缺勤率可以跟本公司的最佳记录、计划指标相比，与公司各部门之间对比，也可以与同行业先进指标对比，从而掌握企业内部职工健康、思想政治工作和生产管理等情况。太高的缺勤率会扰乱公司正常的生产秩序，也会影响员工本人的经济收入。

公司在管理离职率或缺勤率时，不要只强调简单粗暴的以罚代管、末位淘汰等管理手段，而应该着眼于人性的规律、群体行为的规律，通过行为的表象分析背后的本质。组织行为学认为，一个行为及其后果会受到多重变量的影响，包括动机、价值观等内在因素，氛围、意外变故等不可控的外在因素，动力、情绪等主观因素，环境、能力等客观因素。“MARS”理论认为影响个体行为与结果的因素至少包含动机（Motivation）、能力（Ability）、角色认知（Role-perception）、情景（Situation）这 4 种。就缺勤而言，旷工、迟到、早退等行为一般会受到我是谁的角色认知，我工作的动机，我应该做什么的价值观，我能做到什么的能力，以及其他人的看法和行为等情景氛围的影响。要减少公司的缺勤行为，除了考虑价值观、动机等个人出勤的内在因素，也要考虑家庭变故、家庭条件等外在因素；除了考虑归属感、情绪等主观因素，也要考虑周围同事的工作状态等客观因素。

从手写签到到高科技的指纹打卡再到手机软件的智能考勤，考勤的技术越来越先进，但是并没有真正降低员工的缺勤率。即使物理上的缺

勤率降低了，精神和心理上的缺勤率也很难改观。如果员工迟到，公司就扣他的工资，那他就不会再有耐心听人劝诫。相反，如果员工迟到，公司不仅没有扣钱，反而帮他分析原因，帮他规划最省时间的出行路线，在无法避免缺勤的情况下还给他提供支持帮助，那他就极有可能心怀感激从而主动地降低缺勤率。当然也不排除有在公司全心全意为他解决缺勤障碍后仍然心安理得迟到的员工，这样的员工就没有必要留在组织里了。找到行为背后的原因并有效防范错误行为的再次发生，这就是管理的精益化，组织的整个运营都需要精益化的管理，只有精益化管理才能改变公司员工的行为与习惯，从而推动公司的发展与进步。

病假、延长休息、迟到早退等可以通过技术手段跟踪到的缺勤是显性缺勤，而员工没有缺勤，却工作低效被称作隐性缺勤。隐性缺勤主要包括带病工作和工作时间处理私人事务 2 种类型。根据相关访谈显示，员工宁愿带病工作也不请假主要是为了避免扣工资，避免影响整个团队的工作进度和自己的年末考评与升迁。但事实上，员工带病工作不仅会损害自身健康，还会影响工作效率，因此公司要重视员工的身体状态，尽量避免员工带病工作。另外一种隐性缺勤是指员工在工作时间处理私人事务。调研显示员工每天可能会花费一个多小时来处理私人事务（如女员工上网聊天或与同事闲聊，男员工浏览新闻、上网聊天、打游戏、抽烟），也就是说，员工一周处理私人事务的时间至少为 6 个小时，而且员工处理私人事务一般很难发现，其造成的隐性缺勤会比显性缺勤成本高很多。但是大部分员工都在访谈中表示如果能够适当地、自由地在工作时间处理私人事务，工作压力和家庭冲突都会很大程度地减少，从而提高自己的工作满意度。

公司可以从以下 4 个方面控制缺勤率：首先，根据企业自身情况建立缺勤监测系统，一旦员工缺勤次数越过红线，部门管理者要及时向员工了解原因。其次，避免定时定点打卡、以罚代管等简单粗暴的管理模式，优化出勤考核制度，从而提高员工对出勤制度的满意度，进而提高员工的工作效率。再次，企业应该通过与容易出现隐性缺勤的员工访谈，找到背后的原因，然后根据这些因素优化绩效制度，比如让员工自我规划时间的任务管理模式，从而减少隐性缺勤。最后，企业应该重视员工的身心健康管理，调整福利措施，从而提高员工的工作效率和满意度。

四、满意度：组织综合情况的整体感知

工作满意度一般是指员工对工作方式、工作环境、工作压力、挑战性、工作状态、工作中的人际关系等方面良性感受的心理状态。影响工作满意度的主要因素被称作工作满意度的维度，不同的衡量方式把工作满意度的构成要素归结为不同的方面。一开始研究工作满意度的学者更倾向于从工作条件、工作内容等物质层面来定义员工工作满意度的维度，从而将其组成成分划分为工作条件、工作单调、疲劳和领导方式等要素。随着社会的发展，这种测量方法的缺陷逐渐暴露出来，于是人们开始从员工的心理动机和社会环境出发把自我实现、社会及技术环境和被人承认等因素视为工作满意度的组成维度。测量工作满意度既可以测量整体满意度，也可以测量管理水平、薪酬、同事、提拔与工作本身等关键因素。测量工作满意度的特定方面可以很好地反映工作条件等要素，而评估整体满意度则可以更好地反映员工对特定项目的反应差异。相对来说，问卷测量更容易施行，因此评估工作满意度一般使用问卷测量法。

工作诊断调查旨在研究员工有意识地评价自己工作内容的方法，它会设置如工作任务的重要性、工作任务的多样性、工作的自主性、工作信息反馈、工作任务的独特性以及工作满意度和一些个体差异的指标来测试和衡量与工作紧密相关的变量。其中尤其需要调查的工作满意度指标包括工作内容、工作合作伙伴、工作报酬、工作条件、直接上司等因素。

调查员工的工作满意度，可以让领导者更好地掌握组织的运营状况并了解员工的心理状态，从而能够及时采取行动调动员工积极性、促进员工的发展、改善组织中的沟通，进而提高企业员工的协同合作能力，改进组织的人力资源开发与管理。

第三节　治理结构诊断

治理结构是用来描述企业权力机关的设置、运行及权力机关之间的法权关系的术语。公司治理结构就是探索公司内部组织结构的权力制衡与激励机制，其核心在于协调代理委托的问题。企业治理结构主要分为 2 类：一类是公司制企业治理结构；另一类是非公司制企业治理结构。

随着现代化和全球化的发展，越来越多的企业选择公司制企业治理结构，但公司制企业的治理结构同样存在一些缺陷，不同的企业可以根据自身情况做出自己的选择。这就需要对治理结构进行深入诊断。

一、治理结构诊断的依据："三会四权"

公司治理结构主要涉及董事治理结构、股东治理结构、监事治理结构及董事会、股东大会、监事会三会间的制衡关系。股权、股份、股东是股东治理结构的三大问题。我国小股东的权益经常被大股东侵害，让股权、股份、股东和股东大会发挥其关键的治理作用是解决公司治理的根本。

公司治理结构主要指所有者与经营者之间的委托代理关系。所有者是公司法人财产所有者，要求股东利益最大化。经营者是受所有者聘请，在授权范围内专门负责公司日常运营的职业经理人。所有者和经营者是通过代表机构产生联系的，因此处理好代理委托关系是完善公司治理结构非常重要的内容之一。所有者和经营者都想使企业立于不败之地，但是两者之间的承诺兑现、利益分配往往存在差异，前者希望能维持企业长期稳定的增长，而后者则更在意一时的成功。股权比较集中的时候，经营者的利益很难得到保障，这时公司要解决的主要问题是怎么防止大股东吞噬小股东的利益；而在股份比较分散的情况下，所有者的利益则更容易遭到侵蚀，这时企业要解决的根本问题是怎样控制经营者，从而使其更好地服务于公司并使股东利益最大化。公司治理结构不仅要协调企业与股东的利益关系，还要顾及企业内部高管层、经理层、底层员工等的利益分配。

公司股东拥有知情质询权、选举和被选举权、决策表决权、强制解散公司的请求权、股东代表诉讼权、优先权等权利，同时，公司股东还负有不得滥用股东权力损害公司或其他股东的利益、按时足额缴纳出资、不得抽逃出资等义务。股东会议要么采用直接表决、累积投票、代理投票、网络投票等投票表决制度，要么采用举手表决制度。股东大会不仅可以反映股东的意愿，而且代表着企业最高权力机关，主要有法定大会、年度大会、临时大会这 3 种类型。股东大会的主要职权是决定公司的经营方针和投资计划；选举和更换董事、监事，决定有关董事、监事的报酬事项；审议批准董事会、监事会的报告；审议批准公司的年度财务预算方案、决算方案、利润分配方案和弥补亏损方案；对发行公司债券做出决议；修改公司章程及公司章程规定的其他职权等。

董事需要符合法定要求，否则可能会因为董事资格导致不必要的问题，当然董事个人也需要具备应有的素质与能力。董事在公司应起到促进和完善公司战略决策、控制和监督公司管理层、改进企业管理、增加股东财富等作用。董事享有临时董事会召集的提议权、表决权，并应履行不得侵占公司的财产、不得利用职权收受贿赂或其他非法收入、不得擅自披露公司秘密等义务。董事会的职权由宏观决策权、经营管理权、执行权、机构设置与人事聘任权 4 部分组成。为了更好地行使董事会的职能，并防止其滥用权力，公司内部常设立提名委员会、审计委员会、战略委员会、薪酬委员会等。此外，在董事会里可以设立具有专业性、独立性和公正性，拥有独立意见和特别职权的独立董事。

监事的职责主要是检查公司财务，并在董事、高级管理人员的行为损害公司的利益时，要求董事、高级管理人员予以纠正。此外，监事还可以列席董事会会议，对相关事项提出建议和质询。监事会监督的形式主要有以下 4 种：

- 通知经营管理机构停止其违法行为；
- 随时调查公司的财务状况，审查账册文件，并有权要求董事会向其提供；
- 审核董事会编制的提供给股东大会的各种报表，并把审核意见向股东大会报告；
- 提议召开股东大会。

经理主要负责以下几个方面：

- 主持公司的生产经营管理工作；
- 组织执行董事会决议、实施公司年度经营计划、投资方案；
- 拟订公司内部管理机构设置方案；
- 拟定公司基本管理制度；
- 制定公司的具体章程；
- 提请聘任或解聘公司的副总经理、财务负责人等；
- 决定聘任或解聘除应由董事会决定聘任或解聘以外的管理人员；

- 行使董事会授予的其他职权。

同时经理还需要履行遵守公司章程、忠实履行职务，维护公司利益；不得利用职权收受贿赂或其他非法收入；不得侵占公司的财产；不得将公司资产以其个人名义或其他个人名义开立账户；不得以公司资产为本公司的股东或其他个人债务提供担保等义务。公司的高级经理人员主要有首席执行官、首席财务官、总经理、总裁、首席信息官、首席运营官、首席市场官、首席人类资源官等。

在实际中，多数中小企业的股东就是董事长、总经理、监事，而且大多还处于老板说了算的状态。因此，在诊断公司治理方案时除了考虑法律规定，还需要注意企业的实际情况。此外，内部治理包含的股东权益保障、高管的选拔、董事功能和业绩、股权结构、董事会构成、激励和约束等环节的制度安排都需要由点及面进行诊断。

二、治理结构诊断要点一：股东大会制度

公司治理通过董事会制度、独立的外部审计制度、信息披露制度、股东大会制度和公司治理的外部结构等基本防线来约束和控制经理人，从而解决老板无法直接监督经理人和信息不对称的问题。

保护中小股东权利的事前预防措施主要是股东大会制度。与股东大会制度相关的 4 个非常重要的问题：

- 表决权制度有哪些？
- 股东大会决策的内容是什么？
- 谁负责召集股东大会？
- 董事会的权力边界在哪里？

其中最重要的就是投票制度的设计，股东大会的表决权体系是在一

股一票、多数决策的基础上兼采股东表决权排除制度、累计投票制度和委托代理投票制度。后面 3 种投票制度的设立主要是为了保护中小股东的利益，但是要想有效地使用这些制度，必须提前在公司章程中写明这一点。股东大会主要讨论的是涉及风险驱动和股东价值的大事，公司运营中遇到的一些琐事并不适合拿到一年没几次的股东大会上去讨论。作为非常设机构，股东大会一般按照公司章程规定或《中华人民共和国公司法》（以下简称《公司法》）一年召开一次。至于临时股东大会，在公司未弥补的亏损达实收股本总额的 1/3；董事人数不足《公司法》规定的人数或者公司章程所定人数的 2/3；单独或者合计持有公司股份 10% 以上的股东请求；董事会或监事会提议召开时，应该在 2 个月内召开临时股东大会。

在股东大会中还存在机构投资者这样一支特殊力量，他们是代表单个机构、单个投资者或者团体组织进行投资的法人机构，目前这种现象主要在英美流行。

最主要的金融机构投资者包括养老基金、保险基金、投资银行和共同基金等。机构投资者在公司的影响力非同小可，他们不仅倡导并实践以公司治理为导向的投资战略，而且还发布各种指引，倡导市场推动的公司治理标准和样式，他们甚至可以赶走众多不合格的高层管理者。

三、治理结构诊断要点二：董事会制度

由于股东大会制度对经理人施加的压力是间接的，而要真正发挥独立的外部审计制度、信息披露制度和公司外部治理结构的作用，必须依靠董事会的高效运作，所以董事会制度是防范经理人风险最为核心的一道防线。从某种角度来看，没有高效的董事会，公司的制度只能是

空谈，董事会制度对所有经营权和所有权分离的公司而言都是至关重要的。

董事会对公司的管理责任是经过法律认可的，董事会承担着聘用经理人、监督经理人以及重大经营决策等重大责任。但我国大多数上市公司在实际经营中都只是把董事会当成应付法律的一种摆设，并没有有效地利用董事会来控制和领导公司。

四、治理结构诊断要点三：信息披露制度

为了最大限度地保证股东的知情权，减少经理人和董事会之间的信息不对称，从而作出正确的决策，因此设立了信息披露制度作为董事会制度的辅助制度。尤其是对股东人数众多的上市公司和大型公司，信息披露制度更是有着非常重要的意义。也就是说，一旦公司的规模大得超出了老板需要授权给经理人，且两者之间出现信息不对称的时候，即使不直接使用信息披露制度，至少也可以使用信息披露的逻辑和方法论来解决信息不对称问题，毕竟规模越大，不对称程度就越大。一旦老板掌握不了真实、准确和全面的信息，大型公司和上市公司就很容易变成经理人控制的公司，老板就会失去控制权。定期进行信息披露，也是为了培育和完善市场本身机制的运转，提高资本市场的有效性，因此所有的资本市场都要求上市公司必须定期进行信息披露。

事实上，大多数公司都不愿意太多地披露信息，首先是为了保密，公司披露的信息，无论是坏信息还是好信息，无论是财务信息还是非财务的公司治理信息，都会在一定程度上涉及公司的商业机密，一旦公之于众，就会被供应商、竞争对手、客户乃至潜在的收购者利用来分析公司的财务状况和业务情况，从而找到更利于自己的交易策略，这样，公

司就会处于被动的局面。其次是成本的问题，任何信息的披露都需要耗费大量的财务、时间和精力成本。而且信息的透明度越高，也就越容易引起管理者和投资者之间的分歧。最后还涉及私利问题，公司的股东和经理人出于一己私利的考虑，并不想完全披露公司信息，因为只要公司的经营状况在资本市场存在许多不对称信息，他们就可以利用手中掌握的大量内幕消息进行交易，从而获得超常规的收益。所以，如果不是监管部门的强制性要求，没有公司会自愿按照全面、及时、有效的原则来披露信息，强制性披露信息制度公司经营的作用已经越来越明显。强制性信息披露保证了公司信息的透明度，因此外部股东获取信息的成本就大为降低，就可以对经理人的行为进行有效监督，从而提高投资资产的安全系数。在这种情况下，投资人就愿意对公司继续投资，从而使资本市场的资金供应和投资机会之间能够进行高效配置。

所有影响企业的风险和价值驱动因素的信息，包括财务信息和非财务信息都属于信息披露的范围。公司治理结构的信息披露主要包括管理层的变化、董事会的结构特征以及公司内控体系的有效性等。公司治理结构的信息虽然不像财务报告那样直接反映当期公司的价值，但是这些信息是投资者对于公司长远价值判断的重要依据。在财务信息披露中，最重要的就是损益表、资产负债表和现金流量表的披露，投资者可以利用这 3 张表中所披露的信息识别企业面临的风险，从而对企业的真实价值做出准确判断。

五、治理结构诊断要点四：独立的外部审计制度

为了避免被经理人控制的财务管理人员和内部审计人员做假账的主观错误和误报的客观错误，公司一般需要建立独立的外部审计制度。

只有经过外部审计师审计过的财务报告才能发布到资本市场。需要注意的是，外部审计师只是审核公司的财务报告内容以及报告编制过程是否遵循了既定的原则，从而督促公司按照会计准则进行报表编制和信息披露，因此财务报告具体内容的准确性和真实性由经理人而不是外部审计师来负责。

外部审计师除了审核公司提供的财务报告和报表是否按照审计准则制作，还会对董事会和经理人做出的公司持续运营能力或清偿能力判断进行审核，验证这些判断是否按照相应条件和准则得出，并发表审计意见。此外，在对公司进行具体的审计过程中，外部审计师还会审核财务报表中是否存在重大虚假陈述、误导性信息披露和财务欺诈等行为以及公司运作中是否存在违法违规的行为。由于近年来有越来越多的公司把社会责任和环境保护等方面的内容放到年报中，因此外部审计也会重点审核公司是否具有社会责任感。

六、治理结构诊断要点五：公司控制权市场

公司控制权市场对经理人行为的约束是通过兼并或接管的方式进行的，又称为资本市场的约束，是公司外部治理结构中的关键制度。公司很有可能因为低效的经理人而走向低迷，这时股东一般会想要更换管理层，但是对于股权分散的公司来说，用投票的方式很难达到更换管理层的目的。不过对公司失去信心的外部股东还可以采取卖掉股票离开公司的做法，一旦抛售股票的股东增多，公司的股票就会面临下跌的危险。这时，董事会为了解决危机就可能重组管理层。如果外部股东仍然不满意，还是继续抛售股票，公司具有相对控制权的股东就会改组董事会。如果还是不能解决问题，股东们继续抛售股票，那么公司的股票就

会不断下跌，直到其股票被资本市场严重低估，即这家公司的股票价格已经远远小于它的真实价值了，这时就会给潜在的对手一个非常好的恶意并购机会。而一旦公司股票被低估，潜在的收购者就很有可能不打招呼直接在二手市场大量买进股票，只要达到 10% 左右，他就可能获得这家公司的控制权。而收购者在获得控制权后，一般都会根据自己的利益重组管理层和董事层，这对原来的管理层、董事会成员和控制性股东来说都是一种威胁，因此他们也会采取措施扩大股东的利益，从而避免公司被收购。因此，控制权市场对于众多的中小股东来说是一种保护，是公司治理的一个重要环节。

资本市场的并购活动主要有协议收购、集中竞价收购和要约收购这 3 种。协议收购一般是善意收购，是指由潜在的收购者与目标公司的股东就收购该公司股票的价格、条件、数量、支付方式和期限等有关事项达成协议后实现股权转让的收购方式。集中竞价收购指的是不与目标公司商量，直接在股票市场上购买目标公司的股票，当购买数量达到控股地位时取得公司控制权的收购方式。绝大多数的竞价收购是恶意并购，发生于上市公司股价被低估的时候。要约收购是上市公司特有的并购方式之一。要约收购事先也不会征求目标公司意见，而是直接向全体股东发出书面要约，承诺以某一特定的价格购买一定比例或数量的目标公司股份，因此也被视为恶意收购。要约收购的方式对于公司原有股东或收购者都是比较有利的。

当然，目标公司管理层和董事为了维护自身权力和地位、职业声望以及与其职务有关的物质利益，会尽可能地采取各种办法防止公司被收购、被接管。反并购防御措施能够提高目标公司的并购价格，增加潜在收购者的收购成本，因而使得目标公司的股东们可能获得较大的股票溢价。所以，目标公司股东也会支持公司管理层和董事会的反并购防御措施。在公司章程中针对敌意接管或恶意并购在控制权方面做出相应安排，使得潜在的收购者即使收购了看起来足够多的股票，但也难以获得对公司的控制权的方式主要有以下几种：第一，轮换董事制度。在公司章程中规定董事的任期为 3 年，且每年只能改选 1/3 或 1/4 的董事等。这意味着，即使收购者拥有目标公司绝对多数的股权，也难以获得目标公司董事会的控制权。第二，绝大多数条款，也叫超级多数决条款。即在公司章程中规定，当公司进行重大资产和经营权转让或合并时，必须取得出席股东的绝大多数同意方可进行。第三，公平价格条款。在公司章程中规定收购者必须以一个公平的价格（可以是给定的价格，也可以根据 P/E 比率，约定为公司每股收益的几倍）购买少数股东的股票。第四，股东持股时间条款。在公司章程中规定股东在股权取得一定时间后方可行使董事提名权，这可以在一定程度上打消收购者收购的积极性。第五，董事资格限制条款。在公司章程中规定董事的任职条件，从而阻止收购方取得对董事会的控制权。第六，股东在提名董事人数方面的限制条款。在公司章程中对股东提名董事人数进行限制，这样即使收购者购买了公司较大比例的股份，但由于章程对提名董事人数有限制，收购者也难以获得对董事会的控制权。第七，累计投票制度。在公司章程中规定董事和监事的选举采用累积投票制度。这样，即使收购者购买了公司较大比例的股份，也难以在董事会或监事会中拥有多个席位。

在反并购手段中，最常用的是绝大多数条款和轮换董事制度，一般是以绝大多数条款为主，再辅以其他制度。由于其他条款都是通过公司章程来设定的，收购方取得上市公司控股权后，就会立即召开股东大会通过修改公司章程的方式来废除这些条款。所以在公司章程当中往往要规定一个关于修改公司章程的绝大多数条款，即修改公司章程需要股东大会 3/4 以上表决通过。有了这样的制度安排，直接加大了收购方的收购成本，收购方要想获得公司控制权，必将付出更大的代价。当然，这些防线要想发挥作用还得依赖于资本市场的成熟度和有效性。

第四节　组织中五大行为诊断详解

尽管组织行为和组织管理并不是陌生的概念，但是人们往往不能够很好地在组织诊断层面理解组织行为相应的概念，并对组织进行行为式的诊断。在当下的激烈竞争中，任何一个管理者如果不能有效地发挥组织效能或者融合团队的能量，都是无法让组织长续发展，持续成功的。组织行为学有着丰富的理论和观点，厘清以下五大组织行为，便能够较为清楚地诊断组织行为的基本状态，让管理者直接引导管理活动。

一、计划行为的内容和问题

计划在管理学中的含义主要包括在掌握组织内部条件与外部条件基础上，制订未来目标和实现途径的计划工作，以及用文字和指标等形式表述组织未来行动方向、内容和方式安排的管理事件的计划形式。在实际操作中，计划编制的方法主要有通过设立层层目标进行管理的目标管理法，根据短期基础计划的执行情况和环境变化不断调整和修改未来计划，结合短期计划和中期计划并逐期向后移动的滚动计划法，以及以网络为基础判定的网络计划技术法等。

编制任何一份工作计划都需要遵循如下工作步骤：第一，公司需要尽可能准确地预测未来可能出现的变化，并完整而清晰地掌握组织的优缺点、所处地位和不确定因素，然后在此基础上找准组织发展的机会。第二，公司在认识机会的基础上要确立自己的发展目标，并将这一目标层层分解到各个活动环节、各个部门，从而形成公司目标的空间结构和时间结构。第三，出于使工作计划做得更加严密、协调的目的，公司要尽可能了解计划实施时的外部、内部、可控、部分可控、不可控等前提条件。第四，寻找、拟订并选择可行的行动方案，并结合数学方法和计算机限制可供选择的方案数量，把着力点放在分析最有希望的方案上面。第五，在综合考虑总体效益、每一个计划的隐患和有形无形的制约因素并且动态考察计划带来的利益和损失的基础上评价可供选择的方案。第六，在前面五个工作基础上选出最优方案，同时也细化和完善其他方案，以备不时之需。第七，在基本计划基础上，制订筹集资金计划、雇用和培训各种人员的计划、广告计划、生产计划、销售计划、促销计划等派生计划。在确定计划之后，最后就要通过数字化方式使计划转变为预算，从而明确计划的指标体系，方便企业执行计划。

计划的本质是确定目标以及达到目标的方法和途径，使得不同时间、不同空间、不同岗位上的人们能够朝着一个总目标不断努力，步步逼近。由于控制就是通过纠正偏离计划的偏差，从而使管理活动保持与目标的要求一致，因此管理者很难控制没有经过计划的活动。所以，一个缺乏计划的公司很容易在复杂的活动中事倍功半且陷入混乱。

二、领导行为的内容和问题

领导力是一种可以影响一个团队达成目标的能力，领导者可能是被正式任命的，也可能是团队中自发产生的。公司的高效运转离不开有力的管理和领导，领导者可以通过开发愿景来激励成员，而管理者可以指定具体计划，形成有效的组织结构，从而实现组织的稳定性和有序化。

关于领导者的理论主要有特质理论、行为理论和领导权变理论。特质理论主要强调个人的特质，特质可以更好地预测领导者和领导能力的出现，一般来说具有责任心、外倾性和开放性经验等特质的人更容易成为领导者。行为理论是指分析领导行为的维度，目前较为流行的主要有两派：一派是将其分为界定和建构下属角色的结构维度以及关心和尊重下属的情感与看法、建立相互信任的工作关系的关怀维度；另一派则是将其分为重视人际关系、考虑下属个人兴趣的员工导向以及强调任务完成情况的生产导向。不过特质理论和行为理论都缺乏对情景因素的考虑，所以很难保证领导者的成功。而领导权变理论正是从情景变量出发来考虑问题，其中比较有代表性的主要有以下 5 种：第一种是费德勒模型，该模型指出高效的团队绩效主要取决于领导者的风格以及领导者对情景的控制程度，其中确定领导有效性的 3 个维度是领导者对下属信任、信赖和尊重的程度，工作任务的程序化程度以及领导者影响员工的聘用、解雇、处罚、晋升和加薪的程度。费德勒模型经过进一步修正后，发展为认知资源理论，新理论非常关注压力在情境中的角色，认为在低压力下，领导者的智力与绩效之间呈正相关，而领导者的经验与绩效之间则呈负相关。相反，在高压力下，领导者的智力与绩效之间呈负相关，而领导者的经验与绩效之间则呈正相关。第二种是情景理论，也叫情景领导理论，该理论强调下属的成熟度，也就是员工完成某项具体任务所必需的意愿程度和能力水平。第三种是领导者 - 成员交换理论，该理论指出领导在下属当中会建立一个自己的“朋友圈”，在圈内的下属一般得到的绩效评估更高，对这位领导更满意、总体满意度也更高，因此离职率更低。第四种是路径 - 目标理论，该理论认为领导者的主要工作在于为下属提供信息、支持或其他必要资源从而帮助他们实现目标。该理论将领导者行为一般分为给员工安排好具体的目标、任务和期望的指示型，十分关怀下属需求的支持型，在决策前充分考虑下属建议的参与型以及设置挑战性目标从而让下属实现最佳水平的成就型这 4 类。但是由于路径 – 目标理论太过复杂，因此很难检验这一理论的有效性。第五种是领导者 – 参与模型，这种理论主要是根据决策树模型制定的一系列规则来指导领导者参与决策的类型和程度。但是由于这种模型中没有包括智力、压力和工作经历等重要的权变因素，而且实际操作十分复杂，因此一般管理者很难在正常基础上使用它。

领导者通常能为所在团队指明前进方向进而提高团队绩效，因此领导者在群体行为方面占据着核心地位。特质理论的贡献在于指出外倾性、责任心和经验的开放性等特质与领导强相关，使得精确预测领导能力和领导者变为可能。行为理论的贡献则在于把领导力压缩为任务取向和人员取向 2 种风格，并强调领导行为在组织发展中的作用及其激励员工的方式。

领导风格与企业文化的协同性可以正面影响企业文化的发展、企业文化的经济导向、企业员工的满意度、企业的绩效。过去，人们一直认为，高工作取向、民主领导和高关心人的领导风格可以产生高绩效的领导效果，但事实上领导风格是否有效还与组织文化有关，比如民主领导在成员不期待参与、不了解民主价值的组织内就可能造成士气低落、效率低下的情况。

三、沟通行为的内容和问题

沟通主要包括意义的传递与理解 2 个方面，完美的沟通是指思想或想法在传递者和接受者之间所感知的心理图像一致。沟通过程模型主要包括发送者、编码、信息、通道、解码、接受者、噪声和反馈这 8

个方面。沟通的方向可以是纵向的，也可以是横向的，纵向维度还可以细分为自下而上和自上而下 2 种。

组织沟通是组织内信息、知识、情报、态度、观点、经验等的交流与传递，一般由沟通信息、沟通来源、沟通渠道、沟通传译、沟通接受、沟通反馈 6 个要素连接而成。良好的组织沟通是协调组织中成员与成员之间、组织与其成员之间以及组织与组织之间的相互关系，是组织内部加深了解、融洽感情、激发斗志、增强应变能力、辅助组织目标完成的最重要的条件之一。组织沟通的渠道主要有正式的小群体网络（比如利于领导者出现的轮式结构、注重成员满意度的全通道结构、强调精确性的链式结构），属于非正式系统、不受管理层控制、更被员工信任、服务于组织内部人员自我利益的小道消息以及安排和分配组织中集体智慧共享的知识管理这 3 种。

实验证明，沟通会受到传递者有意过滤信息、接受者选择性接收信息、个体处理信息能力的限度、情绪、对词汇及相关语言的认识和界定以及沟通恐惧等的影响，因此沟通的有效性会大打折扣。

当前沟通中的问题主要有以下 4 类：第一，性别的沟通障碍，比如男性交谈更多的是为了保护独立性和维护自己的社会地位，而女性交谈则更多的是为了寻求认可和支持。第二，沉默中的沟通，沉默可能是对大多数意见的服从，也可能是一种表达不满的方式，因此交谈中的沉默需要予以重视，否则会损失一些关键信息。如果组织内程序广泛公平，且少数派的观点能够得到尊重，那么组织成员保持沉默的可能性就会大大降低。第三，要关注自己使用的词汇是否有可能冒犯他人，当然如果语言清理太过极端，也可能影响语言的准确性。第四，在跨文化沟通中存在的由于语义、词汇内在含义、口气和语调、认知、文化背景等差异带来的障碍。

要想维持组织在竞争日益激烈的市场环境中的活力，高效沟通必不可少。提升组织沟通效率一般有以下 3 种方法：第一，建立以业绩目标为基准的沟通标准。企业必须构建好自身的业绩管理体系，通过设置科学、明确的业绩目标来指导沟通行为。第二，强化内部培训。通过培训可以固定一些概念性的东西，进而形成能被员工一致理解的企业话语，从而在企业内部构建一种统一的行为模式和沟通风格。第三，转换领导意识。企业的高层管理者必须意识到各个层级的员工都应该根据组织总体战略目标负起相应的责任，而不是一味地围绕领导的想法转。

良好的沟通不仅能够为企业的决策与执行力提供基本的保障，而且可以最大限度地调动员工的工作积极性。因此，要想提升执行力，企业必须尽快打通组织内部沟通的障碍。

四、控制行为的内容和问题

组织控制的目的主要在于规定员工的责任和成员之间的关系以及调动成员的积极性。控制这个术语源于技术工程系统。管理中的控制职能是指管理者为了实现组织目标，运用相应的控制手段和控制机制对被管理者加以影响的过程。由于控制既是管理的一项重要职能，又贯穿于管理的全过程，因此管理就是控制。管理中的控制活动必须满足 3 个条件：

- 确定的目标；
- 具有多种发展可能性的受控客体；
- 在被控客体的多种发展可能性中能够通过一定的手段进行选择

的控制主体。

在实际操作中，控制可以根据不同的标志被分为不同的类型：

- 业务范围：生产控制、成本控制、质量控制和资金控制等；
- 对象的全面性：局部控制和全面控制；
- 不同的作用环节：现场控制、前馈控制和反馈控制。

不同类型的控制都有各自的功能、特点与适应性。

控制的原则主要有 4 点[①]：第一，反映计划要求原则。确定什么标准，控制哪些关键点和重要参数，收集什么信息，采用何种方法评定成效以及由谁来控制和采取纠正措施等，都必须按不同计划的特殊要求和具体情况来设计。第二，控制关键点原则。管理者应该着重关注计划中的关键因素，从而以最低的代价来查明可能偏离或实际偏离计划的偏差及其原因和措施。第三，控制趋势原则。管理者需要从复杂的现象中找出背后隐含的发展趋势，最好能在倾向刚刚出现的时候就察觉并予以有效的控制。第四，例外性原则。管理者应该结合控制的关键点原则，额外关注那些超出正常水平的极好或极坏的情况。

控制的基本过程主要包括确定控制标准、衡量实际业绩、进行差异分析、采取纠偏措施这 4 个步骤。

要确定控制标准，首先要在财务活动、生产作业、信息、组织人员、组织绩效尤其是组织活动的成果中确定恰当的控制对象。其次要根据成本标准、收益标准、实物标准、无形标准、指标标准、资本标准、计划标准以及作为策略控制点的策略计划等来选择控制重点。最后还要考虑

---

① 邬倩：《浅论现代企业的内部控制》，载《经济研究参考》2004 年第 93 期，第 33–36 页。

制定标准的方法，最理想的状态是直接将可供考核的目标作为标准，但一般是将其分解为以时间、数量、质量、成本为核心的定量标准和以组织形象、服务质量等为主的定性标准，比较常见的制定标准的方法主要是根据判断和经验来估计预期结果；利用统计方法来确定预期结果和在客观的定量发现的基础上建立工程标准这 3 种。

要正确地衡量实际业绩，首先要通过预先制定的标准核检各阶段、各部门、各员工工作的过程，进而检验标准的有效性和客观性，从而明确当前获得的信息是否符合控制需要。其次要根据被控制活动的性质、控制活动的要求，确定适宜的衡量额度，一般来说，年度控制适用于长期的较高水平的标准；而频繁则适用于出勤率、产量等基础性、短期的标准。最后为了使反映实际工作情况的信息能够及时被传递和处理，还需要建立高效的信息反馈系统。这些反馈来的信息不仅要准确、及时、可靠、全面，而且必须经过有效的整理、加工和分析，从而满足信息的适用性。

如果控制标准与实际业绩标准之间并无差异，那么一切都按原计划进行。若有偏差，首先要判断其是否会对组织活动的效果和效率产生影响，其次要找出产生偏差的主要原因，不管是内部原因还是外部原因都要进行查看，从而找出问题的本质。接下来就要确定纠偏措施的实施对象。在纠正偏差的过程中，有时候需要调整的是正在进行的活动，有时候则是衡量的标准，甚至是指导活动的计划。

对计划目标或标准进行调整可能出于 3 方面的原因：一是工作失误造成的问题，控制工作主要是加强对工作的管理与监督，确保其与目标吻合；二是最初制订的计划或标准本身出了问题，这时控制工作主要是按实际情况修改计划或目标；三是客观环境的变化使得原本的计划或标准变得不合时宜，这时控制工作主要是启动备用计划或制订新的计划。管理者还可以通过重新分派任务、增加人员、更好地选拔和培训下属人员或最终解雇、重新配备人员等办法来纠正偏差，此外管理者还可以通过更全面的说明或采用更为有效的领导方法来纠正偏差。纠正偏差的措施一般有 2 种：一种是需要立即执行的临时性措施；另一种是永久性的根治措施。

管理中的控制是指通过监督和规范组织及其成员的行为使其高效完成组织目标的过程，控制方式主要有以下 7 种：第一，直接告诉员工什么是合适的行为和不合适的行为，并在必要的时候进行干预。第二，评估员工达成特定目标或绩效标准的执行、运营和预算的能力，包括为每一个管理层级设定具体目标、管理者与员工共同商定其目标以及定期检查员工完成目标情况 3 个方面。第三，通过共享的行为标准和共有期望对小团体中的成员加以控制。第四，建立共同的价值观，即使得大家追求一致的目标并能采取一致的行为模式来实现该目标。第五，用不正式的规则和指导规定员工在特定场景下的恰当行为。第六，领导者通过入门仪式（包括个人如何进入、离开组织以及如何晋升等）、融合仪式（包括聚餐、年会、庆功会等）、强化仪式（包括新闻发布会、颁奖晚宴、员工晋升等）等正式典礼或仪式，让员工充分认识对个体和整体十分重要的事情。第七，建构组织内部专用的穿着、语言、办公室风格、汽车等。

五、激励行为的内容和问题

按照马斯洛的需求层次分析理论，员工的需求各有不同，因此对员工的激励途径也应该是多种多样的。根据激励的性质，可以大致把激励分为成就激励、能力激励、环境激励和物质激励这 4 类。[①]

第一，成就激励，随着社会的发展，人们工作的目的已不再局限于生存，更多的是获得成就感，因此成就激励是员工激励中一种非常重要的方式。成就激励还可以细分为通过详细制定岗位职责和权利让员工参与制定工作目标决策的组织激励，号召大家向优秀员工学习的榜样激励，为作出突出贡献的员工颁发荣誉称号的荣誉奖励，通过绩效水平择优奖励的绩效激励，给员工安排具有挑战性任务的目标激励，将公司目标与员工理想结合起来的理想激励。第二，能力激励，能力激励可以通过培训来提高员工达成目标的能力来实现，也可以通过安排员工喜欢和擅长的工作来实现。此外，领导者也可以通过员工自主选择工作内容的方式来提高其工作效率。第三，环境激励，这种激励方式包括良好的规章制度，高档次的办公设备、办公环境和环境卫生等客观环境。公平、公正的公司会让员工一心思考如何提高工作效率，而不是陷入钩心斗角，而高档次的环境则会不自觉地影响员工的工作态度和工作行为向着好的方向发展。第四，物质激励，这种激励方式包括各种公共福利和工资奖金，它不仅能决定员工基本需求的满足情况，而且还会影响其社会交往、社会地位等精神需求的满足情况。

当前员工激励中存在的问题主要是缺乏公平的激励竞争机制、激励缺乏针对性、没有把握员工的真实需求和忽视非物质性的激励。公平的激励竞争要求尽可能保障员工付出与回报的公平性，这样才能更好地激发员工的工作积极性。激励的针对性则是指企业应该采取多种激励方法

---

① 参见张甲庆：《从马斯洛需求层次理论看企业创新型员工激励》，载《人才资源开发》2009 年第 7 期，第 96–98 页。

来满足不同阶段、不同过程中员工的特定需求。要把握员工的真实需求就要足够地了解员工的生活、工作状态和喜好，并尽可能地将员工的真实需求与企业的发展目标协调一致。而忽视对员工非物质性的激励则是指管理者忽视了对员工的信任、赞扬和工作表现出色时的奖励以及帮助员工树立合适的目标等方式对其的激励作用。

建立健全员工激励管理制度可以从以下几个方面入手:

第一，最为基础的职位分析。它要求根据企业职位的分析流程设计出科学性的结果，其操作流程主要有 3 步：一是根据企业存在的管理问题，找出企业的职位需求，并通过人力资源管理体系来诊断分析结果并确定项目的阶段。二是预备项目阶段，包括明确和培训参与职位分析的相关人员，尽可能地收集相关信息，并计划好如何开展职位分析等工作。三是在前面 2 个工作步骤基础上，修改和验证收集来的与职位分析相关的信息。

第二，建立合理的绩效考核制度。这一点要求公司能够通过绩效考核帮助员工找到自己的缺陷，并针对其不足之处展开培训和教育，使其自身素质和绩效能够提高。此外，公司的绩效考核制度必须契合企业文化，让员工能够有一个科学管理的概念，从而使其赞同公司的绩效考核制度。这样一来，也十分利于管理者和员工之间的交流和沟通，使绩效考核制度能够良性发展。

第三，改变薪资结构。一方面企业要参照其他同类企业的薪资水平，另一方面要根据自身特点，制定出与企业发展状况相匹配的薪资。薪资结构中最重要的就是考核，一定要使员工的薪资水平与考核结果相匹配，从而让薪资结构更具有公平性和透明性。此外，公司在尽可能提高员工的工资、奖金、福利之外，还需要在员工之间设置一个具有竞争性的薪酬，从而激励员工不断提高其工作效率。

第四，建立企业与员工的全方位的沟通机制。要做到这一点，企业不仅需要高效运用已有的传播工具，让员工有机会独立地了解企业的过去、现在的发展状况和未来的发展趋势，而且还需要通过各种渠道了解员工，对员工的意见展开交流并针对性地和员工展开深层次的沟通，从而更好地了解员工的需要和问题，并及时予以解决。

第五，帮助员工自我激励与自我发展。企业可以根据对员工职位、实际工作情况和家庭状况等方面的了解，帮助员工制订其职业生涯的发展计划，从而激励其朝着已有的目标努力奋斗。这样一来，员工和公司之间就会有更多的共同认识，员工的工作方向也会不断明确，其工作动力、工作效率也会随之提高。

第六，营造良好的企业文化。优秀的企业文化不仅可以激励员工自主成长和发展，而且还可以帮助企业合理配置企业资源，使得公司能够更好地面对迅速变化的市场环境。此外，优秀的企业文化还能培养员工对企业的忠诚度，起到凝聚人心的作用，并为企业吸引更多的优秀人才。因此，领导者一定要从长远利益出发，好好培养企业的文化。

总之，企业在对员工进行激励的时候，不能只用一种方法，而是要在了解不同员工的不同需求基础上，进行科学合理的规划，将各种激励措施结合起来激发员工的工作积极性，这样才能不断完善企业对员工的激励机制，使企业的管理水平不断提升。

Organizational Diagnosis

第八章

组织职能诊断

如果把组织比喻成一座建筑物的话，关键职能就好比是高大建筑中承受最大压力的构件。因此，任何一家成效卓著的组织，都把职能配置和设计放在组织架构中的重要位置。进而说明，即使是已经建了好多年的高楼大厦，依然要进行组织职能诊断和分析，重新摸清各项基本职能和关键职能，明确各项职能定位，让建筑更加坚固。

很多人觉得组织是抽象的，想理解组织，就应该具象到组织职能。这也体现了组织职能是指完成组织目标的管理和协调这些任务的具体集合。因此对组织职能的设计和诊断，充分体现了组织管理者的智慧，也考验了组织整体架构每一项机制的综合能力。

比如，世界贸易组织的职能主要有三点：一是组织谈判并管理谈判中达成的各项协议；二是解决贸易争端；三是审议贸易政策。

可以看出，组织职能更体现了组织的一种整合力量。

第一节　组织职能诊断 4 个维度

职能结构是指在考虑职能冗余、职能交叉、职能缺失、职能分散、职能割裂、职能错位、职能弱化、职能分工过细等基础上充分协调好企业各项工作任务及其关系和比例。企业组织是一个系统性的结构，其内部的各种职能并非简单并列或相互孤立的关系，而是在不同层次和环节上起着不同作用、相互联系的有机整体。因此，职能结构也可以看作公司内部种种有机联系所构成的体系。要想判断各部门需要改革的重点是什么，就需要根据公司价值链，对价值链上各部门职能是否冗余、错位、缺失、职能交叉等一一展开分析。要设计公司的组织架构，或说明其职能结构的概念，不仅要确定公司内部的种种职能，还要阐明它们在企业中是怎样连接起来的，而且要判定其职能结构属于技术主导型、市场主导型、集中经营型、混合经营型、生产主导型、分层管理型、分散经营型中的哪一个。

职能结构的优势在于业务专业化带来的规模经济性和资源利用的高效性，而且由于同事之间有共同语言，员工的工作氛围也会更加轻松愉悦。由于各职能部门彼此隔离，职能结构也存在一些缺陷，首先员工会对别的部门一无所知，其次缺乏全局性的职能，最后导致公司整体的最佳利益遭到损失。

一般在诊断组织职能时，会把组织职能分为 4 个维度进行诊断。4 个维度是职能缺失、职能错位、职能弱化和职能交叉。如图 8-1 所示。

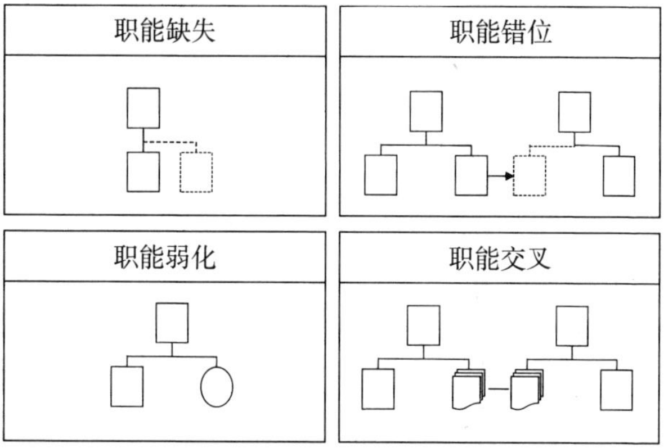

图 8-1　组织职能诊断 4 个维度

一、职能缺失

组织的职能缺失会导致整个流程的混乱。一个公司设置的部门一般会有多个，但大多数公司都没有进行过完整规范的职能结构设计，而是试图用一张组织关系图来代替组织规划的功能，几乎从不关心部门的正确职能、怎样发挥部门的职能作用以及如何配备对应的岗位。在这种情况下，公司的命运就完全交到了部门负责人、老板等人的手里，遇到能力强者，公司可能发展得还行，要是管理者水平本就不高，那公司的前景就十分危险了。职能要发挥它应有的功能和作用就必须按照企业的发展战略来设计，而不能凭空想象。在一个组织流程上的各个环节都必须有对应的"正确职能"，一旦这个职能缺失，就会阻碍整个公司的运行，最后阻碍公司的正常发展。比如说品管部，很多公司的这个部门都只发挥"稽查和检验品质"的功能，而忽略了建立和维护品质体系、提升品质理念和意识、完善品质流程和制度等其他功能，但众所周知，产品的质量并不是依靠检验得来的。就技术开发部而言，大多数企业的这个部门也仅仅关注开发产品这一任务，而对质量标准、材料标准、作业规范制定、产品工艺标准等功能则不予关心，导致各个部门自己去搞"二次开发"，这就直接导致了生产效率的低下和生产流程的混乱。

由于先有职能然后有职责，所以部门职能同时也是划分岗位和设置责任的依据。部门的集体责任体现为组织职能，它由多个职位共同承担，也就是说，岗位设置的基础是充分发挥部门职能所需要岗位的数量和类型。如果缺乏清晰的部门职能设置，那么就不可能设置合理的岗位。假如岗位设计出了问题，职责划分也会随之陷入混乱，最后直接导致组织管理的瘫痪。为了保证部门各项职能的正常发挥，在设计好组织职能之后还必须对职能进行科学有效的管理。一旦各部门的职能作用不能得到良好的发挥，就会出现"职能缺失"的情况。职能缺失不仅是领导者的不作为，也意味着对别的部门的不负责任，势必会阻碍相关部门的正常运作，这种情况下部门最高主管应负全责。

企业经营职能由战略职能、决策职能、开发职能、财务职能、公共关系职能及管理职能 6 部分组成。在企业经营实践中把经营职能与管理职能混为一谈其实是一种错误的观念，因为这混淆了管理与经营的基本概念，有可能会导致公司在经营职能上的缺失，甚至破产、倒闭。

第一，公司经营管理的首要职能是战略职能，包括经营环境分析、制定战略目标、制定战略方针和对策、选择战略重点、制定战略实施规划 5 项内容。市场环境变化之迅猛，竞争之激烈，企业若想长期立于不败之地，就必须具备随机应变、审时度势、高瞻远瞩的能力。然而，所有的战略要素很难由一种规范的形式表达和传递，更难以分解成具体的战术来实现。①

第二，公司经营管理的中心内容是决策，决策职能的优劣决定了企业经营的成败。决策得当，企业就可能乘风破浪，顺势而起；决策失误，企业就可能举步维艰。不幸的是，系统能力的不足、对战略职能的忽视以及缺乏对决策流程的认识导致很多公司的“决策”行为沦为“拍脑袋式”的“决定”，这会让公司陷入险境。

第三，公司经营管理的重点在于人、财、物、市场、产品、能力以及技术等方面的开发职能。一流的人才、技术、产品和市场竞争力是企业稳操胜券的法宝，也是企业在瞬息万变的市场竞争中应付自如、得心应手的必要条件。不幸的是，大多数企业都流于代工制造和模仿，缺乏深度开发产品和技术的追求，甚至没有对市场和员工能力的开发。

第四，在公司的资金筹措、运用与增值过程中表现出的经营分析职能、资金运用职能、资金筹措职能与增值价值分配职能统称为财务职能。财务职能是企业开发职能、决策职能和战略职能的基础，也是前三

① 裴庆喜、刘峰、钱威源、李天锐：《经营管理在生产运行中的重要性》，载《经济视野》2017 年第 22 期。

项职能的最终评价。然而大部分中小企业都只关注会计职能而忽略了财务职能，这样的后果是只能收集统计日常经营数据，却无法分析和运用这些数据。

第五，公共关系职能，也称为社会关系职能，指的是公司与它赖以存在的社会经济系统的诸环节保持协调的职能。与顾客的关系、与职工的关系、与往来厂商的关系、与竞争者的关系、与公共团体的关系、与地区社会居民的关系、与政府机关的关系和与投资者的关系都属于公共关系的范畴。不幸的是，许多公司往往只关注政府关系，进而忽略员工关系、伙伴关系等，长此以往必将使公司失去核心竞争力。

第六，现代管理之父法约尔先生将企业的管理活动划分为计划、组织、指挥、协调和控制五大管理职能，管理成为经营的第六项职能。管理职能的提出不仅是企业领导者个人的责任，同时也是分配于领导者与所有参与员工之间的工作。其实目前许多公司的失败都是管理的失败导致的，因为这些企业浅显地认为管理必须为经营服务，但实际情况是随着企业的壮大，其重心也必须由经营向管理转移。

公司若想取得良性发展，必须充分理解发挥六项企业经营职能。一般来说，生产职能和市场职能对公司发展的前期阶段尤为重要，而管理职能则是中期阶段的重点。公司要想充分挥自己的综合职能，必须根据实际情况调整战略战术，明确不同阶段的关键经营职能，做到有的放矢。

二、职能错位

职能的本义是人、事物、机构所应有的功能和作用，职能管理是组织中最基本的管理事务，于组织而言是职能，于岗位而言是职责。职能是面上的规划，职责是点上的落实；前者是后者的基础和累积，而后者则是前者的分解。

下面以一家民营企业为例展示组织诊断的过程。假设该企业员工总数少于500人，管理部门却不少于20个，管理人员更是超过了250人，而且该公司还缺乏清晰的组织职能设计。在这种情况下，财务部可能只知道统计仓库数据和计算工资，而人力资源部只管天天招聘……甚至很多部门和员工都不知道自己要做什么，最后就会演变成职能错位的结果。一旦出现错位的职能，离责任缺位就不远了，而责任缺位会直接导致工作质量急剧下滑，以至于老板需要不停地裁撤和重组部门，导致公司业务根本无法顺利开展。

对于一个组织来说，设置一个部门就得赋予它符合并支持企业发展战略的职能。就像人力资源部的职能不仅仅在于人事工作，更重要的是需要开发管理公司战略发展需求的人力资源；物控部的职能不仅仅是管理仓库，更关键的是管理、规划和控制整个物流系统；财务部的职能不仅仅是统计数据，更核心的是成本控制、财务分析和资金安全；营销部的职能不仅仅是销售产品，更主要的是市场分析、体系建设和营销策划；而开发部的职能也不仅仅是画出一张图纸，更紧要的是制定产品的标准并编制产品手册……一个企业要想不断前进，其机构职能必须跨越事务职能，向战略职能转变和提升。职能的模糊会直接影响岗位设置，进而混乱员工责任，使得绩效考核完全无法进行，员工也变得无事可做，公司也就不可避免地走向破败。

一个规范的组织离不开明确的职能设计，否则岗位设置与责任分解都会变成一纸空文，绩效考核更会失去基础和依据，最终变得毫无意义，而失去考核的公司也就意味着失去了管理，这是非常危险的事情。

三、职能弱化

企业组织一般分为负责财务、计划、后勤和人事等工作的职能部门和主要从事生产、研发和销售等工作的业务部门，后者可以直接产生效益，前者是保障后者的工作能够顺利开展的支撑力量。按理来说，两者之间应该共同发展、相互支持才对。但实际情况是业务部门与职能部门之间冲突不断，一方面，业务部门要经常加班，没日没夜地工作，身心俱疲；而职能部门却通常是朝九晚五，到点下班，轻松愉快。另一方面，业务部门不仅需要完成自己手里的工作，还需要面对职能部门下发的各种文件，比如企业预算原本是财务部门最为核心的工作，但实际上制定预算的主体是各个部门，财务部门只需要汇总各部门提交的预算，这就使得业务部门的工作量大大超出职能部门，但工资奖励却几乎没什么差别。如果企业内部存在这样的两级分化，就是职能部门弱化最直接的反映。在这种情况下，企业领导者为了填补职能部门的弱化所造成的各种缺漏，就经常需要亲自耗费时间和精力去处理各种基础问题，加之还需要考虑企业未来的发展问题，哪怕领导者夜以继日地工作，企业仍然不可避免地走向下坡路。

职能弱化一般出自 4 个原因：第一，职能部门员工素质整体偏低。由于缺乏对企业管理的科学认识，很多企业老总都没有把职能部门当作企业管理的重心，因此给职能部门定的准入门槛也十分低，导致职能部门的员工大都缺乏过硬的工作技能，加之各种关系户的大量涌入，职能部门就会逐渐被冗员充斥，变得臃肿起来。这不仅加大了业务部门的经营压力，也会破坏组织运行效率和增加组织运营成本，还会导致职能部门的进一步弱化。第二，职能部门的绩效考核没有起到应有的效果。企业在考核职能部门开展的业务时，往往流于形式，缺乏对工作绩效信息的收集、整理和分析，也缺乏可操作的、明确的考核指标，使其无法对职能部门传递压力，这也从另一个方面反映出，职能部门缺乏自我提升的内在动力。由于职能部门是企业绩效管理指标和绩效管理体系的具体设计者和考核者，因此其会不由自主地向自己的利益倾斜，这种模式不仅不能提升公司的管理业绩，还会不断强化业务部门内心的不平衡感。第三，职能部门的人力资本出现异化。职能部门平均分配式的考核和以党派或忠诚度来确定晋升等会直接导致职能部门的人力资本异化，使得员工都不努力提高自己的专业水平和业务贡献度，而是一心想着靠关系，走捷径，最后导致职能部门的发展不断退化。服务与监管是职能部门的两大工作职能，但是职能部门的人力资本异化使其只知监管不晓服务，导致业务部门缺乏应有的支持，最终导致了业务部门和职能部门的割裂与对立。第四，企业领导层出现问题。很多公司都存在高层兼职的情况，领导层要么直接兼任部门领导，要么分管某一具体业务。在这种情况下，企业高层不可避免地会给各职能部门下发指令，导致这些部门不知如何是好，甚至反而有可能什么都做不好，最后又全部都堆到企业老总那里。在职能部门权力弱化的情况下，企业老总都得事无巨细地过问，这就使得企业家的个人能力成为经营成败的唯一关键，导致企业风险不断升级。另外，企业老板本人也可能导致职能弱化，首先，很多企业老总一直坚持事必躬亲，频频越权，职能部门必然逐渐萎缩；其次，企业老板没有意识到管理所带来的效益，只是停留在会计管理和人事管理的表层，还没有有效利用财务管理和人力资源管理；最后，很多老板花费在协调关系上的精力过多，导致绝对领导权威的弱化。

解决企业职能部门的弱化问题，可以从以下 4 个方面入手。

第一，通过提高企业家对职能部门的重视程度，适当放权给职能部门，加强职能管理的培训等方法充分提升职能管理的重要性，使其与业务部门保持平衡。

第二，在具体分析企业经营战略的基础上，提炼出职能管理在企业中的具体功能，从而理顺业务部门与职能部门之间的关系，进而明确职能部门的具体职责和边界，最终提升整个企业的管理水平。

第三，对员工准入门槛和专业化水平进行严格把控，进而保证职能管理的有效性。此外，通过强化职能部门的服务意识，强化业务部门与职能部门之间的工作轮换，增强双方之间的沟通和了解，进而建立起保障业务部门顺畅运行的机制。

第四，通过收集、整理和分析有效的工作绩效信息和进一步细化考核要素，强化业务部门对职能部门的考核，从而提升员工的积极性。[①]

四、职能交叉

一旦组织机构的设计在科学合理性上出了问题，这就意味着职能和职责不匹配，极有可能导致多个机构之间界限模糊、职能范围重叠、推诿扯皮，即职能交叉，最终降低组织的运行效率，具体表现为以下 8 个方面：

- 企业的管理方式是否根据业务性质适当分散或集中；
- 企业是否有明确的书面文件规定组织的运行流程和各职能部门

① 参见闻效仪：《企业职能部门弱化判断、原因和对策》，载《中国人力资源开发》2010 年第 1 期，第 106–108 页。

的职责权限，是否存在职能交叉或关键职能缺位的情况；

- 企业组织机构是否足以支持发展战略的实施，并随着环境变化而做出适当调整；
- 企业组织机构的设计与运行是否有利于信息在各业务活动间和各层级间的传递，是否满足员工开展工作所需要的信息；
- 企业是否对监事、董事、高级管理人员及全体员工的权限即授权情况有明文规定；
- 企业对职位职责是否有恰当的描述和解释，是否存在职务杂糅的情况；
- 企业对权限的设置和履行情况是否进行了监督与审核，对越权或权限缺位的行为是否及时予以纠正；
- 关键岗位的员工是否明确自己的职责和能力的相符程度，企业是否建立了相关员工的强制休假和轮换制度。①

为避免职能交叉和重叠，企业应在组织架构设置完毕后，完成部门定岗定位与编写岗位说明书的工作，然后设定组织管理流程并明确规定部门的岗位接口。

---

① 参见《〈企业内部控制应用指引第 1 号——组织架构〉解读》，载《财务与会计》2010 年第 8 期，第 34–37 页。

第二节 关键职能诊断

战略决定组织，功能决定架构。不同企业由于经营战略不同，其关键职能也会有所不同。核心职能能够承接战略，能让战略更清晰地表达出来，同时也能让战略更加聚焦。一个非常经典的案例是苹果公司在 1997 年把 15 个台式机的型号减少到了 1 个，把所有的手提以及手持的设备产品减少到了 1 个。完全抛离打印机及外围的设备业务，减少开发工程师的数量，降低软件开发的力度，减少经销商的数量，将全国性的 6 个零售商缩减到 1 个，几乎将所有的制造业务都转移到了中国台湾。在这样的情况下，苹果建立了一个新的网站，直接向消费者销售产品，也就是乔布斯的经典的扭转乾坤之策。在业务中扩张的时候不应该加更多的职能吗？其实乔布斯这一个聚焦的战略的真正威力，在于他通过聚焦和协调性的措施直接解决最根本的问题，他并没有宣布更宏伟的收入指标，也没有像很多救世主那样去描述苹果未来的愿景，也没有盲目改革，而只是做了一个核心职能规划，把所有的问题都规划成最简单、最有效、最短的一个途径化的产品，所以说调整了所有的整体的商业逻辑，在逻辑的背后就是集中组织的力量去办一个大事的过程。

这就是关键职能的关键作用，关键核心职能是在企业管理组织所具备的各项职能中，对实现企业战略起着关键作用，因而处于中心地位的职能，所以在诊断组织职能时，各项基本职能虽然都是实现企业目标所必不可少的，但由于重要性不同，区分为关键职能和非关键职能。

关键职能的判断不是以人为因素转移的，哪一项职能应该是组织关键职能是由经营战略和自身资源决定的。诊断关键职能的方法，实质上就是战略与关键职能相关分析法。为了保证对关键职能分析的正确性，组织诊断实践者应该根据战略，认真思考 3 个问题：

- 在战略目标实现的前提下，哪些是成功的关键因素，让我们取得较高的业绩？
- 企业蒙受严重损失是由于做了什么，或者是哪些细节导致的？
- 组织的核心资源是什么？在财务数据上有没有充分体现这一资源的变现？

这 3 个基本问题提醒组织诊断实践者，一项职能是否能成为关键职能，不在于它需要多少人员和资金才能维持运转，决定性的依据是它在实现企业战略任务和目标中的关键作用。所以，通过这 3 个问题可以反转一下，成为关键职能确定的依据。

- 成功关键因素必须得到出色的履行，取得较高的业绩，才能达成企业战略目标的企业职能；
- 企业蒙受严重损失，甚至危及企业生存的企业职能是关键职能；
- 组织核心资源的变现过程是关键职能。

因此，在组织诊断实际操作的过程中，应用调研等方法的时候，可以通过以下问题进行关键职能的诊断。

表 8-1 关键职能调研诊断问卷

1. 基本问题 （1）为什么这个部门存在？ （2）本部门与其他部门在职能上最明显的区别是什么？ （3）部门在公司层面上的分工是什么？ （4）对公司年度目标和战略的支撑是靠达成什么样的结果来实现的？ （5）部门进行的一些主要活动的目的是什么？ （6）公司需要我们提供什么样的工作成果？部门最终提交给其他部门的结果是什么？
2. 关键职能问题 （1）为了达到以上目的，我们主要是通过哪些活动来形成结果的？ （2）本部门独有的职能或与其他部门有明显区别的活动有哪些？ （3）占用工时最多或贡献最多、最主要的活动有哪些？ （4）与本部门其他活动相对独立、功能上没有重叠的活动有哪些？
3. 成果导向问题 （1）以上所确定的每一个关键职能的实现对财务、客户、内部流程、学习和创新的要求是什么？ （2）部门职能在投入产出过程中扮演的角色是什么，对最终财务成果产生的影响是什么？ （3）我们的内外部客户群分别是哪些？我们的内外部客户对我们提出什么样的要求？

通过对一家公司研发部的关键职能进行诊断能得到核心职能。

表 8-2 关键职能调研诊断案例

部　门	研发部
目的： （主要职责—为什么此部门存在？）	提供具有竞争力的产品。

续表

<table>
<tr><td rowspan="3">关键职能：
关键职能是指部门所必须完成的事情以促使其实现整体目标。
这些职能是该部门关键能力所做的独特的、较高层次的贡献</td><td colspan="4">新产品开发
纵向：人力和物力的投入；客户—产品功能满足客户的需求；内部流程—项目管理流程；学习和创新—人才结构 / 研究和开发能力 / 知识管理和共享。
横向：财务—投入 / 产出；客户—外部：产品功能满足客户的需求 / 内部—对销售市场人员的培训和技术支持；内部流程—项目管理流程；学习和创新—人才结构 / 研究和开发能力 / 知识管理和共享。</td></tr>
<tr><td colspan="4">现有产品的支持和维护
纵向：满足支持和维护的要求；客户—满足客户的需求；内部流程—项目管理流程；学习和创新—知识管理和共享。
横向：财务—（投入 / 产出）尽量少的成本满足支持和维护的要求；客户—外部：满足客户的需求；内部流程—项目管理流程；学习和创新—知识管理和共享。</td></tr>
<tr><td colspan="4">建设一支高质量、高素质、高绩效的专业团队
纵向：人力成本的投入；客户—满足客户的需求；内部流程—培训、用人机制、激励和奖惩流程；学习和创新—培训、知识管理和共享。
横向：财务—（投入 / 产出）人力成本的投入和回报；客户—满足客户的需求；内部流程—培训、用人机制、激励和奖惩流程；学习和创新—培训、知识管理和共享。</td></tr>
<tr><td rowspan="3">成果：
部门负责递交的结果</td><td></td><td>目　的</td><td>衡量指标</td><td>任务目标</td></tr>
<tr><td>财务</td><td>帮助完成公司层面的财务指标</td><td>销售收入
开发成本</td><td></td></tr>
<tr><td>客户</td><td>使产品功能满足客户需求</td><td>新客户增加
客户保有率或现有客户的流失率</td><td></td></tr>
</table>

续表

他们应该和整体的平衡记分卡4个取向上所标明的关键结果领域相联系：财务、客户、内部流程及学习和发展	内部流程	完善项目管理流程 完善客户反馈流程	产品质量 CMM 级别 项目周期 客户反馈流程的满意度	
	学习和发展	建设一支高质量、高素质、高绩效的专业团队	部门知识结构 流失率 淘汰率 培训投入	

把每一个关键职能填入表 8-3。目的是进行全面分析，并收集信息来联系和协调这些角色活动及作出决定。

表 8-3 关键职能输出

关键职能	描　　述	新产品开发	
主要活动	实施活动时涉及的主要关系	影响活动结果的因素	对其他部门及客户的影响
开展市场调研，完成可行性分析报告，并提交高层审批并立项 项目管理 新产品培训	渠道所提供的客户信息 客户调研结果 竞争对手产品功能信息 公司市场部的宏观调研 国家相关政策 高层管理 开发部 质量部 渠道 产品市场部	公司高层的决策 项目管理质量和关键能力储备	
关键职能	描述	现有产品支持和维护	

续表

关键职能	描　述	新产品开发	
关键活动	实施活动时涉及的关键关系	影响活动结果的因素	对其他部门及客户的影响
客户反馈处理	技术支持部 使用产品的组织和个人 产品市场部 产品开发部	部门关键能力储备 客户反馈信息的准确性	
分析人才需求，进行招聘、培训，与绩效管理（选用育留）	人力资源部	公司对外部人才的吸引力（品牌、薪酬、地理位置等） 人力资源管理与服务质量	

第三节 绘制组织架构及各部门职能诊断

所谓组织架构图，是把企业每个结构组织从层级关系展现，并注明各结构之间关系的图。其存在的意义十分关键：

于高管而言：第一，它能够作为评判企业发展战略正确性的标准；第二，它能够用来判断公司发展有无从既定的健康轨道脱轨；第三，它益于提出公司发展的提升策略。

于部门而言：第一，它能够检测部门人员结构的合理性；第二，它有助于完成部门工作的分配；第三，它有利于拟定部门良性发展规划。

于OD而言：第一，它能够引导新员工快速认识公司；第二，它便于组织发展实践者制订出符合公司发展及结构的招聘计划；第三，它能够便捷地反映企业发展存在的弊病。

企业的组织架构图，对企业的经营发展有着深远影响。但大多数企业在成立之初，都会先“求生存”、抓住时机开始参与市场竞争，对于组织架构的划分只会分配少许精力、大致建立几个基础部门。只有待其运行一阵子后，组织架构方面出现相互推诿、管理不畅时才会“谋发展”，想到是否要重新设计或改善原始组织架构。但于已成立并运行过的企业而言，除非遇到前所未有的绝佳的市场机会或者濒临绝境等重大变故，重新设计组织架构是不现实的，所以唯有改善，在原始组织架构上进行局部调整。通常来说，改善组织架构应按以下阶段进行：第一，摸底阶段，描绘组织架构图，将立体的企业内部组织架构关系展现在结构图上，原始组织架构中的各种潜在问题从而也能一一浮现；第二，梳理阶段，根据浮现出的问题，找出根源并处理；第三，落实阶段，落实完善后的组织架构到企业项下每一个结构单元，并在管理关系、部门职责、岗位工作方面进行展现。调整后的组织机构顺利运转，自然还需要人力资源其他板块的协助支撑。

探究绘制组织架构的原因和绘制组织架构的方法是摸底阶段的主要议题，需要各部门的领导都参与进来探讨。

一、绘制组织架构图的原因

仅凭表层的部门划分是发现不了潜在的管理问题的，其工作人员只有展开说明，促使各部门领导阐述部门内部工作具体开展情况，才能更清晰地将组织架构的实际填充内容展现出来。之所以要描绘组织架构图，是因为其可以清晰地展现企业内部各层各部的决策等级、程序和交流渠道，可以清晰地体现企业内、部门内所有人员的等级和关系、权责和功能。从诊断的角度出发，通过组织架构图还能够找到很多管理弊端，如：

多头管理：一个工作人员同时要服从两位至三位领导的工作安排，若不是基于项目管理需要产生的特殊组织架构方式，此等情况表示该工作人员的岗位职责并未划分明确，其工作负荷或许也很大。

窄幅管理：一位领导直属下属仅 2-3 位，若不考虑正常管理幅度等因素，此等情况表示存在人浮于事、人才资源虚耗等问题。

上述现象并不是为了指出存在的错误，而是为了说明绘制组织架构图展现运营管理中的弊端十分直观且便捷。下面，笔者便对组织架构如何诊断进行细化说明：

组织架构通常由层次结构、部门结构、职权结构、职能结构组成，在诊断组织架构时一般也是依据这四大块进行明确。先了解企业组织架构和管理岗位作用、组成和运行情况，再分析组织架构和管理岗位作用、组成和岗位职务、权责的合理性和完整性以及管理工作流程的合理性和流畅度，是对组织架构展开诊断的基本思路。

在诊断最初，应当分解四大组织架构的含义，并具体到相关可考量的维度，接着再依据考量维度对组织架构进行诊断：①

第一，层次结构，即纵向结构中管理层次的构成及下属数量的配置，考量维度主要是分管职能的相似性、决策难易度、管理范围、安排的工作量、下属专业分工的相似性等。

相应地，层次结构诊断，便是分析原始组织机构设置，管理层次、幅度、管理分工明确度、合理性，管理岗位工作负荷和配置下属数量与素质是否适应等。对此梳理清楚企业原始组织架构的设置就比较关键，没有组织架构图的企业，应该对其现有人员的配置、职务分工进行梳理并分析判断，从而绘制出组织架构图。

第二，部门结构，即横向结构中各管理部门的构成，考量维度为相关部门内部是否缺失或需要优化。

相应地，部门结构诊断，就是在层次结构纵向诊断的前提上，横向分析各管理岗位和领导指示体系的完整性、合理性等。

---

① 参见洪亮：《把脉企业组织结构》，载《中国外资》2008 年第 4 期，第 72–74 页。

第三，职权结构，即在权责方面各层次、各部门的分工和关系，考量维度为部门、岗位之间权责的对等性。

相应地，职权结构诊断，就是诊断高层领导、部门领导等管理岗位以及各部门职务、职责、职权的一致性。

第四，职能结构，即实现企业发展目的所需工作、比例和关系，考量维度主要有职能交叉、缺失分散、衔接不当、分工过细等。

相应地，职能结构诊断，主要是结合企业价值链，分析各部门存在的原始意义、分工、隶属、合作关系明确度，对各部门职能是否交叉、缺失、衔接不当等进行判断。

在诊断时，还可采用如下分析方法：

第一类，资源分析法，即对组织资源在不同部门和岗位当中的配置进行剖析。为了考察组织资源的合理配置度，应从职能、贡献等方面对投入的资源进行比对分析；而为了将实现职能所产生的信息资源（如客户信息、工作技能等）从员工汇集至企业，可采取组织设计的方法。

第二类，贡献分析法，即产出方面着手解析企业的组织机构状况，特别适用于业务部门设置当中独立核算业务部门设置非常有用的分析。

第三类，职权分析法，即为了找出企业组织架构中潜在的弊端，对上下层级及不同部门、岗位之间的职权划分进行分析，着重针对职权层级划分的管控功能和激发功能、部门或岗位权责的一致性、职权在部门或岗位之间划分的合理性和均衡性、职权分配的适度性等方面展开剖析。

第四类，职能分析法，从战略基础和现状基础出发，分为：

基于战略的职能分析，即职能分解，就是基于对企业战略的初步确定，细化分析为实现企业战略目标所要求的职能。

基于现状的职能分析，便是基于现有原始部门及岗位职责，对部门和岗位有无完整实现预设职能、目前预设职能和企业战略是否适应、做法是否合理进行解析。

第五类，流程分析法，就是为了掌握企业各组织机构的和谐程度，——对能一齐将企业输入变为输出、创造价值的系列行为展开解析，探讨重组流程的可行性，在绘制组织框架时依据流程的持续特质并以之为导向。

第六类，标杆借鉴法，以行业内出众的竞争企业为标杆，比照剖析企业自身组织机构的缺点，还可参照标杆企业的结构设置、绘制组织架构、重塑业务或管理程序。

二、绘制组织架构图的方法

企业规模和运营模式不同，只有细致耐心地绘制，才能全面展示这个企业的运转路线、层级关系，进而才能发现并解决问题。绘制组织架构图，还应尽量尊重企业现行原始的设置和运行情况，清晰地注明上下层级关系、确定岗位名称和人数。

从上至下、从前往后通常是绘制组织架构图的原则。从上至下，即首先绘制组织架构的上级，按照分配职能的差异，对企业顶层的管理机构（如决策层、执行层，包括各位董事、经理等）逐个列明；其次绘制各部门，按照部门工作和挂靠上级的不同进行列明并衔接；部门内部是绘制的最后一步，绘制和衔接时可按照工作内容和所属关系的区别展开。从前往后，即首先绘制组织架构的前线业务部门，如生产、市场、销售等部门；其次绘制组织的后勤服务部门，如行政、财务等部门。

由于在绘制组织架构图时，需要对各组织架构的职能先行梳理，这样后续组织架构设计工作才能化繁为简，所以下文再对职能梳理进行细化：

1. 职能梳理，应先立足于业务活动的独立性、可操作性、连续性和避免重复等基础要点，并避免出现职能交叉（同层次部门职能交叉）、职能重叠（不同层次部门职能重叠）、职能空档（同层次部门职能空档）、职能错位（一部门职能由另一部门负责）等常见问题。

2. 职能梳理维度

第一维度：纵向分解

一级职能：部门设置的宗旨和负责的重要业务和管理职能；

二级职能：在一级职能项下分解职能模块，即从宏观上承担哪一方面的工作；

三级职能：在一级职能项下分解具体、可操作的业务活动。

第二维度：横向分解

横向分解，即根据管理需要把所有二级职能细化分解为三级职能。

3. 职能设计要点

一级职能和二级职能尽量采用名词性短语进行总结，三级职能则采用“动词 + 事项”的短句形式描绘，其中，动词尽量不要模糊化，事项也应形容工作的客观内容。

避免采用模糊化动词如“负责”“处理”“管理”“领导”等，以明确权责，避免歧义，具体可参见表 8-4。

表 8-4 规范动词

针对制度、方案、计划等文件
编制、制订、拟订、审核、转呈、转交、提交、呈报、下达、备案、存档、提出意见
针对信息、资料
调查、研究、整理、分析、归纳、总结、提供、汇报、反馈、转达、通知、发布、维护管理
关于某项工作（上级）
主持、组织、指导、安排、协调、指示、监督、分配、审批、评估
思考行为
研究、分析、评估、发展、建议、倡议、参与、推荐、计划、组织、实行、执行、指导、带领、监管、采用、生产参加、阐明、解释、提供、协助
上级行为
批准、定义、确定、指导、确立、监督、决定
管理行为
评估、协调、确保、鉴定、保持、监督

三、组织架构图绘制具体 3 步法

组织架构图绘制具体 3 步法如下。

1. 诊断组织职能

调整组织架构并不是把部门换来换去，首先要把职能理出顺序来，清晰地描绘出实现战略的功能，这是最重要的一步。

职能结构是指在考虑职能冗余、职能交叉、职能缺失、职能分散、职能割裂、职能错位、职能弱化、职能分工过细等基础上充分协调好企业各项工作任务及其关系和比例。

2. 厘定组织职能诊断清单

在进行诊断的过程中，难免有疏漏情况，因此自身有一份诊断要点的清单，好比给自己一个清晰的逻辑图，而诊断就是按图索骥的过程。如下模板，是一份人力资源职能诊断清单。

模板：人力资源职能诊断清单

1. 组织职能诊断
1.1　构造
1.1.1　组织系统是否明确
1.1.2　职能划分是否恰当
1.1.3　各级管理者的管理幅度是否适当
1.1.4　执行职务的人数与工作量是否相当
1.1.5　有无流动性
1.2　指挥系统
1.2.1　是否有明确规定
1.2.2　系统是否以职能为中心
1.2.3　上下横向关系是否明确
1.2.4　有无双重指令或多重指令系统
1.3　责任权限
1.3.1　有无有名无实的规定
1.3.2　规定的内容是否正确
1.3.3　是否适当授权给部属
1.3.4　有无相互矛盾的职能
1.4　委员会
1.4.1　委员会的数目是否与经营规模相称
1.4.2　委员有无活动
1.4.3　委员效率是否在提高
2. 人事政策诊断
2.1　合理的政策

续表

2.1.1 经营者是否有现代人力资源管理意识
2.1.2 是否实施有效政策
2.1.3 处理问题是否有依据并有人情味
2.2 人事管理组织
2.2.1 组织的性质与人力特征是否适宜
2.2.2 现场人事管理组织是否适宜
2.2.3 组织的事务手续是否适宜
2.3 人事研究
2.3.1 是否研究过有关职务与组织问题
2.3.2 是否研究过有关人事管理的惯例
2.3.3 是否利用报纸、杂志等刊物进行研究
3. 员工招聘诊断
3.1 招聘计划
3.1.1 是否依生产、销售、预算等编制招聘计划
3.1.2 各职能部门是否参与人力资源规划或征求其他职能部门意见
3.1.3 对劳动力供给来源的选择、开发、维持如何
3.1.4 做计划时是否参考了社会劳动力市场状况
3.2 录用方法
3.2.1 录用的手续和组织是否适宜
3.2.2 人才测试种类、内容、方法是否适宜
3.2.3 有无优先雇用亲友的情形
3.2.4 是否雇用过那些易拉帮结派者
3.2.5 是否对家庭及交友背景等进行调查
3.3 入职
3.3.1 试用期长短及其间的考察是否适宜
3.3.2 是否进行制度培训
3.3.3 对年轻员工的关心是否适宜
4. 考核诊断
4.1 记录整理
4.1.1 是否完善地做了考核基础资料整理工作

续表

4.1.2　资料保管是否适宜
4.2　晋升、升级
4.2.1　政策方针是否恰当
4.2.2　标准是否适宜
4.2.3　考评办法是否公平适宜
4.2.4　是否对制度内容、运行、晋升考试作记录
4.3　离职制度
4.3.1　生产经营调整导致的人员调整是否恰当
4.3.2　是否与辞职者面谈以作深入研究
4.3.3　退休制度的运用是否适宜
5. 工作守则诊断
5.1　就业守则
5.1.1　必要事项是否已全部包括
5.1.2　是否已为全体员工了解
5.1.3　是否与其他规划冲突
5.2　勤务
5.2.1　勤务时间长短是否适宜
5.2.2　出勤、退勤的时间规定是否明确
5.2.3　加班处理是否适宜
5.2.4　出差处理是否适宜
5.2.5　对休假的时间考虑是否适宜
5.2.6　对放假的时间考虑是否适宜
5.2.7　换班制是否合理
5.2.8　休假的安排是否适宜
5.3　行动规则
5.3.1　行动规则是否有明文规定
5.3.2　员工对规则是否熟悉
5.3.3　各级干部能否以身作则
6. 薪酬诊断
6.1　工资体系

续表

6.1.1　各种待遇、津贴构成比例是否适当
6.1.2　体系是否公平、公开
6.2　基本薪资
6.2.1　是否符合经营内容、规模
6.2.2　有无考虑到职务、能力、效率因素
6.2.3　构造是否公正
6.2.4　是否考虑同行同职位状况
6.2.5　是否考虑物价因素
6.3　各种津贴
6.3.1　津贴的种类与内容是否适宜
6.3.2　津贴额度是否适宜
6.4　提薪制度
6.4.1　定期提薪是否合理
6.4.2　升级等办法是否合理
6.4.3　是否曾对制度的合理性与运用效果做评定
6.5　奖金制度
6.5.1　资金的来源如何确定
6.5.2　分配方法是否公正
6.6　补偿制度
6.6.1　对工伤补偿的实施状况如何
6.6.2　对伤病补偿的实施状况如何
6.6.3　休假时工资给付标准如何
6.6.4　补偿制度实施是否合理
6.7　奖金制度
6.7.1　制度内容是否合理
6.7.2　执行是否适宜
7. 员工福利诊断
7.1　保险
7.1.1　办理手续是否高效率

续表

7.1.2　员工的受益程度比例如何
7.2　福利活动
7.2.1　宿舍与住房设施是否合理
7.2.2　伙食内容与设施是否适宜
7.2.3　其他福利设施是否适宜
7.3　文化体育
7.3.1　文化体育娱乐活动是否有计划性
7.3.2　员工参加率是否高
7.3.3　各种设施的经营是否适宜
8. 安全卫生诊断
8.1　安全管理
8.1.1　是否有计划地实行安全管理
8.1.2　管理组织是否适宜
8.1.3　安全设施是否健全
8.1.4　是否推行安全教育
8.1.5　预防火灾与消防训练如何
8.2　卫生管理
8.2.1　管理计划是否适宜
8.2.2　对工作环境是否考虑
8.2.3　定期检查卫生工作进行得怎么样
8.2.4　对工伤和职业病是否充分防治
8.2.5　医疗设施是否健全
9. 教育训练诊断
9.1　新进员工教育
9.1.1　教育内容与时间安排是否适宜
9.1.2　效果如何
9.1.3　企业外派教育训练处理是否适宜
9.2　在职培训
9.2.1　教育训练的方法与期间是否适宜
9.2.2　效果如何

续表

10. 传播交流诊断
10.1　意见交流
10.1.1　意见交流的机会是否充足
10.1.2　上下级接触是否充分
10.1.3　能否活用提案制度
10.2　公司方针传达
10.2.1　内部刊物是否充分利用
10.2.2　能否借公告、广告作充分说明
10.2.3　家庭传播活动是否充分
10.2.4　对传播活动效果是否作评估
11. 人际关系诊断
11.1　陈情处理
11.1.1　是否明确规定了陈情程序
11.1.2　是否被充分利用
11.2　精神关怀
11.2.1　干部是否致力于创造公司良好气氛
11.2.2　与事务外人员接触是否充分
11.2.3　对员工关心是否充分
11.2.4　能否充分了解员工家庭与环境
12. 上下关系与民主建设诊断
12.1　认识
12.1.1　经营者能否重视良好的关系
12.1.2　工作的作用如何
12.1.3　管理者与被管理者关系是否协调
12.1.4　管理者与被管理者双方是否了解有关政策规定
12.2　相关协议协定
12.2.1　是否包罗了必要事项
12.2.2　内容是否不致损坏企业经营
12.2.3　有无检查实施状况
12.2.4　能否顺利执行

续表

12.3　纠纷处理
12.3.1　协调组织或部门是否起到应有的作用
12.3.2　交涉途径是否有效
12.3.3　纠纷是否可妥善处理

3. 形成组织全部职能诊断图

很多大企业频繁地调整组织架构，之前肯定会诊断这些组织职能是不是有交叉、是不是有重合、是不是有错位等，从这些现象反映出根本的问题，显示出它的本质，最后进行调整。组织职能诊断后的结果是什么样的呢？当一家企业把所有职能梳理出来之后，会发现有些职能是非常弱化的，有些职能是已经非常独立的，有些职能不准去使用，它只是在一个休眠的状态。

当这个表单出现之后，很多人认为架构调整起来就很简单了，其实不然，就像很多企业想做组织变革，但是没有 OD 这个职位，第一个想法是去招一个擅长 OD 的人，即使招到一个在 OD 方面很有经验的人让他去主持变革，也根本就不能成功，很多时候变革要面对的是企业沉重的历史和其他想象不到的阻力，一个人的力量极其单薄。

因为自古以来变革就不是一个人的事情。一个人的变革，没有发动广大群众，没有一种自上而下的整体性变革，往往是倒退和失败的。这就是很多企业对待组织变革，增强变革职能想当然的想法，是对组织设计以及组织诊断认知的一种误区。

那究竟如何去用这样一张组织职能诊断后的表单呢？要增强某一个职能，一定要给它土壤，也就是一个好的架构，没有好的架构，就要有一个好的定级。

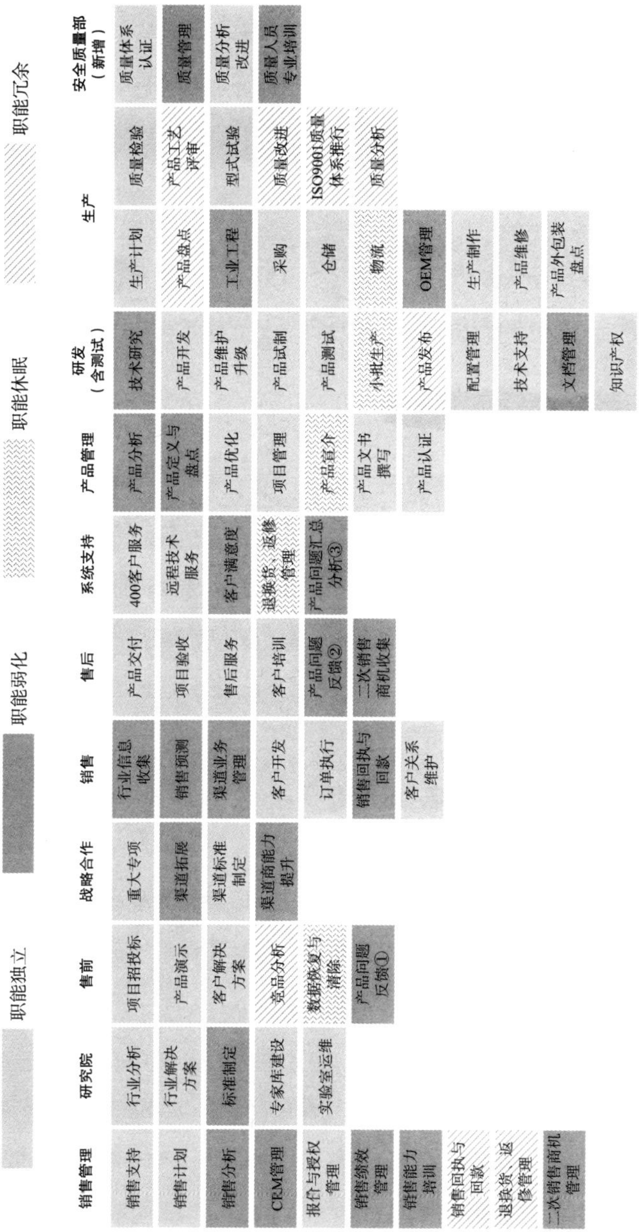
职能独立
职能弱化
职能休眠
职能冗余
销售管理
销售支持
销售计划
销售分析
CRM管理
报价与授权管理
销售绩效管理
销售能力培训
销售回执与回款
退换货、返修管理
二次销售商机管理
研究院
行业分析
行业解决方案
标准制定
专家库建设
实验室运维
售前
项目招投标
产品演示
客户解决方案
竞品分析
数据恢复与清除
产品问题反馈①
战略合作
重大专项
渠道拓展
渠道标准制定
渠道商能力提升
销售
行业信息收集
销售预测
渠道业务管理
客户开发
订单执行
销售回执与回款
客户关系维护
售后
产品交付
项目验收
售后服务
客户培训
产品问题反馈②
二次销售商机收集
系统支持
400客户服务
远程技术服务
客户满意度
退换货、返修管理
产品问题汇总分析③
产品管理
产品分析
产品定义与盘点
产品优化
项目管理
产品宣介
产品文书撰写
产品认证
研发（含测试）
技术研究
产品开发
产品维护升级
产品试制
产品测试
小批生产
产品发布
配置管理
技术支持
文档管理
知识产权
生产
生产计划
产品盘点
工业工程
采购
仓储
物流
OEM管理
生产制作
产品维修
产品外包装盘点
质量检验
产品工艺评审
型式试验
质量改进
ISO9001质量体系推行
质量分析
安全质量部（新增）
质量体系认证
质量管理
质量分析改进
质量人员专业培训

图 8-2 组织职能诊断

第四节　人力资源部门职能发展

人力资源管理从最初萌芽开始至今共经历 3 个发展阶段：劳资人事管理阶段、人力资源管理阶段、人力资源三支柱阶段。

一、劳资科的职能和职责

劳动人事管理首先是用工形式实行“企业劳动合同制”，这样在用工形式上从单一到多样化。其次是制定劳动定额管理、定编定员管理、人员培训、技术职称评聘、岗位责任制等劳动人事管理制度，这是一个标志性变化，具备了人事管理的基础。最后是薪酬模式走向结构化，实行岗位技能工资和其他结构性工资相结合的制度，增强了薪酬的激励作用。

劳资科是公司内部管理与服务部门之一，主要负责全体职工工资、奖金、津贴、福利和保险等薪酬待遇的发放及规则的制定。

劳资科的职能主要是依照国家法律法规以及相关政策，结合职工招录工作，制定、实施工资、奖金、津贴、福利和保险的日常管理制度与实施细则，并参与、调整考核、考勤等制度。

职责主要有下述 6 项。

第一，遵照国家和地方关于职工薪酬待遇、培训教育的法律法规、政策方针，制订、完善并组织实施有关薪酬待遇、考核考勤、培训教育方面的公司计划、方案和规章制度。

第二，依据公司发展需要，按计划招收、平衡、使用劳动力。负责职工档案及劳动合同的管理工作，及时传递和接收职工档案，并按国家及公司规定订立、续签、变更、终止（解除）劳动合同，配合有关部门处理劳动争议；负责公司内部组织机构的管理和劳动组织的调整。

第三，按国家及公司规定，制定组织实施公司薪酬待遇制度。负责职工工资管理，编制并落实工资发放及内部激励方案，保障职工劳有所得；负责职工奖金、津贴、福利的发放方案实施以及统计、分析、总结工作，提高职工工作积极性；管理职工社会保险，及时征收缴纳社会保险费用，协助社保行政机构做好养老保险、失业保险、医疗保险和工伤保险等的发放工作。

第四，为配合薪酬待遇制度的实施，配合相关部门实施职工考核以及考勤工作。负责定时接收各部门考核及考勤结果；制定并规范考勤规则及方式，提高考勤管理质量及效率；不定时对各部门考勤进行抽查监督，提高全体职工对考勤制度的重视与关注；收集、记录、整理考勤数据，装订成册，留档备查。

第五，负责在职职工和下岗人员培训的组织与管理工作，包括在职职工培训教育经费管理与使用、培训教育工作的实施管理工作，以及向下岗人员提供再就业培训、就业等信息服务。

第六，完成领导和上级业务部门交办的其他工作任务。

二、行政人事部的职能和职责

企业对于人才的重视已经超越设备和原材料，原有的“人事部”管理方式已经不再适合现有公司的需要，所以构建真正的“人力资源部”更重要，在事务性工作阶段，人事部是公司的一个具体的政策执行部门，而现代企业概念中的人力资源部将更多地为公司高级管理层在组织优化、人力资源规划等战略性的人事决策方面提供专业建议，并通过设计各种人力资源政策，确保公司提升绩效，实现其核心竞争力，为客户提供优质的产品与服务，并且保证员工能够愉快而高效地工作。但是，很多时候还有一些行政职能，这也是人力资源一些事务性工作的状态。

行政人事部主要负责公司行政事务和人事工作。

行政：全面管理公司的行政大小事务，踊跃制订管理计划，实现不同职级之间的上传下达和部门之间的有效合作。

人事：全面负责公司人事事务，管理和开发人力资源，优化并合理配置人力资源，保证满足公司发展对于人才的需求。

行政人事部职责还分为两大项目：行政和人事。

1. 行政部

负责公司行政事务管理。做好上传下达和左右协调工作，使得公司相关决策和工作得到有效的开展和实施。

负责公司资产的统计和管理，包括固定资产和低值易耗品等。主要包括：第一，统计并采购各部门所需办公设备及用品；第二，登记并清点公司现有物品资料；第三，组织维护修理固定资产等。

负责管理公司后勤。主要包括：第一，合理安排车辆使用，组织维护修理行政车辆，并规范司机日常工作；第二，负责管理员工上班、休息、用餐等场所的使用；第三，负责其他后勤事项。

负责管理公司会议。主要包括：第一，根据工作需要组织定期会议及临时会议并保证及时举行；第二，承担会议召开前后的布置、通告、记录和总结职责。

负责管理公司公关接待。主要包括：第一，协调和联系行政机关和同行业有关管理机构、协会及企业；第二，部署、落实接待和公关事务，考察、解决公关危机。

负责公司企业文化的塑造。主要包括：第一，着力打造企业文化，创建宣传栏、组织员工对外投稿等；第二，安排团队聚餐、旅游、拓展训练等文娱活动；第三，对外宣传企业形象。

2. 人事部

服从和执行上级主管和领导的安排和工作指令。

设置人事管理工作程序，依据国家有关法律法规，拟定、公告、落实公司人事管理制度并监督全体员工遵纪守法。

制定公司各岗位薪酬标准，负责员工工资的统计核算，监督员工出勤情况，审核员工基本工资、绩效奖金等，办理考勤、奖罚、调动等工作。

制订公司周期性人员均衡计划，有效配置人力资源；组织安排人员招聘、员工书面劳动协议的订立和续签，以及任职免职、岗位调整、解除合同、离退休的申请报批工作，负责登记、整理和保管员工档案。

同公司其他部门保持紧密沟通，积极配合协调部门间各项工作。

建立健全公司劳动安全保护办法，并落实相关工作，调查并处理员工因工作产生的安全事故、工伤事故等。

负责上级主管和领导安排的其他工作。

因此，很多企业从人事部很快地过渡到人力资源部。自身增加职能的同时，企业也不停地赋予新的职能，因此形成了现有的六大模块。其实在人事部到人力资源部中间，还有很多企业都停留在一个“人事行政部”的过渡阶段，不仅管理人事还会参与到行政事务的处理中。虽然没有形成独立的部门，行政和人力也是两个分别独立的职能，但是也体现了演化和进化。在薪酬、绩效、培训等独立人力资源职能出现时，人力资源部也成熟起来，自然与行政职能分离。这时候的人力资源充足、忙碌而且能够形成合力。

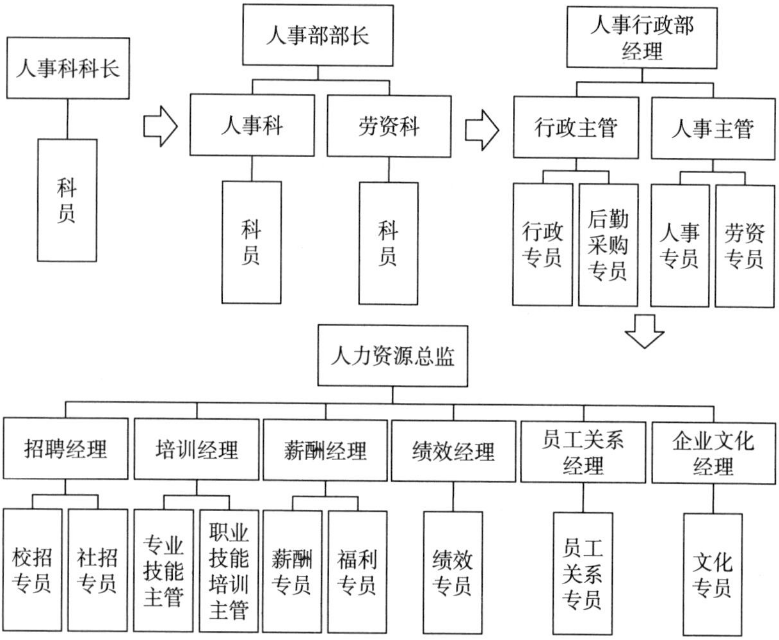

图 8-3 人力资源管理的演变

三、人力资源管理职能和职责

很多企业人力资源规划中也是致力于规划一个良好的人力资源生态系统。人力资源管理生态系统的形成和发展过程随时面临着威胁和环境因素干扰。它要求管理者必须具有识别、利用、开发、创新环境要素的能力，并基于此来合理构建各资源因素，活用人力资源基本的六大模块功能，支撑人力资源管理生态系统的结构体系和功能机制的正常运行，通过日常创新和持续改进来促进和推动人力资源管理生态系统的发展优化。

人力资源管理主要职能是根据公司整体发展战略，招聘、选拔、配置、培训、激励符合公司需求的人员，制定、完善并组织实施各项薪酬待遇制度及不同职位发展规划，满足公司稳步发展对人力资源的需求。①

人力资源管理部的职责：

1. 承担人力资源规划管理职责

（1）依据公司经营管理需要，制定、完善、组织并实施符合公司发展趋势的人力资源发展规划及成本预算；

（2）针对公司内部组织设计及优化提出建议，分析、评价公司内部结构岗位及完善设置，拟定岗位职责及岗位说明书。

2. 承担招聘管理职责

（1）组织拟订公司各职能部门招聘计划，建立人才招聘评价体系，并依据招聘费用预算安排恰当的招聘渠道；

（2）为满足各职能部门用工需要，及时开展招聘工作并筛选符合岗位需求的人员。

3. 承担培训管理职责

（1）依据公司经营战略及发展规划，制订、完善并组织实施周期性培训方案，构建培训系统，采用内外结合的培训方式，组织和管理培训队伍，评价培训结果并提出改善建议；

（2）敦促各部门定期或不定期地开展内部培训工作。

---

① 参见盖宏伟、刘志峰：《人力资源管理生态系统内涵、结构与优化研究》，载《生态经济》2010 年第 10 期，第 86–90 页。

4. 承担绩效管理职责

（1）建立健全公司绩效管理体系，制订、完善并组织实施薪酬激励计划、绩效管理制度及相关实施细则，做到奖优罚劣、调动员工工作积极性；

（2）设立、完善并组织实施公司绩效考核办法，明确绩效考核中组织者、考核主体、考核客体等的职责，并剖析反映考核结果，留档待查。

5. 承担薪酬管理职责

（1）建立健全薪酬管理制度，编写并调整员工薪酬待遇支付办法；

（2）依据员工绩效考核结果编制工资表，写明员工工资、奖金及相关福利。

6. 负责公司其他事宜

（1）管理、监督并组织订立雇佣协议，保管人事、劳资等档案，办理员工社会保险以及入离职、岗位调整、病事假审批等手续；

（2）促进公司企业文化的建设，打造丰富的企业文化。

杰克・韦尔奇曾说，人力资源负责人应当是所有组织中的第二号人物。人力资源部工作内容包罗众多、纷繁复杂，企业往往会依据规模体量，设置人力资源中心总经理、人力资源总监或行政总监、人力资源经理等作为人力资源部门负责人，进行统一管理。

人力资源部的组织架构可依据上述六大人力资源管理职责，设置人力资源规划处、招聘处、培训处、绩效处、薪酬处和员工关系处。工作关系方面，绩效主管与人力资源规划主管、招聘主管、培训主管、薪酬主管和员工关系主管是同职平行关系；职等方面，人力资源规划主管与绩效主管是同职等，比招聘主管、培训主管、薪酬主管和员工关系主管职等高一级，而绩效专员与招聘专员、培训专员、人事专员是同一职级和职等。

四、三支柱（COE、SSC、HRBP）的职责和职能

本来在六大模块的工作中，各模块职责分工清晰且相对独立，大部分人力资源工作在模块内部就能够完成。而三支柱模型颠覆了模块化思维。所以重新理解三支柱模型下的人力资源内部生态就要从原来人力资源工作流中的每一个环节入手，清晰地落实到基于三支柱模型的新组织架构上，才能构建出良好的新生态系统。

很多企业在三支柱模型的变革中，做到了“形变”而没有真正做到“意变”。原来的六个子部门变成了三个大部门，结果导致层级过多，人员臃肿，汇报条线反而加重加长。究其本质是对三支柱模型内部生态系统的理解偏差所致。没有在内部形成一个有效的流动机制，而单纯进行了部门化处理，部门之间的“壁垒”依然存在。三支柱模型运行基础是人才管理，而非六模块中的人员流动基础。人才管理指对影响人才发挥作用的内在因素和外在因素进行计划、组织、协调和控制的一系列活动。直白地说，三支柱模型中有企业高层这一个比较重要的生态因素积极参与进来，而并非简单的汇报批复关系。还有一个比较重要的生态因素是信息系统，高度的信息化系统是三支柱运行的关键，数据的分析处理以及引导决策方面，较其他人力资源生态系统更重要。

成为业务的驱动力，HR 第一步要对自己重新定义，从职能导向转向业务导向，把“人力资本”像业务一样来经营，负责客户管理、专业技术和服务交付的人员各司其职。此时就需要对 HR 的角色做进一步的细分。

三支柱模型即对HR角色的细分，此种模型的建立有助于提升HR的效率和效能，包括HRBP、COE、SSC。其中，HRBP全拼为Human Resourse Business Partner，意指人力资源商务合作搭档；COE全拼为Center of Excellence或Center of Expertise，意指人力资源卓越中心或人力资源专业中心；SSC全拼为Shared Service Centre，意指人力资源共享服务中心。

人力资源部门像业务部门那样经营，要先满足业务需求，从而间接推动满足客户需求。对业务部门客户细分理论进行灵活套用的话，HR的目标客户有三种：

第一种是高层管理人员：该类客户需求大多在于寻求政策落实所仰赖的组织架构、人才资源、制度等，需要用心定制；

第二种是中层管理人员：该类客户需求大多在于管理人员相关的问题探讨、辅助指导和便捷方法，满足其需求较第一种难度低；

第三种是员工：该类客户需求大多在于政策咨询，并提供及时的反馈，比较模式化，操作难度较小。

由于第一种客户的定制化需求最难满足，所以HRBP角色便诞生了，主要充当HR顾问和客户经理的角色，对于保证HR接近业务需求、从职能导向转向业务导向起到了至关重要的作用。其多数时间用于挖掘内部客户需求，提供咨询服务和应对方案。主要作用在于保证HR实现业务导向，贴近业务并解决实际问题。

但提供应对方案需要同步掌握业务方面及HR所有领域的知识，找到全能的人才群体又十分不现实。此时就诞生了HRCOE，满足专业细分的需要，主要扮演领域专家或技术专家的角色，依据其对相关领域知识、技能和经验的把控，设计业务导向，完善HR策略、程序和实施办法，并为 HRBP 提供专业支撑。其存在的意义在于既保证公司策略、程序和实施办法的统一性，又在全体统一的框架下基于 HRBP 反馈的业务需求保持恰当的灵活度。

HRBP 和 HRCOE 要想专注于策略、专业性的工作，就必须有人来承担常规烦琐而又模式化的事务性工作，此时 HRSSC 也就应运而生，充当提供 HR 模式服务的角色，承担为管理者和员工答疑解惑、完成事务性工作、不断提升服务质量等职责。其使命便是保证公司服务交付的统一性，并同 HRBP、HRCOE 一起平衡人力资源系统中的矛盾。

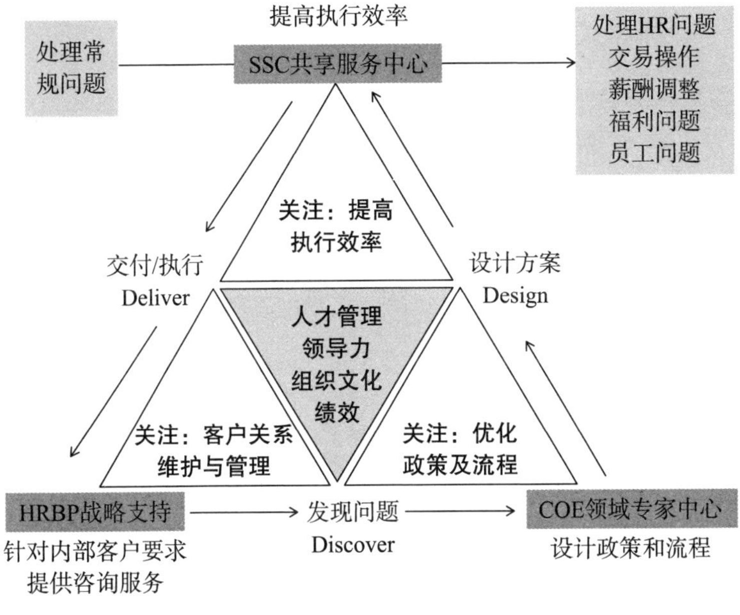

图 8-4 HR 三支柱模型

下文将从三支柱的角色职责在实施等方面进行分述。

1. HRBP 的角色和职责

（1）HRBP 担任着满足各部门业务需要的合作伙伴角色，相当于内部客户配置人员，针对组织层级较高的，往往需要依据管理架构、解决方案的复杂度配置 HRBP 人员；针对组织层级较低的，为支撑员工日常管理工作，往往需要依据全职员工服务率配置 BP。

（2）HRBP 主要负责在业务规划中代表人力资源部门、挖掘人力资源业务需求，在业务层面利用专业知识提供咨询和推广落实业务策略、方案，同时支持人才管理、规划、变革等专业领域工作。

2. HRBP 在中国成功实施的关键因素

提升技能：HRBP 提供满足业务所需要的方案不但需要掌握业务知识，还需要掌握人力资源技能。很多企业的管理者，大都比较年轻，通常难以明确自己的人力资源需求，此时 HRBP 便需要全面提升咨询、沟通和人际关系技能并掌握 HR 方面的知识，来引导管理者确定需求。

为业务主管做好期望管理：HRBP 在充分推广实行之前，应该与业务主管充分交流角色职责，能做和不能做的事宜，为其做好期望管理。多数中国企业的业务主管不知道 HRBP 到底应该干什么，也为 HRBP 到底应该向谁汇报而困惑。因此，为保证业务主管将 HRBP 视为一体、充分发挥 HRBP 的作用，在推行 HRBP 初期，可先行向业务主管汇报。

从日常性烦琐工作中解放：由于 HRSSC 建立之前，企业有众多烦琐的日常工作需要有人来负责，此时可在 BP 团队中设置负责日常工作的岗位，使有经验的 BP 专注于定制工作。

3. HRCOE 的角色和职责

HRCOE 需要为企业经营范围内不同区域或业务线灵活设置特有

资源，来保证规划接近业务需求。其主要负责利用全球不同类型企业的成功案例，拟定和规划相关制度、程序及实施细则；不断设计变革方案并与 HRBP 一同落实；对业务单元和区域团队在专业范围内提出的问题作出解答等。

4. HRCOE 在中国成功实施的关键因素

首先，与 HRBP 充分交流。由于一个公司的 HR 政策影响广泛而深远，HRCOE 和 HRBP 就需要将彼此的交流当成习惯，在交流时需要注意以下几点：

第一，制定年度安排时，和 HRBP 一起计划；

第二，规划相关制度时，重点参考 HRBP 提出的需求；

第三，实施相关制度时，对 HRBP 的推广进行适当指导；

第四，运行相关制度后，利用 HRBP 的反馈作为完善的重点考虑。

其次，提升专业技能。HRCOE 需要深入理解业务需求，而且还要在本领域范围内提升专业技能并解决普遍存在的一般问题，才能够成功满足规划需求。中国企业 HR 团队专业人才缺乏，这意味着无法在内部培养人才的专业技能。因此，建议吸纳业界经验丰富的高级 COE 专家补充内部培养团队，提升整个 COE 团队的专业素质。

最后，资源共享。COE 专家的资源是有限的，所以要想在公司每个部门均设置是极为不现实的，也不利于规划统一性的实现，这就需要整个公司共享 COE 专家的资源。在不同层级架构设置 HR 是中国企业的惯例，而且他们都要跟业务主管汇报，因此实现资源共享应当整合 COE 资源，排除复杂的汇报关系给资源共享造成的阻碍。

5. HRSSC 的角色和职责

HRSSC 的设立宗旨是为目标客户提供质量高、效率快、成本佳的 HR 共享服务。主要负责人力资源的常规事务性工作，从不同维度完善现有程序并监督落实，与 HRBP 和 COE 合作开发新型政策等。

6. HRSSC 在中国成功实施的关键因素

（1）接收日常性工作的转移：如前所述，HRSSC 建立之前，多数企业为解决 HRBP 的尴尬处境设置了过渡性的岗位来负责日常性事务，HRSSC 建立之后，应逐步接收相应工作的转移。

（2）推广网络自助服务：由于 IT 技术在中国没有被广泛地运用，中国企业员工相较于“自助式”服务，更倾向于选择“面对面”服务。鉴于此，中国企业需要广泛推广网络自助服务，改变目标传统的服务习惯，提升服务效率。

（3）明确服务范围：HRSSC 的服务通常包含日常性、模式化、合规化、可自动量化等工作，不具备该类特性的工作就不适宜纳入 HRSSC 服务范围。

（4）办公地址的正确选择：正确选择办公地址极为重要，所以中国企业需主要考虑以下方面：第一，规模效应：HRSSC 聚集运行能够减少运行成本和管理难度；第二，人才资源：HRSSC 的建立应着重斟酌备选人才的数量、质量、稳定性、综合能力等；第三，基础设施：如办公地点房屋产权、附属设施、电信质量等；第四，业务前景：如公司发展计划、工作开展难易度、当地政策、网络数据 / IP 保护水平等。

第五节 人力资源部组织职能诊断

在组织诊断工作任务分配下来的时候，在没有完善的组织管理部门的情况下，都是由人力资源部来承担的。因此在对外输出诊断的过程中，最开始应该自检。只有拥有一个强有力的团队和有效的职能，才能够对全组织进行诊断。因此，人力资源一方面要检查自身，另一个方面应该完善职能。

“检查自身”的时候应该如何进行呢？需要进行人力资源部的管理诊断。

人力资源部管理诊断针对不同情况应该有一定的区别。但是一般情况下，包含人力资源策略和管理组织诊断、绩效考核诊断、培训和发展诊断、工作计划诊断、薪酬管理诊断和员工关系诊断等。

一、人力资源策略和管理组织诊断

人力资源策略和管理组织诊断有 2 个方面：一是从外部发生的环境变化；二是从内部所面临的资源性。判断对于人力资源部门的问题，是否认识正确、灵活、有效。对外部发生的环境变化如客户群体的变化、销售环境和模式的变化、人才市场的变化等这些直接的环境变化是否有应对性措施，对公司所面对的法律变化、行业与产业界的动向、技术动向这些间接的环境变化是否也有相对的预案，这些都考验了人力资源部的主要能力，也是组织诊断的重点。内部所面临的资源性，是组织具有一种特殊资源，很多组织因市场变化转型快，这也是一种能力资源，而且包括资金、政府、自然、人力等资源，都需要人力资源部进行盘点，尤其是人力资源的盘点和应用是对企业影响较大的一个事项。

很多细节性问题也是人力资源部门需要诊断和判断的，比如了解一些重要事务处理的速度，了解重要工作所使用的机器、仪器、设备的基本性能，和工作的频次，掌握文件整理工作是否顺利、文件的出错率有多高及消除违法行为有哪些方法。熟悉标准化的推广程度，熟悉工作的繁简是否有做调整和工作环境的优劣性等。这些都是决定诊断成败的细节。

还有一些公司是有方案提案制度的，对于提案的前中后管理，就是对组织效率的管理。方案或提案的目的是否合理？规定方案提案被采纳后的奖励措施及不被采纳的原因说明？等等。这些都是人力资源部要关心的问题。

二、绩效考核诊断

绩效管理是一个循环过程，是通过不断制订计划、执行、检查、反馈来体现绩效管理各环节的价值。绩效管理本身并不是为了考核大家，而是一个发现问题、持续改进问题的过程。主要目的是实现个人与组织绩效共同提高。而绩效诊断属于对绩效管理实施的一项诊断任务，是为了绩效考核管理能够有针对性地输出与实现而做的调研和诊断任务，是对绩效管理的全过程的诊断，对阶段性绩效管理工作的一个总结和提高的过程。同时，也是对人力资源的绩效管理的核心职能重要的梳理和检验。

绩效诊断在人力资源部的职能诊断有 2 个作用：

一是让绩效管理技能和技术发挥更大的作用。在绩效管理过程中，员工没有参与目标的制定，员工的积极性和主动性没有得到很好的发挥，在被动接受的过程下，绩效管理很难通过主管的工作辅导，提升员工的技能和知识水平。这种现象很普遍，造成这种现象的原因很多，但是人力资源部难辞其咎，应该从绩效诊断入手，重新梳理、完善和强化绩效管理职能。

同时，绩效管理也能审视当下的绩效工具和方法，确认目前的绩效管理是否起到应有的作用或是否匹配企业发展阶段。

二是统筹分析绩效考核的结果，并对其进行合理的诊断和评价。改善绩效本身是绩效诊断的首要任务，要让绩效考核结果得到更好的运用，依照诊断情况进行更好的设计，以期产生更好的组织激励效果。绩效诊断其实是现象和本质的识别过程。通过在绩效考核管理的过程中对实施环节中的绩效组织、考核工具、指标与标准的匹配度、员工的绩效状态、考核结果是否客观等数据的收集分析，来诊断及评价我们在绩效考核管理中所涉及的组织、资源、人员、结果、使用等是否达到价值最大化。

三、培训和发展诊断

在企业实际的操作过程中，培训和发展的诊断应用得比较少，也没有得到足够的重视，往往是培训得轰轰烈烈，结束后问了几个简单问题就算是对培训进行评价了。培训和发展的诊断可以包含 4 个部分：商学院（企业大学）诊断、培训管理模式在线诊断、学习模式诊断以及能力潜力模式诊断。其中商学院诊断适合于商学院全方位诊断，优化本企业商学院运作情况；培训管理模式在线诊断适合于需要强化培训管理运作能力的培训部门，诊断优化成熟可成为培训专家；学习模式诊断适合于需要强化核心人才队伍建设能力的培训部门；能力潜力模式诊断适合于需要强化推动企业绩效提升能力的培训中心。如果培训职能同时能做这4项诊断，那么这个培训部门的职能还是相对成熟的。

还有一种培训和发展诊断逻辑，设计一套培训发展诊断表单，其主要包括以下6个部分的内容。

一是根据企业基本情况开展培训管理诊断的基础；

二是动力诊断，主要在把握和分析培训管理开展的动力与阻力所在；

三是培训理念诊断，重点在了解和塑造良好的学习氛围；

四是培训组织诊断，重点在通过诊断和优化培训管理关键环节以提升运作效果；

五是项目管理诊断，重点在诊断和优化需求诊断和策划的关键模式以充分挖掘项目价值；

六是诊断和优化及培训队伍建设、新员工快速融入诊断以及培训效果呈现等环节。

培训和发展的诊断与培训和发展工作一样，能力提升才是终极目标。

四、薪酬管理诊断[①]

如何科学地进行薪酬诊断，节省企业成本，提高人力资源投资回报率，从而成为利润中心，是人力资源部的薪酬管理职能的目标和工作重

① 参见白睿：《薪酬诊断的五个维度》，载《企业管理》2014年第8期，第103–105页。

点。企业要在竞争市场中获得竞争力，企业薪酬管理起着至关重要的作用。合适的薪酬诊断方法，能够帮助人力资源工作者，甚至企业管理者深度挖掘现有薪酬体系存在的问题和薄弱环节，并且分析数据背后所产生的原因，看到优化空间和方向，提高企业薪酬管理职能水平。薪酬诊断是企业人力资源发展的必要手段，同时也是企业在运行中，常常忽略的环节。结合多年薪酬诊断实践，总结了企业薪酬诊断中常出现的问题及对策，形成了五大数据化维度审视企业薪酬管理法。以此，可以提供企业自检及自我审视，促进人力资源管理提升。薪酬诊断五维度，即竞争维度、战略维度、财务维度、员工维度和平衡维度。

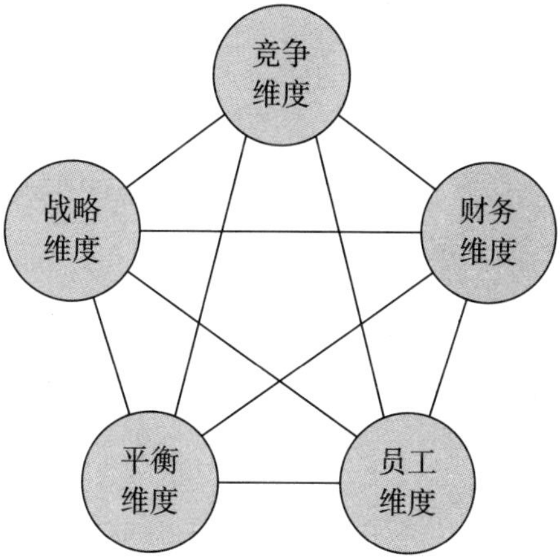

图 8-5　薪酬诊断五维度

1. 竞争维度

竞争维度主要通过在同行业、同地区、同岗位之间进行薪酬调查，应用标准、规范渠道以及专业统计方法，收集市场上雇主薪酬数据并做出判断的系统过程。通过对薪酬数据进行分类、汇总和分析，形成能够客观反映市场人力资源用工环境成本现状的薪酬调查报告。通过薪酬调查，企业可以将自己的薪酬数据与市场数据进行有效对比，由此可以检视出企业本身的薪酬水平、结构、涨薪幅度等竞争性是否与外部市场匹配。

在竞争维度里，微观数据方面包括薪酬回归分析、市场薪酬结构分析、职位薪酬数据分析和职位薪酬偏离度分析等。

2. 战略维度

根据企业经营目标和战略，制定企业薪酬策略和行业薪酬定位。结合企业经营目标和市场定位、所处发展阶段、薪酬支付能力、公司文化特点等，确定企业在同行业中的薪酬水平。企业处于不同发展阶段可以采用不同的薪酬策略和参考不同的薪酬口径。在同一个公司组织内，也可能存在多种薪酬策略。不同的业务单元可能处于不同的生命周期。因此，应对不同的业务单元或职能部门制定不同的薪酬策略。如很多人将薪酬策略总是理解成薪酬领先型战略、跟随型战略和混合型战略等薪酬水平策略，仅仅是反映岗位薪酬水平的初、中、高，完全忽视了薪酬策略的其他定位。其实在薪酬策略维度这里，包含的内容不仅仅是薪酬水平一个因素。薪酬策略维度中需要完善六大策略，即成本策略、水平策略、架构策略、差别策略、增长策略和支付策略。

3. 财务维度

财务维度主要是从成本和控制监测方面对薪酬进行诊断，一般诊断周期与薪酬发放周期一致，并且略有提前。而到一个财年结束时，要进行全年的盘点，以便制定一个新财年的规划和战略。财务维度这里，主要有五大微观指标，即薪酬总额占营业收入的比例，薪酬总额占营业支出的比例，各薪酬组合占薪酬总额的比例，薪酬福利总额增长率和人力资本投资回报率。

4. 员工维度

员工维度是定量和定性结合的一种薪酬诊断方式。这里提供 4 种微观指标，即薪酬满意度、离职调研、绩优员工访谈和环境影响调研。

访谈和问卷调研是传统的调研方法，企业可以引入咨询公司第三方，在无利益冲突的情况下进行，使得获取的数据更真实，更能了解员工的真实想法。也可以进行有针对性的调研，一般情况下，核心员工和新进员工比较愿意畅谈自己对企业的看法。

5. 平衡维度

平衡维度主要诊断薪酬体系的内部公平性，包含 3 个基本分析指标，即内部等级薪酬分析，各部门占比分析和内部薪酬差距。

五、员工关系诊断

员工关系诊断有三大原则和三大构成。员工关系诊断三大原则是指指标原则、覆盖大多数原则、注重关键因素原则。员工关系诊断三大构成是指具体工作目标、信息交流、制度执行情况。

1. 具体工作目标是指员工对本岗位职责和对工作目标的了解程度。员工对工作职责和目标的意见调查、员工对工作目标的热情度、员工在制定目标时的参与度、工作目标的调整弹性、对工作目标的完成情况的评价是这项诊断的主要部分。具体案例如表 8-5、表 8-6 所示。

表 8-5　工作职责

序号	项　　目	审查栏
1	制造机会坦率地与相关部门进行监督交谈，促进意见沟通。	
2	与相关部门的管理者相互交谈情报、交换资料。	
3	确认与相关部门的管理者间的协助、联络、商量等事项，并决定好方法后实行。	
4	与相关部门的管理者相互讨教研究。	
5	与相关部门的管理者制定共同目标，并共同解决相关联的问题。	
6	有一套让相关部门的人员了解职责工作的方法。	
7	为加深相关部门的人员了解职责工作的方法。	
8	不会造成相关部门在工作上的延误，或有损质量的情况。	
9	相关部门发生事故或麻烦时，能积极地给予援助。	
10	提供其他部门支援人员时，会慎选有助于支持部门的人选。	

表 8-6　职责履行诊断

序号	项　　目	审查栏
1	未出现整体工作不顺利、零件取得的延误，或程序不完全而导致工作难处理，时间流失多等不当的情形，凡事都照计划顺利地进展。	
2	部属都了解承担工作的目的、范围、执行的准则，而且都致力于质量的保持，使用材料、消耗品等的节约和成本的降低。	
3	部属都能确实做好机器的操作、维修、保养，并做好工具、零件的整理。	
4	部属知道承担工作的规章、行为准则、前后工程的关系及合作事宜，并彻底执行。	

续表

序号	项　　目	审查栏
5	部属相当明白所指示、命令的事，而且能迅速地去做。	
6	部属会主动拟写目标，并积极努力地去实践。	
7	部属非常明白工作的程序、关键，不会偷工减料或省略，能真正执行。	
8	部属对工作或计划的执行方法，都会积极地表述意见、希望、问题、信息等。	
9	部属能自我评估工作的执行方法与结果，并分析不完善的原因而加以修改。	

2. 信息交流是企业内部信息的交互手段及其效果，能反映造成信息阻塞的原因、各职能部门之间工作的配合程度、员工之间沟通顺畅度和有效度、现行组织架构对信息的支持度等。具体案例如表 8-7、表 8-8 所示。

表 8-7　现行组织架构对信息的支持度

序号	项　　目	审查栏
1	转达部门的现状、今后的方向及方针。并共同讨论使它共有化。	
2	能受到上司的信赖，而且提案或意见也能被采纳，同时也能得到必要的援助、消耗品等的节约和成本的降低。	
3	掌握部门的实态。	
4	平时会掌握部门的情绪，鼓动部属主动地思考、行动，并给予必要的指导。	
5	掌握部属的能力、行动、业绩、合作等，并加以肯定。	
6	了解自己，并努力使自己受到部属称赞，或某方面被认为很杰出。	

续表

序号	项　　目	审查栏
7	指导部属建立彼此信赖的关系，并提高合作的意愿。	
8	研究并建立一个容易发挥领导能力的气氛。	
9	必要时必须积极努力取得相关部门的管理者与相关人员的合作、协助。	
10	借助日常的接触，与部属沟通意见，并采取建立信赖关系的行动与方法。	
11	研究并建立一个容易发挥领导能力的气氛。	

表 8-8　沟通方法诊断

序号	项　　目	审查栏
1	为了理解并让对方接受你所传达的事项，会考虑对象与对方的立场，并改变内容、说话顺序、说法、表现。	
2	为了不使接受者混淆，会把内容整理成浅显易懂的形式，而且也能让接受者知道已通知事项与相关事项的关联性交谈时应避免单向沟通，会反问对方，或让对方提出意见不仅考虑自己的立场，也会考虑对方的立场。	
3	根据对方的反应发现自己对内容的表达不够充分时，会设法改变内容，也会特别留意要对方（仔细聆听）的事项。若对方即使提供令人厌烦或没趣的信息或意见，你也不会摆出不高兴的表情，而会直爽地聆听即使发生不愉快的事。若上司要你转达某个信息给他人知道时，不会像鹦鹉一样传话，而是自己先去理解，再让对方也明白，且能造成影响。	

3. 制度执行情况是指对原有规章制度进行分类整理、补充、修改、完善，形成包含人力资源管理类、企业发展类、财务管理类、党群工会

工作类、资产后勤管理类等制度。

六、工作计划诊断

人力资源部工作计划涉及各部门的沟通与配合比较多，同时涉及组织的纵向条线。因此需要不断地对工作计划进行调整，很多人力资源管理职能也因此变得充满不确定性，所以，一个良好的工作计划能够被提出，但是工作计划能否有效地被执行，成了一个重要的问题。究竟是什么因素影响了人力资源的工作计划职能？通过以下 4 点对其做一个组织诊断是有必要的。

- 人力资源部如何兼顾日常工作和意外任务；
- 人力资源部的工作计划由专人负责还是依靠其他人员的兼职，或者依靠各部门主管人员；
- 如何解决人力资源工作计划之外的突发情况和不确定因素；
- 人力资源部工作计划使用什么管理方法能够让计划有效执行下来？

表 8-9　工作计划诊断

序号	项　　目	审查栏
1	在理解上司的方针、掌握职责的状态及问题之后，还会听取公司或上司的方针、部属的意见，并且制定职责管理的目标，制成计划彻底说明公司的现状、公司及上司的方针、通知事项及其他的指示事项等，以便让部属明白收集整理情报与资料，并加以运用，而且告知上司、部属个别所需的信息、资料，不断地完善职责，并制订和完成计划。工作场所是问题丛生的地方，对于发生的问题积极思考、努力解决。	

续表

序号	项　　目	审查栏
2	在降低成本、保证质量、防止工作时间的流失、严守交货期、确保安全等方面下功夫，并严格执行。	
3	确认相关职责的协作关系，并决定协助的方法：工作要明确化，不应让它固定化，并注意部属与工作的适合，以及工作的安排、增加、充实与改善等。	
4	就上司所指示的业务计划（生产计划、销售计划等）制订正确的工作（作业）计划，并依照计划执行。	
5	为了使上司可以充分地发挥他的能力，恰当地给予辅助。	

图书在版编目（CIP）数据

组织诊断：企业健康的衡量方法、模型与实践 / 白睿著 .
—北京：中国法制出版社，2021.6
（企业组织发展与组织构建系列丛书）
ISBN 978-7-5216-1804-4

Ⅰ. ①组… Ⅱ. ①白… Ⅲ. ①企业诊断 Ⅳ. ① F272.13

中国版本图书馆 CIP 数据核字（2021）第 064289 号

策划编辑：潘孝莉
责任编辑：刘 悦（editor_liuyue@163.com） 封面设计：汪要军

组织诊断：企业健康的衡量方法、模型与实践
ZUZHI ZHENDUAN：QIYE JIANKANG DE HENGLIANG FANGFA、MOXING YU SHIJIAN

著者 / 白睿
经销 / 新华书店
印刷 / 三河市紫恒印装有限公司
开本 / 880 毫米 ×1230 毫米 32 开 印张 / 12.75 字数 / 303 千
版次 / 2021 年 6 月第 1 版 2021 年 6 月第 1 次印刷

中国法制出版社出版
书号 ISBN 978-7-5216-1804-4 定价：88.00 元

北京西单横二条 2 号 邮政编码 100031 传真：010-66031119
网址：http://www.zgfzs.com **编辑部电话：010-66073673**
市场营销部电话：010-66033393 **邮购部电话：010-66033288**
（如有印装质量问题，请与本社印务部联系调换。电话：010-66032926）